国家社科基金青年项目：明清时期灾害治理机制的
经济学研究（项目编号：21CJL020）

明清时期的灾害治理机制

禹思恬 ◎ 著

首都经济贸易大学出版社
Capital University of Economics and Business Press
·北 京·

图书在版编目（CIP）数据

明清时期的灾害治理机制 / 禹思恬著. -- 北京 ：首都经济贸易大学出版社，2025. 7. -- ISBN 978-7-5638-3921-6

Ⅰ. X4

中国国家版本馆 CIP 数据核字第 2025MA0593 号

明清时期的灾害治理机制

MINGQING SHIQI DE ZAIHAI ZHILI JIZHI

禹思恬　著

责任编辑　晓　地

封面设计　砚祥志远 · 激光照排　TEL：010-65976003

出版发行　首都经济贸易大学出版社

地　　址　北京市朝阳区红庙（邮编 100026）

电　　话　（010）65976483　65065761　65071505（传真）

网　　址　https://sjmcb.cueb.edu.cn

经　　销　全国新华书店

照　　排　北京砚祥志远激光照排技术有限公司

印　　刷　北京九州迅驰传媒文化有限公司

成品尺寸　170 毫米×240 毫米　1/16

字　　数　234 千字

印　　张　13.75

版　　次　2025 年 7 月第 1 版

印　　次　2025 年 7 月第 1 次印刷

书　　号　ISBN 978-7-5638-3921-6

定　　价　60.00 元

前　言

本书是一本立足于经济学视角分析明清时期灾害赈济问题的学术专著，着重点在于分析明清时期灾害治理机制形成的背景，研究其具体的组织结构、赈济方式，探讨其运行效率，利用经济学理论模型对于系统的灾害治理机制得以在明清时期形成的原因进行分析，重点在于找出这套机制形成的思想文化基础。此外，本书利用经济学实证方法对于儒家文化在灾害治理中的作用进行了检验。在此基础上，以明清士绅助赈方式选择为切入点，通过经济学理论模型的构建分析了其选择的决定因素，并利用清朝道光年的数据提供了量化证据。

事实上，关于明清时期自然灾害和灾害赈济的相关研究是十分充分的。作为自然灾害频发的国家，在数千年的中国历史上，自然灾害的发生同王朝的治乱兴衰密切相关（赵红军，2012；梁若冰，2014；陈强，2015），历代统治者将灾害治理作为政府的重要职责，形成了一套以赈济、养恤、安辑、蠲缓为中心的“荒政”政策（邓云特，1937；石涛，2006；李军和胡鹏，2014）。至明清时期，由于灾害的频发，政府对于灾害治理的重视程度更是达到前所未有的高度。万明（2005）认为，明清时期是古代救荒最为制度化的时代，除勘灾外，还有报灾、蠲免、赈济、积谷、捐纳、旌奖等制度，学界对于此类问题的讨论已经非常充分（石涛，2006；李军，2009；李向军，1995；陈亚平，2014；牛建强，2006 等）。明清政府的官赈主要沿用历代旧例，以设置官方备荒仓储作为最主要的备荒措施。总体说，明清时期的常平仓集历代之大成，保持了平粜、出借与赈贷等主要功能（倪玉平，2007）。具体看，明代的官方备荒仓储是“预备仓”，除派发官钞赴粮食产地采买粮米，储存于当地预备仓之外，明政府还以赃罚银为籴本购粮充实预备仓。常平仓则是清代的官方备荒仓储（张岩，1993；陈桦，2004；陈关龙，1991）。清代还设立了直属中央的京仓和通州仓，这些仓库直接由中央政府进行管理，储存南来漕粮，并在灾荒中拨粮弥补常平仓的不足（龚浩，2019）。在以常平仓为官赈粮食储备的基础上，截留漕粮也成为清代官赈的重要形式。具体说，截槽是指将已经或者即将起运的漕粮部分或全部截留本省，或运往其他地区用于地方赈济，或实仓，或放赈，或平粜（吴琦，2019）。此外，对于重大灾害，清政府还直接动用正项银钱高价购买粮食用于赈灾（李向军，1993；倪玉平，2007；陈建宇和杨乙丹，2018）。

尽管明清政府的灾害治理能力受到了一些学者的肯定（魏丕信，2003；陈业新，2009），然而人口激增增加了政府的救济难度（陈桦，2004；叶依能，1998），日益严重的“郡县空虚”局面也使得政府在基层事务的管理上愈发捉襟见肘，仅依靠政府力量难以实现对于灾害的全面赈济。这决定了明清时期的赈灾需要筹集更多的资源，也决定了这一时期灾害治理的主要特点，即民间力量广泛参与到灾害治理中，民间力量同政府力量相结合，成为灾害治理机制中不可或缺的一个环节（赵克生，2005；李文海，1993；李红英和汪远忠，2012）。士绅阶级的壮大是明清时期灾害治理机制得以形成的阶级基础。为谋得更多的政治、经济利益，士绅一方面响应政府的“劝分”政策积极捐输；另一方面通过平籴、借贷、施粥等方式组织民间自发救援。然而，民间赈济在明清的灾害治理中扮演着什么样的角色？民间赈济和官方赈济之间有何关系？主导民间赈济的士绅积极助赈的动机是什么，又基于什么做出助赈方式的选择？这些问题都十分有趣，仍待研究。一方面，在对明清时期灾害治理机制的研究中不能忽视民间赈济所做出的卓越贡献；另一方面，对于民间助赈的过分褒扬则易夸大民间赈济的作用。

总体说，在明清自然灾害赈济的研究中很难将政府和民间，或者说将官方赈济和民间赈济分离开来。这是由于官赈不得不借助民间力量，而不以政府为支撑的民间赈济又难以长久为继。从现有研究看，不论对于官方赈济还是民间赈济都已非常充分。李向军（1995）、万明（2005）、石涛（2006）、李军（2014）、陈亚平（2014）等学者都从不同的方面着眼，对于明清时期的官方赈济进行了非常透彻的分析。而就民间赈济而言，现有研究也已经非常充分（惠清楼，2017；李学如和陈勇，2014；李江和曹国庆，2004）。总体看，现有关于明清时期官赈和民赈的研究如群星璀璨，分析鞭辟入里，观点让人深思者不胜枚举，然而鲜有研究将二者纳入统一的分析框架，对于明清时期的灾害治理机制进行综合的考察。总体上缺乏一种统一的分析框架，这是本书作者试图解决的一个问题。

本书需要解决的一个非常重要的问题是，从经济学角度看，在中国古代能够形成民众参与度如此之高的灾害治理机制是难以理解的。本质上说民间赈济是一种非正式的风险分担机制，通常被定义为在冲击和不确定性发生时产生互帮互助作用的人际网。这种机制通常在经济发展水平较低、保险制度不健全的社会较为普遍（Dercon et al，1996；Fafchamps et al.，2007；Munshi et al.，2009）。从非正式风险机制的形成看，地缘接近、具有亲友关系的人群更易形成共同的组织。维尔亚特（De Weerdt，2006）、阿坦尼索（Attanasio，2012）证明具有亲属关系的人更容易进入同一个风险共担群体，为中国古代以宗族为基础单位进行风险共担的合理性提供了经济学理论支撑。法夫尚（Fafchamps et al.，2007）的研究证明，地域相近是决定菲律宾非正式风险分担团体形成的主要原因，收入和职业则不起作用，证实了地缘关系在形成风险共担组织中的重要作用。现有的绝大多数研究中，冲击往往只影响一个家庭，例如，突发的疾病、意外等。当家庭遭遇突如其来的风险，共处于同一风险网络的亲友往往通过馈赠、财富转移（借款）等方式提供支持，帮助其渡过难关（De Weerdt，2006；Munshi et al.，2009）。然而，越南和菲律宾等国的实证分析中，为数不多的以自然灾害为冲击的研究，均证明非正式的风险分担机制对于应对自然灾害造成的影响是无效的，其主要原因是自然灾害往往对于整个风险分担团体的经济、健康状况造成了不利影响，因此通过财富转移实现的风险分担机制失去了作用（Zimmerman et al.，2003；Islam et al.，2012；Gröger et al，2016）。格里马德（Grimard，1997）和莫杜克（Morduch，2005）的研究考虑到穷人的社交网络内均是穷人，进一步强化了这一结论。

从上述研究可以得到一个结论，当影响广泛的自然灾害冲击发生时，民间组织的自发赈灾往往难以发挥作用，也似乎无法同政府协同合作，形成一个更加完善的灾害治理机制。这显然与中国明清时期的民间赈济现实相违背。在这个时期，各种形式的民间赈济活动发挥了非常重要的作用，为明清时期的灾害治理做出了重大贡献。为了抵抗不确定性带来的风险，小农往往以宗族为单位世代居于一地。作为最基本的组织单元，宗族通过建立义田、设立组织管理更加严格的义庄，以有效实现宗族内部的自救。李江（2004）、李学如和陈勇（2014）、惠清楼（2017）等人阐述了义田及义庄的经营和运作模式，其中涉及灾后对于族人的救济。在这个时期，由政府牵头、民间募资、地方精英管理的民间备荒仓储社仓和义仓也发挥了巨大作用（冼剑民，1992；白丽萍，2014；吴滔，2001），体现了在较大灾害社会治理中地缘力影响的上升（马幸子，2018）。此外，在重大自然灾害发生后，政府往往通过“劝分”

政策鼓励富裕百姓捐款赈灾（赵克生，2005；陈业新，2008），士绅和地方精英通常是筹赈活动的组织者和管理者，同时也是筹得赈灾资金的主要来源（余新忠，1997；王国梁，2019）。那么为什么在生产力水平落后的明清时期，中国得以形成系统健全，且行之有效的灾害治理机制，使得政府和民间能够相互配合实现灾害的有效赈济呢？而为什么该机制在明清之前未能形成呢？这是本书研究的主要内容。

笔者基于该问题，在整理现有史学研究成果的基础上，对于明清时期的灾害治理机制进行了构建。从组织结构看，明清时期的灾害治理机制分为宗族赈济、社区赈济和官民合作赈济三种模式。笔者研究发现，明清时期民间形成的赈济三层机制，是中国封建社会历史上最为健全的灾害治理机制，该机制的产生有赖于明清时期特殊的制度背景和社会条件。明清赈灾职能由政府向民间的“下沉”是基层治理向民间“下沉”的必然结果。在这一时期，“郡县空虚”问题更加凸显。政府为加强对基层的统治，在保甲、里甲制之外，依托日益壮大的士绅阶级，在民间大力推动宗族的复兴，形成了“保甲为经，宗族为纬”的基层治理结构。这是明清灾害治理机制得以形成的制度基础。士绅成为政府在地方的代理人，具体负责基层事务的管理。作为基层治理中最重要的内容，赈灾职能下移就自然而然地发生了。

进一步的，本书从经济学角度寻找系统的灾害治理机制得以在明清时期形成的思想原因。灾害治理机制的形成需要有能够凝聚人心的精神力量，打破“自利”的局限向“利他”转变。明清时期灾害社会治理的主要资金来源是士绅的捐赠。“礼下庶人”使得儒家文化在民间广泛传播，通过儒家伦理的构建培育了具有一定规模和经济实力的士绅阶级的仁爱之心，打破了对于自利枷锁的限制，并在吸纳佛教、道教，以及民间信仰文化的基础上进一步扩大了风险共担团体的范围。在模型的构建上，笔者参考了利他主义框架。杨春学（2001）认为，利他主义提供满足感和效用，通过“自利”实现利他；福斯特（Foster et al.，2001）和奥尔通吉等（Altonji et al.，1992）的研究证明了组织内部的利他主义传统越强，越能有效实现对于重大风险的分摊。笔者基于丰富的史学研究成果，抽象出明清时期灾害社会治理的组织机构，将利他主义引入模型框架，重点从思想文化演变的角度出发，对于明清时期为何可以在民间形成健全的灾害治理机制的问题进行分析，为此类研究提供了新的视角，这是本书的一大创新点。

受历史数据限制，本书无法对儒家文化是否影响明清时期的灾害治理效果进行实证检验。退而求其次，笔者利用2019年台风“利奇马”作为自然灾害的外生冲击，结合VIIRS夜光数据和儒家文化代理变量，实证分析了儒家文化对灾害治理效果的影响。通过构建双重差分模型（DID），本书检验了不同地区的儒家文化深厚程度如何影响台风灾害后的经济恢复。笔者首先验证了自然灾害对于经济的影响，发现台风“利奇马”的侵袭显著降低了地级市的夜光水平，说明灾害对于经济发展会造成显著的负向影响，平行趋势检验证实了在“利奇马”登陆20天之后，经济仍然有负且显著的影响。进一步的，笔者检验儒家文化是否会影响灾害的治理效果，利用儒家文化的代理变量与灾害冲击变量，以及真实受“利奇马”影响地区的虚拟变量的交互项作为兴趣变量，对于夜间灯光进行回归，其系数为正且统计学显著，表明儒家文化深厚的地区在台风“利奇马”登陆后，夜光亮度恢复速度更快，说明儒家文化对于灾害治理起到了显著的正向作用，这一结论经过一系列稳健性检验验证后仍然成立。即明清时期进士数量越多的地区，在灾害后，夜光数据下降幅度较小，且恢复速度较快。这一结果也在以现存书院数量作为文化深厚程度的代理变量时得到了验证。基于这些结果，可以认为，儒家文化深厚的地区更具备灾后恢复的韧性。此外，为探究儒家文化对灾害治理效果的具体机制，本书采用中国家庭追踪调查（CFPS）数据进行机制检验。根据CFPS数据中包含的有关社会互助、社区合作等行为的问卷调查结果，本书发现儒家文化影响被访者的互助意愿，增加被访者为他人提供现金和实物帮助的概率和力度，增加接受来自他人的现金帮助的概率和力度，从而形成了一种灾害治理的社会机制。

在构建了明清灾害治理机制的基础上，本书从士绅的灾害治理中不可或缺的群体的个体选择出发，将其看作是同质的个体，分析其在不同的背景条件下，是选择直接赈济灾民还是同政府合作的方式。由于士绅是一个人口数量庞大，且影响力巨大的团体，基于理性经济人假设和参与者的同质性特征，对于单个士绅的个体选择行为可以扩充解释整个士绅的助赈方式选择问题，进而可以推断得出明清时期灾害治理机制在不同时期变迁的历史脉络。这是本书研究的又一个重要问题。

士绅捐款助赈主要通过两种方式：一种是响应政府的“劝分”政策向政府捐输，其本质是委托政府以“官赈”的方式赈灾。这就是所谓的官民合作赈济模式，也是明清政府乐于接受的助赈形式，通过士绅捐输，政府扩充了可用于赈灾的资金，以官赈的形式对灾民进行赈济可“使恩出于上”。相应的，委托政府进行赈灾可以达到士绅维护社会安定、保证人身安全的目的，并额外为其带来“冠带荣身”的道德嘉奖。士绅捐款助赈的另一种方式是通过平粜、施粥等直接向灾民提供赈济，捐赈富商可由其富而好施的善行获得当地民众的拥戴，也能减少其在社会动乱时期遭受暴民劫掠的可能性。一方面，以国家强制力为后盾的政府主导进行官赈可以实现跨区域的资源调配，发挥赈灾的规模效应，并通过国家干预减少灾害衍生的经济危机，因此运作良好的官僚体系进行官赈效率显著高于民间赈灾。另一方面，政府官赈的效率同政府能力相关，官僚机构运行效率低下、腐败滋生等将严重制约官赈的效率。明清时期士绅助赈方式的选择，本质上由官赈和民间赈济的效率比较决定：当政府能力强时，高效率的官赈将取得更好的赈灾效果，此时社会安定，由政府赋予的地方控制权十分稳固，士绅选择捐输助赈，同政府合作；而随着政府力量的日益衰弱，官赈效率逐渐下降，最终低于民间赈济，士绅则选择直接向灾民提供赈济。本书通过将政府、士绅、灾民共同纳入统一序贯博弈模型框架，分析了这一问题，得到了上述结论。

在此基础上，笔者选择道光朝各省的捐纳和水、旱灾害等数据，对于上述推论进行实证检验。笔者所使用的捐纳数据来自汤象龙（1930）对于道光朝历年各省捐纳数据的整理，水、旱灾害数据来源为《中国气象灾害大典》，各省历年粮价数据来源于台湾“中研院”近代史研究所公布的“清代粮价资料库”，1850 年各省的人口统计数据来源为曹树基（1997）对于清代人口的估算。通过双向固定效应模型的使用，笔者实证检验了自然灾害对于道光朝捐输的影响。结果发现，旱灾对于各省捐监银和捐监生人数都有显著的负向影响，说明道光朝旱灾的发生降低了士绅的捐输意愿。这印证了模型得出的在王朝衰落时期，士绅倾向于自发组织民间赈济，而不愿意捐输助赈的结论。

进一步的，明清时期灾害治理机制的历史变迁也从根本上取决于政府能力的变动。随着王朝的兴衰，官民合作的赈济呈现先上升后下降的趋势。相应的，随着王朝的兴衰，官赈经历了从兴盛到衰退的变迁，民间赈济则在官赈式微的王朝中后期发挥越来越重要的作用。

本书的一大特点在于，通过对于上述问题的分析，尝试对于明清时期灾害治理中官赈和民赈，抑或说政府和民间力量的关系进行解读。在现有研究中，尽管赵克生（2005）、陈业新（2008）、方志远（2013）等详细论述了明清时期奖劝之法的执行和富民的助赈行为，讨论了“劝分”政策使得民间力量以隐性方式加入政府赈济，建立了赈灾过程中官民之间的连接，然而此类研究重在考察“劝分”政策的运行，助赈活动中政府和富民之间的关系则非讨论的重点。张文（2003）、张锦鹏（2019）等从官府和富民间的博弈出发，研究了影响富民捐赈决定的因素，然而其博弈并非经济学意义上的博弈，对于影响富民助赈活动的内在机制仍然未曾详尽分析，且此类研究多集中于个案和个别地区，重点并非系统灾害治理机制的演变。在本书的分析中，笔者将官赈和民赈、政府、士绅和平民纳入统一框架，在一定程度上解决了这个问题，得出官赈和民赈之间的关系以相互替代为表象、相互补充为本质的结论，是对此类研究的进一步推进。

目 录

CONTENTS

第一章 文献评述

本章对本研究所涉及的相关文献进行了梳理和总结。由于本书是一个跨学科、跨方法的综合研究，因此涉及史学、经济学的众多文献，对于这些文献的梳理总结有助于理清本书的脉络，对于所涉及的研究基础进行铺垫。总体说，与本书相关的文献可以分为明清时期自然灾害研究、明清荒政研究、明清的民间灾害赈济等史学文献，以及气候变化与王朝治乱、利他主义的影响、儒家文化的影响、自然灾害的影响等经济学文献。笔者将逐一对这些相关文献进行简要梳理与评述。

第一节 明清时期的自然灾害研究

目前，学术界对于明清时期自然灾害的研究已经非常充分，出现了许多研究深刻、内容翔实的著作和论文，为研究明清时期灾害问题打下了坚实的基础。从整体看，一些现有研究侧重于对自然灾害史料的搜集和整理。对中国古代发生最为频繁、影响最为剧烈、覆盖范围最广的水旱灾害，自 20 世纪 60 年代开始就出现了不少针对各省区域性的旱涝年表。至 1975 年，由中央气象局气象科学研究院历经近 20 年编纂的《中国近五百年旱涝分布图集》出版，其优势在于，将所载历年的旱涝情况进行分类，可以对于旱涝灾害的严重程度进行判定，因此成为经济学者对明清时期灾害状况进行量化分析最常用的资料。陈高佣（1939）编纂的《中国历代天灾人祸表》亦是量化经济学者衡量中国古代自然灾害发生的常用资料。其优势在于记载了秦代至清代 2 000 余年的天灾人祸，时间跨度长，且用中西历对照，以年表形式予以记载，有助于进行数据的分类整理，可以有效补充《中国近五百年旱涝分布图集》灾害种类单一、时间跨度短的不足，有助于进行长时间跨度、侧重于寻找趋势规律的经济学研究[①]。除此之外，中国社会科学院历史研究所在 1988 年编纂了《中国历代自然灾害及历代盛世农业政策资料》，利用《明实录》《清实录》等资料对明清时期自然灾害的大事记进行了梳理统计，为研究自然灾害概况提供了由正史记载的、内容可信的翔实史料。在梳理记载自然灾害信息的工具类著作中，记载最为详尽、统计最为全面的应属气象出版社在 2008 年出版的《中国气象灾害大典》，该书分为 32 卷，分省份全面收集了中国自有文字记载以来的气象灾害资料，内容涵盖干旱、暴雨、热带气旋、大风、冰雹、寒潮、低温、霜冻、雪灾、雾灾、干热风、龙卷风、连阴雨、雷电、沙尘暴等灾害，以及泥石流、赤潮、森林火灾、大气污染等次生灾害。其优势在于分省份、年份以及灾害种类对于记载各种灾害发生的史料进行了汇总，有助于提取数据信息，这也是本书在实证检验部分选择这一原始资料进行数据整理的主要原因。总体说，这些资料的编纂，汇聚了中国历史上历代各地区的灾害信息，为减轻经济学者和其他社会科学学者从一手史料中整理数据的工作量起到了非常重要的作用。

除这些研究外，一些学者对于明清时期的自然灾害进行了一些概述性、统计性的研究。例如，陈关龙（1991）从时空、灾害特征、成因等角度对明代农业灾害状况进行了梳理。类似的研究还有很多（鞠明库，2007；闵宗殿，2001；等）。鞠明库（2011）除对明代自然灾害的基本情况进行统计分析，对其特点和成因进行分析外，还考察了自然灾害的发生同明代政治之间的关系。这类研究有助于帮助缺乏相关知识的社会科学学者，快速建立对于这一时期灾害状况的全局性掌握，并加深对于相关背景知识的认识。除这些研究外，一些学者对于明清时期的灾荒史研究进行了综述（吴滔，1992；朱浒，2003）。这些文献为进行更广泛的灾荒文献索引提供了便利的条件。此外，还有很多学者对于明清时期区域性的灾害进行了详尽研究（何汉威，1980；曹隆恭，1990；马雪芹，1998；严奇岩，

① 孙程九、张勤勤（2018）的《气候变迁、政府能力与王朝兴衰——基于中国两千年来历史经验的实证研究》、陈强（2014）的《气候冲击、王朝周期与游牧民族的征服》（2014）以及《气象冲击、政府能力和中国北方农民起义（公元 25—1911 年）》（2015）中，均使用了该资料作为原始数据，对于水、旱灾害的发生进行了统计。这些研究的时间跨度都非常长，以年表形式的记载极大减少了经济学者自一手史料中收集数据的工作量。

2009）。这些研究尽管同本研究的内容相去较远，但仍为作者更好地理解明清时期自然灾害的状况提供了丰富的材料。

第二节 明清时期的荒政研究

荒政是与本研究密切相关的一个课题，根据荒政一词的意义，荒政为政府以赈济灾民维持政权统治的政策，因此可以在很大程度上被看作是官赈的代名词。作为灾害治理机制中最重要的、占支配性地位的环节，学界对于明清时期荒政政策的研究已经十分充分。1937 年，邓云特（邓拓）撰写的《中国救荒史》一书出版，开创了中国救荒史研究的先河，该书不仅探讨了自远古至民国历代灾荒的状况和演变趋势，还对救荒思想的发展进行了总结，以翔实的史料、缜密的分析、科学的历史观和现实主义的批判精神，成为救荒史的“扛鼎之作”。在专门针对明清时期荒政的研究中，叶依能（1996）对于明代荒政的特点和救荒措施进行了详尽的论述，并对于明代荒政的效果和缺陷进行了客观评价。随后叶依能又发表了《清代荒政述论》一文，对于清代的荒政举措进行了论述和评价。李向军针对清代的荒政同吏治的关系、具体的备荒措施、财政与荒政的关系等内容，发表了《清代救灾的制度建设与社会效果》《清前期的灾况、灾蠲与灾赈》等文章，并形成了《清代荒政研究》一书，是对清代荒政问题研究最为详尽的专著。这些研究提供了全方位审视明清时期救荒政策全貌的视角。

一些研究则聚焦于明清时期荒政政策的某一方面。例如，陈业新（2018）以明代凤阳府的官赈为例，对历史时期荒政成效评估进行了探索，主张在荒政效果评估上综合考量国家与地方、自然与人文等因素的影响，并进行定量分析和定性分析的结合，尽可能从不同侧面进行多角度、全方位综合研究，以做出合理的评判。此外，谷文峰和郭文佳（1992）从社会政治因素、救荒政策本身的漏洞等因素入手，分析了清代荒政政策的弊端。崔杰（2019）聚焦于晚清时期，对鸦片战争以后清代荒政弊端的成因及各救荒环节存在的具体问题进行了分析，并对其影响进行了总结。李军（2009）则将经济学理论引入对救荒问题的解释框架，试图通过对于经济学理论模型的构建，实现对于传统社会救灾模式选择及原因的探讨。这种创新的探索模式为本书的研究提供了一种启发性的思路，也为本书在后续章节中进行经济学模型构建提供了理论基础[①]。除此之外，法国汉学家魏丕信（2003）在《十八世纪中国的官僚制度与荒政》一文中，以乾隆时期直隶地区的官赈为出发点，对清代国家的救荒制度、措施和成效进行了研究，进而将结论延伸至官僚制度与管理、国家财政、地方社会领域，肯定了18世纪清代国家所具有的积极精神，不仅为明清时期的荒政研究提供了新鲜的海外视角，还扭转了西方关于“明清中国的官僚制度，缺乏在西方背景下所要求的专业水准及统治行为”的刻板认知（李伯重，2002）。这些研究都为本书构建明清时期灾害治理机制组织结构的第三个层级——官民合作打下了坚实的史学基础。

第三节　明清时期的民间赈济研究

本书所研究的明清时期的灾害治理机制，既包括以官赈为主的正式灾害治理机制，也包含了各种形式民间赈济的社会治理机制。一些著作对于明清时期的民间赈济有较为通盘、全局性的论述，例如，万明（2005）著的《晚明社会变迁问题与研究》中，就有相当大的篇幅阐述明代后期的灾荒和相应的赈济行为，他所论述的民间赈济除包含宗族、义仓、社仓等传统赈济方式外，还包含了地主自发对于佃户的赈济，以及近邻之间守望相助的社区赈济。张民服和何欣峰（2021）从人口发展的角度出发，对于明代人口与社会经济发展、人口与灾荒应对之间的关系进行了深入探讨，其中涉及很多民间赈济活动。李文海和夏明方（2007）不仅涉及清代基层社会与民间御灾机制相关的内容，还探讨了在灾害赈济中官民合作的治理模式和中国荒政制度的近代转型。包庆德（2015）等立足于清代特定区域的灾荒救济，对于各地各种形式的民间赈济活动进行了详尽研究。这些研究有助于建立对于明清时期民间赈济活动的全局性掌握。除综合性专著外，

① 李军的《“委托—代理”视角下的中国传统社会救荒》一文，通过对“委托—代理”模型的使用，探讨了古代政府在荒政过程中的激励制度和阻塞因素。在《中国传统社会救灾模式选择及其原因探讨》一文中，利用柯布-道格拉斯模型，阐述了古代统治者在禳灾制度和减灾制度两种模式之间的选择标准。

明清时期的民间赈济活动的研究浩如烟海。由于本书将明清时期的灾害治理机制分为宗族赈济、社区赈济和官民合作赈济，其中所涉及的主要赈济模式有宗族义庄、民间备荒仓储、奖劝之法等内容，笔者以这三个内容为主对于现有文献进行评述，并包含其他一些与本书密切相关的文献。

现有文献关于宗族赈济的研究主要围绕义田、义庄展开。李江和曹国庆（2004）介绍了明代宗族义田在南方各省的发展状况，其中涉及如何利用族田出息在灾荒中对族人进行赈济的内容。李文治（1988）的研究涉及明代宗族通过对族田义庄的经营，实现对贫穷族众的救济。曹凤翔（1997）认为明代族田在自然灾害对农业生产构成严重威胁时，为农民的生活提供了保证，并有利于农业生产的复苏和发展。周致元（2006）聚焦于明代徽州的自然灾害，对于宗族组织在自然灾害背景下发挥的社会调控功能进行了论述。李学如和陈勇（2014）关注了清代苏南义庄的发展，考察了苏南义庄的数量、空间分布和兴盛的缘由。进一步的，李学如、曹化芝（2017）和李学如（2019）阐述了清代宗族义庄的备荒机制。余新忠（1997）则以苏州丰豫义庄为例，阐述了宗族如何作为综合性救济机构向邻里提供社会救济，并在灾害赈济中发挥作用的案例。洪璞（1998）也有关于宗族救荒的论述。此外，陈瑞（2006）对徽州宗族通过设置义田、义仓、学田、义屋等途径，开展内部救济进行了充分讨论。这些研究有助于帮助作者了解明清时期宗族——在乡里制之外的基层治理组织的组织结构、运行规则、物质基础，并厘清其同灾害治理之间的关系。

关于对明清灾害治理机制第二层级——社区赈济相关的研究，主要围绕明清时期的社仓、义仓等民间仓储展开。关于明代的民间仓储研究，陈关龙（1991）、陈佐立（2002）涉足明代义仓、社仓的恢复和发展，探讨了民间仓储在救济灾荒和平粜等方面的作用。倪根金（2002）对广东各地在明代历朝建立义仓、社仓的记录进行了统计，并分析了义仓、社仓的运营模式和发展。段自成（1998）对于明朝中后期社仓运营的谷本来源、管理制度、推广范围等进行了探讨，并且对从明代初期到中后期政府和民间对于社仓力量掌控的变化进行了论证。汪火根（2003）从社会治理结果角度出发，认为社仓为同乡里制和宗族等组织相互渗透的基层社会组织，起到了加深基层联系、维护社会稳定的作用。其另文《明代仓政与基层社会控制——以预备仓与社仓为例》，考察了政府控制的预备仓和士绅控制的社仓在明代赈灾中力量的变动，以此体现政府和民间力量在基层社会的变化。关于清代社仓、义仓等民间仓储的专门研究较多，高慧冰（1985）、冼剑民（1992）、吴洪琳（2001），均为论述清代区域性义仓、社仓等民间仓储运营的专门文献。除此之外，牛敬忠（1991a）、牛敬忠（1991b）、吴滔（1997）、李映发（1997）等研究清代仓储制度的文献，也介绍了大量同社仓、义仓相关的内容。这些有关民间仓储的论述，一般都不乏关于如何在荒年向农民提供赈济和赈贷的内容。康沛竹（1996）对于备荒仓储后期失效的原因进行了全面解读。马幸子（2018）则考察了义仓在同光时期的容光焕发，以及在灾害救济中出现的新特征。此外，萧公权（2014）的《中国乡村：19 世纪的专制统治》中的《灾荒控制：社仓和其他仓储》，也讨论了义仓和社仓的发展和功能，并探讨了地方士绅同仓储系统之间的关系。

关于与明清灾害治理机制第三层级——官民合作赈济模式相关的现有文献，除了第二节所提到的荒政文献外，还同明清时期的“劝输”文献密切相关。此类文献数量尽管不多，但均与本研究密切相关，且均是立论深刻、论证翔实的代表之作。例如，陈业新（2008）对明代劝分政策、劝赈手段进行了考察，并对劝分政策在不同朝代的推广和实施进行了分析。方志远（2013）探讨了明代“冠带荣身”制度从兴盛到衰退的过程，由于性质从应急向敛财转变，“冠带荣身”的劝分政策逐渐遭到民众的反感甚至抵制，“显示出明朝立国 60 至 100 年间，以天灾与赈灾为契机而导致的国家权力与社会财富之间发生的‘异势’”。除此之外，赵克生（2005）对传统的“入粟补官”制度和明代劝分政策进行了比较，将“旌奖制”看作是明代劝分政策的时代创新。关于清代，赈捐输的直接文献较为缺乏，但不乏对于捐输和捐纳相关的考察。例如，徐建青（1993）考察了捐输在清前期农田水利、桥梁道路、备荒仓储建设和赈济等方面的作用。刘道胜（2019）则针对清代徽州的民间捐输行为，总结了捐输的不同形式。王科杰（2020）针对乾隆朝庄有恭在捐输助赈中同富绅的争端，反映了劝分政策中政府和民间力量的不一致。这些研究为笔者掌握明清时期政府和士绅之间合作赈济的模式提供了充分的史学研究基础，为搭建第三层灾害治理机制提供了丰富的材料。

第四节 儒家文化影响的经济学文献

笔者的研究还同儒家文化影响的经济学实证研究密切相关。与本书话题最相关的文献莫过于龚（启圣）和马（驰骋）（Kung and Ma，2014）证实了儒家文化在减少外生冲击所导致的经济、社会冲击方面非常有效。利用清朝初期至辛亥革命爆发时期的数据，该文发现，灾荒的发生显著提高了爆发农民起义的概率，但在受儒家文化熏陶较深的地区，这一趋势被消弭。陈（志武）等（Chen et al.，2022）指出，儒家文化具有降低灾害风险、利于灾后恢复的作用。该文利用1470—1910年的数据，研究发现，在历史上的中国，儒家宗族这种制度化的亲缘网络，作为一种非正式的内部市场，通过促进宗族内部的资源共享和风险分担，减少了在干旱导致的饥荒时期的食人行为。该文证实了在正式市场出现之前，亲缘网络及其相关文化对人类文明的发展起到了重要作用。这两篇文献在一定程度上印证了笔者后续实证检验的结论，即儒家文化有助于减轻灾后的经济损失，对于灾害治理起到显著的正向作用。说明儒家文化作为一种精神上的黏合剂，有助于形成非正式的风险共担机制，起到抵御风险、扶危救困的作用。

现有研究通常认为，儒家文化通过对人们观念和商业伦理的塑造，对经济社会发展产生正向的影响。例如，熊（妮）和杜（龙政）（Xiong and Du，2023）基于2008—2019年上海和深圳股市A股上市公司的数据，探讨了儒家文化是否能够促进企业全要素生产率（TFP），并研究了其作用机制对企业TFP的影响。实证结果表明，儒家文化对企业TFP具有正向影响，其作用机制主要为通过降低代理成本、提高代理效率以及增强创新能力，从而促进中国企业的TFP。这说明在包括中国在内的新兴市场中，作为一种非正式制度的儒家文化可以有效补充正式制度，促进企业TFP的提升。侯（晓辉）等（Hou et al.，2022）利用县级层面研究了儒家文化对于非正式家庭融资的影响。结果发现，儒家文化显著增加了非正式家庭的融资活动，与此同时，更高程度的数字普惠金融能够进一步强化儒家文化在增加非正式家庭融资中的作用。这种文化与融资之间的正向关系，在中国传统文化保存较好的地区更为明显，并且在商业环境较优的地区更加显著。黄（敏）等（Huang et al.，2023）探讨了儒家思想对于企业参与扶贫活动的影响。他们发现，在儒家庙宇较多的地区，企业更有可能参与政府发起的扶贫项目，因为儒家思想强调扶弱济贫。这种正向关系在首席执行官出生在儒家文化影响深刻地区的企业和受较高媒体关注度的企业中更为显著。此外，该文章发现，受儒家影响的企业倾向于长期关注扶贫活动，并着力提升企业的扶贫效率。该文丰富了儒家影响的传统商业伦理，对于经济、社会产生正面影响的文献。金（智）等（Jin et al.，2023）则发现，在企业受儒家文化影响更强时，会出现首席执行官薪酬更低、首席执行官和普通员工之间的薪酬差距更小以及性别薪酬差距更大的现象，这些发现同儒家文化所蕴含的中庸、集体主义和父权主义思想相一致，说明儒家文化能够在一定程度上影响企业内部的收入分配。严（由亮）等（Yan et al.，2021）发现了儒家文化还会影响企业的研发投资。

此外，一些文献认为，传统儒家观念中存在的一些固有缺陷，对于经济社会造成的影响是不明确的甚至是负向的。陈（志武）等（Chen et al.，2022）基于传统中国依赖于儒家宗族实现人际合作、强调亲缘关系、忽视了发展外部融资所需的非个人化制度的事实，检验了儒家宗族与金融市场是相互替代的假说。具体说，他们利用现代银行推广的跨地区差异，证实了在 1897 年中国第一家现代银行成立后的 40 年，历史上儒家宗族力量较强的地区建立了较少的现代银行，说明晚清至民国时期儒家文化对于现代金融业的发展起到了抑制作用。范（允奇）等（Fan et al.，2022）探讨了审计公司儒家文化与股票价格崩盘风险之间的关系。他们发现，审计公司的儒家文化与客户未来股票价格崩盘风险显著正相关，表明审计公司的儒家文化加剧了客户对坏消息的隐藏行为。这一影响在客户没有女性审计师，或与审计师存在较密切私人关系的情况下更加显著。从传导机制看，该文认为，审计公司的儒家文化通过降低审计质量和信息透明度加剧了崩盘风险。政治纪律和外部监督有助于缓解审计公司儒家文化对股票价格崩盘风险的负面影响。徐（细雄）（Xu，2023）发现，儒家文化掣肘了女性的创业。由于儒家具有崇尚男性的父权文化特征，基于社会角色理论和性别角色一致性理论，儒家文化会对女性创业产生消极的影响，其中父权意识形态所导致的性别刻板印象是这个结果产生的主要机制。董和张（Dong and Zhang，2024）利用现代与当代科学家和工程师的数据、第一批新式学校的相关数据、新儒学指标以及考据派学者的空间分布数据，回答了儒家思想在20世纪中国的科技发展中究竟是“绊脚石”还是“垫脚石”的问题。其基于儒家不同派系分支——宋明理学和清代复兴的汉学（即实学），分别研究了新儒学和经学传统对科学发展的影响。结果显示，由科举制度和经学所带来的知识积累对中国现代科学的兴起起到了重要作用，而以各种新儒学指标代表的儒家价值观并未对这个过程产生显著贡献。这些研究说明，儒家文化中蕴含着许多有益于社会和谐与发展的思想，但也存在一些与时代不相匹配之处，如过度强调等级秩序、父权观念、家族利益优先于公共利益等，这些可能与现代社会的公平、效率和法治理念相冲突。在与时俱进地对新时代商业伦理精神进行重塑的过程中，应对儒家文化进行批判性吸收，取其精华、弃其糟粕，将其优秀传统与现代价值观相结合，为推动商业伦理的健康发展提供文化支持和理论基础（朱德贵等，2019）。

第五节 利他主义影响的经济学文献

儒家文化本质上是一种利他主义的体现，其核心价值观以“仁”为基础，倡导关爱他人、以德待人，并追求个体与社会的和谐。儒家思想中的“己欲立而立人，己欲达而达人”和“己所不欲，勿施于人”等理念，强调个体在实现自身价值的同时，积极关注他人的利益与福祉。这就是本书中笔者提到的“孝”和“忠”二者的统一。作者强调“移孝为忠”的“外推”属性，本质上就是从自利到利他的转变。因此，本书依托利他主义理论，构建了明清时期灾害治理机制形成的理论框架，证实儒家文化是其形成的文化基础，是同本书密切相关的一支文献。利他主义从现实讲是一个对个体要求非常高的、近乎乌托邦的追求。不管从其形成还是发挥作用上说，标准都相当苛刻。

从利他主义形成的条件看，现有文献普遍认为利他主义的程度和财富、收入有紧密联系。豪夫曼（Hoffman，2011）研究了第二次世界大战期间非犹太人救助犹太人的决策，是在生死攸关情境下的一种利他行为。该文通过使用跨国家数据和关于救助者及非救助者的详细个体数据进行实证研究，发现较富裕的国家相比较贫穷的国家有更多的救助者，而在同一国家内部，较富裕的人比贫穷的人更可能成为救助者。在控制了诸如住宅房间数量等与救助便利性相关的变量后，收入对成为救助者的个体层面影响仍然显著，表明收入与救助行为的相关性并不仅是由于较富裕的人拥有更多救助资源所致，而说明财富是导致人们产生利他主义观念的重要原因。陈（永香）等（Chen et al.，2013）利用实验经济学理论探讨了家庭收入对儿童利他行为的影响。研究对象为来自中国 8 个农村地区的 469 名 4 岁儿童，其中包括许多因父母外出务工而留守的儿童。实验中以贴纸作为资源，游戏中的受赠者假定为儿童的朋友或陌生人，社会距离（即陌生人与朋友的对比）作为被试间变量。结果显示，儿童向朋友捐赠的贴纸显著多于向陌生人捐赠的贴纸。此外，来自高收入家庭的儿童捐赠的贴纸数量多于来自低收入家庭的儿童。研究结果表明，家庭收入对人的利他精神形成从性格和价值观形成的初始阶段就已经开始：从学龄前时期开始，儿童对同伴的利他行为已受到家庭财富特征的影响。科特等（Côté et al.，2015）的研究证实，高收入者出现利他主义倾向同样需要条件。尽管相关研究普遍表明高收入群体比低收入群体更容易表现出慷慨的特质，但该文章发现这种模式仅在高经济不平等条件下才会出现。上述研究一方面验证了“仓廪实而知礼节”，也同本书后续论述的基层社会中富裕的士绅是为各种形式的民间赈济，以及官民合作赈济模式提供物资支持的主力军的论断相一致，同时也说明了利他行为本身的条件性。

从利他主义的影响看，具备利他主义特制的个体更倾向于向周围人提供帮助。布尔勒等（Bourlès et al.，2015）利用转移博弈的纳什均衡模型证实了在其假设的凹性潜在函数中，最大化的均衡条件可以实现，证明了在一个固定的网络中，个体不仅关心自身的福祉，还关心其所在社会网络中邻居的福祉。基于此，现有文献证实，利他主义作为一种非正式制度，可以在非正式风险分摊中起到重要作用。例如，法夫尚和伦德（Fafchamps and Lund，2003）提出菲律宾农村家庭在遭遇收入和支出冲击时，主要通过朋友和亲属网络获得帮助，即风险通过网络内的基于利他主义灵活、无息的非正式借贷与纯粹转移的结合实现风险分担。再如，布鲁门斯托克等（Blumenstock et al.，2016）发现，在利他主义影响下，卢旺达人在自然灾害发生后，会利用移动通信网络将话费转移给受到灾害影响的人。这些转移尽管在绝对金额上较小，但在统计上具有显著性。福斯特和罗森茨维格

（Foster and Rosenzweig，2001）研究了在家庭无法签订约束性合同的情况下，利他主义在非正式风险分摊安排中决定保险程度的作用。该研究利用来自南亚农村的三组面板数据，检验了理论文献中关于不完全承诺对风险分担安排影响的命题。具体而言，如果家庭无法完全承诺根据状态支付与完全保险相一致的款项，那么最优的可实现保险合同并非单纯的保险合同，而是一种信贷合同形式。研究结果证明，尽管理论上利他主义可能削弱风险分担的程度，但实证结果证实了在具有利他主义联系的家庭之间，承诺约束有所缓解但并未完全消除。

需要注意的是，利他主义发挥作用具有很强的局限性。正如杨春学（2001）所做的判断，“以经济学的思维来说，利他主义并不具有绝对的道德价值”。他认为，利他作为一种稀缺资源，“我们的最明智选择是，让它在其生存的领域（家庭、社会）内充分发挥其作用，不要力图强制地要求它在其力所不能及的领域内实现。除非你把利他主义解释为其‘绝对形式’，从而使它成为一种道德信条，否则的话，经济学家可以自信地告诉你：利用效用最大化行为假设就可以给出一个逻辑上一致的答案。自然地，经济学家所能解释的是‘相对的利他主义’”。基于此，一些文献研究了有限利他主义的影响。例如，邓浩等（2016）发现在家族企业中，同家族企业创始人存在亲缘关系的高管尽管在任期被辞退的可能性会降低，但仍然可能会由于业绩下降被渐进式辞退。此外，在家族内部，具有更强经营能力的成员更有机会得到升迁。这表明家族企业在进行和家庭成员相关的人事安排中存在着明显的有限利他主义。

利他主义的局限性主要表现在即便处于同一个团体，个人倾向于对其社交网络中联系更广泛的成员表现出利他行为（Curry and Dunbar，2011），同儒家所提倡的“有差别的爱”具有类似之处。库里等（Curry et al.，2013）在随后对此进行了详细解释，他们认为，从进化心理学的角度看，个体对其社交网络中的家庭成员和朋友表现出的利他行为，主要是亲缘利他和互惠利他适应性的产物，分别取决于遗传相关性和利益交换的程度。因此，个体预期对家庭成员的利他行为高于对朋友的利他行为：家庭成员既可以是亲缘利他的对象，也可以是互惠利他的对象，而朋友则仅能成为互惠利他的对象。类似的，法夫尚和居贝尔（Fafchamps and Gubert，2007）对菲律宾农村地区风险分担网络形成的研究发现，地理接近性（可能与亲缘关系相关）是村民之间互助保险关系形成的主要原因，收入相关性和职业差异并不是网络关系的决定性因素。他们同样证实，身处同一网络的伙伴之间会通过赠予帮助他人面对突发的意外冲击和健康冲击。这同中国乡土社会地缘是血缘的投影有异曲同工之妙。

第六节　气候变化与王朝周期相关的文献

本书的研究还同气候变化与王朝周期的文献密切相关。费正清和赖肖尔（1992）提出："中国人传统上把他们的过去解释成一连串的王朝循环，每一个王朝重复着一个令人厌倦而多次出现的故事：一位英雄开创一个权势极盛的时期，然后长期衰落，最后总崩溃。"关于支配中国古代历史数千年的王朝周期的原因在学界众说纷纭，其中气候变化为决定王朝周期的主要因素是一种重要的假说。这种假说最初由竺可桢（1972）提出。根据竺可桢的分析，中国近五千年来的气候经历了冷期和暖期的交替出现，四个冷期最低温度分别发生在公元前1000年、公元前400年、公元1200年和公元1700年，这些年份也恰巧是战争频发、政权更替的时期。在此基础上，章典和詹志勇（2004）、张等（Zhang et al.，2007）、王俊荆（2007）从不同的学科范式和视角深化了这一理论，认为气候变化可加剧中国历史时期的自然和社会不稳定因素。

随后，经济学者在此基础上采用计量经济学的量化手段对这个问题进行深入探讨。白（营）和龚（启圣）（Bai and Kung，2011）证实了降水量、气温和游牧民族入侵之间的关系，该文发现降水量的增加会显著减少游牧民族的入侵，而气温则没有影响。此类研究还有陈强（2014）利用公元前221年至1911年清代灭亡的数据，发现旱灾导致游牧民族征服中原的概率上升，即受灾害所导致的生存压力的驱动，游牧民族更容易进攻中原。此外，由于建立时间越长，中原政权实力越衰弱，因此越早于游牧民族建立的中原政权越容易被征服。这一结论佐证了本书的假设，越到王朝后期，政府能力越衰微。赵红军（2012）则利用过去两千年的数据验证了自然灾害同中国古代社会的不稳定之间存在正向关系。他发现，温度的降低和降雪异常会导致粮价的波动，进而影响农业社会的稳定。

在气候变化或是自然灾害能够影响王朝兴衰的大背景下，学者对于其传导机制进行了不同的解读。例如，俞炜华等（2015）构建了一个王朝兴衰的经济学理论模型，解释了税收作为传导机制导致的气候变迁对于王朝兴衰产生的影响。在该文的模型中，还包含了制度、人口、军事技术、耕地面积等因素。该文将统治者利润最大化为根本目标函数的模型构建思路，为本书构建解释明清灾害治理机制有效性的理论经济学模型提供了思路。孙程九、张勤勤（2018）认为，政府能力是解释气候变迁决定王朝兴衰的主要因素。他们发现王朝存续时间同内乱发生概率之间存在先下降、后上升的 U 形关系，同经济发展之间存在先上升、后下降的倒 U 形关系。他们利用气温和降水变化作为气象冲击的代理变量，发现自然灾害通过影响粮食产量影响以财政能力为首的政府能力，进而影响社会经济的发展。陈强（2015）同样将气候变化影响王朝治乱的原因归结于政府能力。与孙程九、张勤勤（2018）研究的不同之处在于，该研究关注了政府赈灾的重要因素。其研究结果表明，自然灾害和王朝存续时间都与农民起义有密切的正向关系，严重的自然灾害可以造成饥荒，进而影响农民起义。而治理能力强盛的政府有能力通过赈灾降低农民起义的概率，从而维护政权的稳定。这一文献得出的结论与本书密切相关，验证了本书政府能力是决定赈灾成功与否的根本因素的结论——在政府能力式微、无力承担赈灾职能时，民间赈灾力量再强盛，也无力改变生灵涂炭、民不聊生的境地，无力扭转王朝覆灭的必然结果。

第七节　自然灾害及其经济社会影响的文献

本书的研究还同自然灾害及其相关的经济、社会影响的文献有关。在本书的实证检验部分，受历史数据缺失和可信度的限制，作者选择利用现代的自然灾害数据，对于儒家文化是否能够促进灾害恢复，对于灾害治理起到正向作用进行了实证检验，因此有必要对于现有和自然灾害相关的文献及其影响进行梳理。总体说，自然灾害是现阶段环境经济学实证研究仍然关注较少的一个领域。

自然灾害的发生往往对于经济、社会发展产生严重的负向冲击。自然灾害所导致的最直接影响就是减缓经济的增长。史特罗布尔（Strobl，2012）通过运用飓风轨迹数据的风场模型，构建了一个更具科学依据的潜在局部破坏指数，从而能够无需依赖可能存疑的经济损失估算值进行经济损失的估计。其研究发现，飓风平均造成了该地区产出下降了至少 0.83 个百分点。克洛等（Clò et al.，2024）利用意大利境内自 2010 年起发生的主要包含洪水和滑坡在内的数百起水文地质事件，分析了自然灾害对企业存续和绩效的影响。结果发现，自然灾害显著降低了企业存续的概率，与未受水文地质灾害影响的城市相比，受灾市镇的企业退出市场概率高出 7.3%。且在灾害发生的三年内，幸存企业的平均收入和就业人数也都有不同程度的下降。

徐等（Xu et al.，2023）证实了即便是没有造成实际损害的地震，也会对按揭贷款机构的贷款行为造成不利影响。通过对加利福尼亚州的研究发现，在有震感但无损害的地震发生后，人们所提出的贷款申请更有可能被拒绝。这是由于尽管没有造成实质影响，但地震风险造成了抵押品在一定程度上出现了贬值，同时，贷款人的违约风险也上升了。该文证实这种影响持续的时间可以长达三年之久。卡瓦洛等（Cavallo et al.，2013）通过对比较案例的分析，探讨了灾难性自然灾害对经济增长短期和长期的平均影响。结果发现，只有极其严重的灾害才会对短期和长期的经济社会造成负面影响，且几起影响严重的自然灾害发生之后，都伴随着激进的政治革命和社会事件。诺伊迈尔和普吕姆珀（Neumayer and Plümper，2007）证实了自然灾害对于不同人群的影响并不均等。他们基于 1981—2002 年 141 个国家的数据，分析了灾害强度对男女寿命差距变化的影响。结果发现，自然灾害平均导致更多女性的死亡，灾害强度越大则这个趋势越明显。这说明自然灾害不仅降低了人们的寿命，且由于性别不平等加剧了女性的困境。有时，自然灾害的影响不一定是负向的。例如，费尔等（Fair et al.，2017）利用 2010—2011 年巴基斯坦洪水的数据，发现洪水影响严重地区的巴基斯坦人民在三年后的投票率显著高于受灾较轻的地区。这可能是由于作为一种创伤性事件，灾害激发了亲社会行为，从而提高了政治参与度。

一些研究直接关注了台风的影响。埃利奥特等（Elliott et al.，2019）研究了台风对于中国制造业工厂的影响，结果发现，台风对于工厂销售额负向的影响非常显著，但影响相对短暂。该文还分析了工厂应对台风冲击的机制，发现通过增加债务和减少流动性，制造业工厂可以减缓台风所造成的冲击。这篇文章提供了一些可以减少台风冲击造成影响的可能渠道，但由于其关注重点为台风影响而非灾害治理，对此部分分析并未展开。贝内萨西等（Benssass et al.，2017）研究了1815—1841年加勒比地区飓风对英国糖价的影响。作者通过实证研究证实，飓风显著推动了糖价的上涨，可能是因为飓风即将登陆港口的消息会导致市场预期加勒比殖民地的糖供应将在不久的将来大幅下降。莫汉和史特罗布尔（Mohan and Strobl，2013）得到了类似的结论，他们发现飓风的发生显著降低了糖的产量和糖出口的数量。赫尔尼等（Herny et al.，2020）考察了热带气旋对牙买加家庭消费的影响。结果发现，有破坏性的台风使得居民消费的损失成倍增长，这一影响对于住宅缺乏防风墙的家庭来说更加明显。吴（先华）等（Wu，2017）利用广东省2009—2014年23个季度的数据，采用GMM方法分析了台风对于劳动力市场的影响。结果发现，台风的发生显著增加了就业率和就业人数。但对于这一违反直觉的结论产生的原因，该文并未进行详细解释。德尔瓦耶等（Del Valle et al.，2018）是迄今为止和本书内容最为类似的文献。他们利用广东省夜间灯光强度的月度卫星数据，衡量了热带气旋对于短期经济的影响。结果证实，热带气旋会显著降低夜光的强度，说明热带气旋会对短期经济有显著的负向影响。这是第一篇利用月度夜光数据对热带气旋影响进行测度的文献，为笔者的实证策略打下了基础。然而如卡瓦洛（Cavallo，2012）所述，大多数自然灾害所造成的影响持续时间都是非常短暂的，以月度为口径对热带气旋造成的经济影响进行衡量的口径过粗，不能完全把握其趋势，更无法对灾后经济的恢复状况进行考察。日度数据的缺失，可以在一定程度上解释目前大多数关于自然灾害的研究集中在对其影响的讨论上，而对于灾害治理则较为缺乏。在本书中，笔者通过谷歌地球影像（Google Earth Engine，GEE）对于VNP46A2数据集提供的每日月光和大气校正的夜间灯光（NTL）产品进行处理，得到地级市层面的夜光强度数据，为这一问题的解决提供了数据支持，有助于进行后续关于儒家文化如何影响灾害治理的实证分析。

第八节 小　结

在本章中，作者对于同本书内容密切相关的现有文献进行了系统的梳理。其中既包含对于掌握明清时期基本灾害状况和各种形式赈灾活动相关的史学文献，也包含与经济学理论模型和实证回归相关的经济学文献。总体说，分为明清时期自然灾害研究、明清荒政研究、明清的民间灾害赈济、气候变化与王朝治乱、利他主义的影响、儒家文化的影响、自然灾害的影响七个类别。史学文献的主要作用在于为构建明清灾害治理机制提供史学基础以及丰富的史料和例证。与此同时，一些对原始史料进行整合的著作也为笔者的量化分析提供了良好的基础，极大减轻了挖掘、整理历史数据的工作量。相关的经济学研究则为本书的经济学数理模型构建，以及量化回归提供了理论基础和思想框架。正是在汲取现有文献丰富养料的基础上，才有了本书后续的内容，笔者在梳理上述文献的过程中，除了更加明确本书的写作思路外，也借此对于相关学者所做出的努力表示敬意和感谢。

第二章　明清时期灾害治理机制的组织基础

本章正式进入本书的研究内容，在史学前人关于荒政和各种形式民间赈济的基础上，对于明清时期灾害治理机制形成的组织基础进行构建。总体说，明清时期的灾害治理机制分为三个层级，最基础的层次为建立在血缘基础上的宗族赈济，第二层是建立在地缘基础上的社区赈济，第三层为最为广泛的官民合作赈济。在本章，笔者对每一层次治理结构所依托的组织基础进行构建，为下一章构建明清时期灾害治理机制打下基础。

第一节　明清时期的宗族义庄

明清时期的宗族赈济主要通过宗族对于族内所掌握的义田、义庄等资产实现。总体说，这一基础的赈济模式在清代力量更为强盛，在明代则影响范围有限。洪武初年，明太祖朱元璋由于其在打天下时在浙西屡屡“困于富室”，忌惮地方士绅通过扩充宗族财产形成地方势力，因此采取一系列政策罚没富户田产，并对其采取强制迁徙的政策，试图瓦解其通过民间仓储实现对基层的控制（王日根，2003）。这为明代抑制宗族义庄和义田的发展奠定了基调。然而明中后期，随着宗法制的复兴和大规模平民宗族的建立，义田和义庄数量仍较宋、元二朝有了明显的提升。根据李文治和江太新（2000）的考证，明代拥有族田的宗族为 200 个左右，规模庞大、管理相对严密的义庄则非常有限，明确记载有义庄的宗族仅 13 个，且多分布在苏南地区。然而在明代，未记录在案的宗族财产远超上述统计，即便是人丁稀薄、财力匮乏的小宗族，也有以祭田、学田等各种形式存在的宗族财产，为族中的修祠、敬宗、助学、扶困、赈济等公共事业提供物质支持。

至清代，宗族义庄在发展过程中取得了显著进展，逐渐形成了一种依托血缘和地缘关系的慈善组织。其由宗族内的士绅、商人、地主等捐赠土地和财产，按照庄规进行管理运营，旨在通过赡养和教化族人，达到敬宗、聚族、保族的目标。这类组织获得了国家的认可和支持，成为除乡里制之外的另一种民间基层治理组织（李学如，2019）。在平民化宗族浪潮背景下，士绅对于兴办宗族义庄进行了大力推动，形成了“今义庄之设遍天下，吾吴为公故乡，闻风兴起者众”[①] 的局面。尽管族田和义庄的规模、管理模式均有差异，但由于其都是为缓解宗族内的贫富分化、由官僚地主阶级捐出部分私有田产建立的宗族共有财产，都被用来扶危济困以加强宗族内的联系、缓和贫富之间的对立关系，为了简化处理，在本书中笔者将义庄和族田统称为义庄，作为这类宗族共有财产的代称。义庄的发展和兴盛，为明清时期宗族赈济最基础的灾害治理层级打下了组织基础。

一、明清义庄发展的制度条件

明中晚期和清时期的义庄得以实现快速发展，有赖于充足的制度条件。这其中既有政府对于建立宗族和义庄的激励措施，也有对于维护宗族私有财产的法律保障。

为了防止义庄庄产遭到人为破坏，避免宗族共有财产损失，明清政府都制定了相关政策对于义庄、族田等宗族公共财产进行保护。这种保护首先体现为由政府对于宗族财产的所有权进行肯定和保护。明代的主要措施是为族田、义庄等册籍钤印并立案存照。这套体系最初由明孝宗时期的大学士徐溥开创。他在兴建自家徐氏义田时，深知“（义田）必须申达官府，严加禁约，庶可行之久远也”[②]。因此向明孝宗奏请，对于其宗族义田进行法律保护，对宗族“义田数目私册查看明白，用印钤记”，以达到向政府备案的目的[③]。这一奏请受到孝宗皇帝的首肯，也说明了明代中期统治者对于明太祖不支持宗族发展的立场逐渐松动，由反对转为支持。继徐溥兴建徐氏义田后，华氏亦在弘治十四年（1501）奏请皇帝建立华氏义田，

① （清）冯桂芬：《显志堂稿》，《近代中国史料丛刊续编》（第 9 辑），文海出版社 1981 年影印本，第 691 页。

② （明）徐溥：《徐文靖公谦斋文录》卷 2，文海出版社 1970 年版，68a-68b。

③ （明）徐溥：《徐文靖公谦斋文录》卷 1，文海出版社 1970 年版，17a-17b。

“孝宗皇帝览而嘉之”①。随后隆庆四年（1570）、万历十七年（1589），应天府儒学训导华复初和南京礼部尚书姜宝依徐氏之例兴建其宗族义田，并请求国家册籍钤印并立案存照，“谨将田地顷亩数目册子壹样叁本……一本并家规给与臣家收执”②，进一步完善了由政府出面肯定义庄私有财产权的章程。此后，宗族设立义庄、义田报请皇帝或地方官府批准变成了一种惯例，例如，松江林氏设立宗族义田、归安茅氏设立义田等均请求官府册籍钤印并立案存照，并受到了政府相应的褒奖③。然而于明代一朝，上述册籍钤印和立案存照中政府承担的行为更倾向于是“保人”和“见证者”，其主要作用是对宗族义庄的存在以及其宗族内部制定的保护义庄的规定进行见证，目的在于“家法之存永赖国法”④。即当族人和其他人企图侵占宗族义田时，宗族依照族规对其进行惩处所依照的规范受到政府认可，师出有名⑤。但总体说，明政府并未产生保护宗族公共财产所有权的自发行为，未在法律和制度上从保护私有权本身角度提供保障。

至清代，由于统治者大力推动宗族平民化改革，因此从法律上对于民间宗族财产进行了保障。此例自雍正年间始。雍正十年（1732），内阁学士兼礼部侍郎张照认为，后世所建义庄之所以未如范式义庄长久，是因未将其奏明立案、载入志书，因而向皇帝上奏请求将曾作族产的己田一千亩立册存案，以防盗侵：“请将义田官为查核，立册存案，载入县志，不得擅卖。”⑥ 雍正同意其奏请。乾隆执政伊始，规定各州县有义田者“凡捐建义庄者，例由始事者具牍报县，县以上之于郡，郡以上之于司，司以上之于疆臣，疆臣露章入告天子，天子乃饬部存案而为之嘉奖焉。故义庄之产

---

① （明）顾清：《东江家藏集》卷12，明嘉靖三十八年华亭顾应阳刻本，20a。

② （明）姜宝：《姜凤阿文集卷》卷28，明万历刻本，32a-32b。

③ （明）王圻：《王侍御类稿》卷8，“四库全书存目丛书”，集部，第140册，齐鲁书社，1997年版，第293页；（明）茅元仪：《石民四十集》卷37，《续修四库全书》，集部，第1386册，上海古籍出版社2002年版，第374页。

④ （明）徐溥：《徐文靖公谦斋文录》卷1，文海出版社1970年版，17a-17b。

⑤ 明代的宗族族规明确规定族产“不准侵渔典鬻”，“盗卖义田者白有司治罪，田仍归庄”。义庄管理者通常会主动将义庄的情况登记造册，呈报官府，请求官府在每页族田文书上加盖印章，使义庄受到官府的保护。官府同意其立册存案的申请后，向义庄颁发执帖，妥善保存并记录在方志文献中。上述引用内容，分别出自《江夏环峰黄氏族谱》和《大泌山房集》卷56之《伍氏义田记》。

⑥ 《张氏捐义田奏折·附义庄条例》，南开大学图书馆藏抄本，转引自：陈秋云：《清代闽浙苏地区的义田制度及当代启示》，《社会科学家》，2014年第4期，第133页。

黠者勿敢擅售，强者勿敢私受也”①。苏州程氏资敬义庄规定将其所有田地汇编成册并加盖官印，宗族后续所新添田产也照此规定办理，以杜绝任何隐瞒或欺诈行为②。官府对义庄立册存案的认可，推动了立册存案的全面普及。

具体说，清政府对于宗族义庄的认可程序为发放执帖并勒石宣告。执贴是宗族设立义庄后向官府提出备案，申请获得批准后官府所颁发的文书。官府为义庄颁发执贴，代表义庄的建立在法律上获得承认，并享受法律的保护和政府的优惠政策。执贴的颁发有效抑制了豪强和族人对义庄的侵占，使义庄得以不断发展。执贴的内容一般包括申请执贴者、颁发执贴机关、族田位置及范围、官府对族田的优惠政策等（陈秋云，2014）。此外，执贴作为确认族田位置和范围的凭据，还专门规定了侵害族田行为的惩罚措施，尤其是盗卖义田的行为。宗族可依据执贴内容对任何侵扰义庄的行为予以惩罚。宗族得到执贴后便可勒石宣告，警告企图侵占族产的人，从而保护义庄。道光十五年（1835）浙江绍兴孙日澄捐田141亩，要求知县“立案给示，勒石永禁”；知县为孙氏祠堂勒石，禁止族人觊觎义田，违者比照往例进行处罚（刘宗志，2012）。官府将义庄立册存案、给予执贴、勒石保护的措施，一方面在法律上承认义庄的合法性，另一方面防止义庄遭受侵害，为宗族建立义庄提供了良好的制度环境。

尽管政府对于义庄财产的所有权进行了肯定，然而如何处理义田盗卖仍是需要解决的问题。义庄田产是宗族的共有财产，其运营对维持家族生活的正常运转具有重要影响。若允许随意买卖，义庄便失去其固定的经济来源和救济族人的能力，也就违背了其建立的初衷，因此宗族规定不许随意买卖义田。如徐溥在向明孝宗奏请保护自家义田的奏折中，明确指出其希望政府用印钤记的原因是“诚恐他日子孙或视为度外。则邻有所侵而不知，或认为分内，则族有讼而莫止，分者肆强取之奸”③。明代宗族向地方政府用印钤记，本质上相当于是一种备案，通过官方授权以增加族规这种

① （清）恽毓荣：《恽氏义庄缘起》，光绪二十八年活字印本．转引自：李学如，陈勇：《清代宗族义庄的发展：以苏南地区的考察为中心》，《中国社会经济史研究》，2014年第1期，第67页。

② 《程氏支谱》（第一册），清光绪三十一年，多贺秋五郎：《宗谱之研究·资料篇》，东洋文库论丛（卷45），1960年版，第566页。

③ （明）徐溥：《徐文靖公谦斋文录》卷1，文海出版社1970年版，17a-17b。

非正式制度的约束力。然而这种制度的约束力十分有限，仍常常出现义田盗卖的现象。清雍正十年（1732），大臣张照奏请将擅卖自家义田者按盗卖官田处理，得到了雍正皇帝的支持，然而义田盗买盗卖现象仍然并没有得到有效控制。乾隆二十一年（1756），江苏巡抚庄有恭上疏，请求将私自贩卖宗族祀田的买卖双方均按照贩卖坟圈树木者定罪，处以十亩以内杖责一百、枷号示众三个月，超过十亩者流放充军的惩罚[①]。此举虽并未完全得到乾隆皇帝的认同，但仍然批准了仿张照之例，将盗卖义田者按盗卖官田者定罪处罚。宣统二年（1910），清政府颁发《大清现行刑律》，规定将对于盗卖祀产的子孙按照盗卖官田定罪，最高可判三年徒刑[②]。这些法律的颁布在一定程度上对盗卖义庄财产的行为进行了打击，有利于义庄的发展和宗族的繁荣。

为了鼓励宗族兴办义田、义庄，明清政府还采取了一些其他相关鼓励措施。首先，政府通过旌表乐善好施和议叙激励宗族建立义庄。尽管明太祖对于义庄的建立持不甚支持的态度，然而随着明朝后期宗法制度的衰败，由于建立义庄可以达到“通过经济手段延缓宗法宗族制的松懈”的目的（李文治等，2000），因此明中晚期的皇帝对民间宗族的建立持默许甚至支持的态度，对于愿意出资兴办义庄、族田的行为进行奖励。明朝末年，江南长洲陈氏出资购买宗族义田，巡按御史称赞其行为“思文正高风，今且媲美矣”[③]。顾宪成友人吴伯子长卿为吴氏宗族设置义田亦受到巡抚的褒奖，“公览而嘉之，下檄褒异，复贻书为予诵之”[④]。总体说，由于明代中期开始，对于义庄、义田的兴办才开始予以默许渐至鼓励的态度，因此对于出资兴办义庄的行为并未进行制度化的旌奖。

清代则给予出资充实族产者更优厚的奖励。乾隆二年（1737），清政府详细规定了捐田赡族的奖赏制度：捐银千两以上或捐田地、粮食价值千两以上者可请旨皇帝建坊，由地方官府给予三十两银，自行修建“乐善好施”坊；捐银、田地或粮食不足千两者可请旨地方官府给予“乐善好施”

① （清）《皇清奏议》卷18，全国图书馆文献缩微复制中心，2004。

② （清）《大清律例增修统纂集成》卷9，转引自：（日）清水盛光著，宋念慈译：《中国族产制度考》，中国文化大学出版部1986年版，第173页。

③ （明）陈仁锡：《陈太史无梦园初集》卷4，上海古籍出版社2002年版，51上。

④ （明）顾宪成：《泾皋藏稿》卷11，明万历三十九年刻本，5a。

匾，以示嘉奖[①]。在旌表和坊银的激励下，民间捐田赡族之风盛行。孙蟠因分别于乾隆五十一（1786）、五十八（1793）、五十九年（1794）捐钱共万余两，至几年后的嘉庆朝仍然受到嘉庆帝恩赏[②]；道光年间，卢氏义庄建立者卢有林及其子因捐银、买田而受到旌表立坊[③]。此外，通过建立义庄，平民可获官职，候选官员可提前任用，在职官员可获擢升。例如，荡口华进思捐赠一千三百亩田地为义田，朝廷授予其休宁县丞的官职[④]。乾隆十六年（1750），候选员外郎陶筱因其捐田千亩、出银千余两兴建义庄而被提前补用，以示奖励[⑤]。娄县商人张淇捐田千亩赡族，虽在生前未获得议叙，但其死后获得“吏部左侍郎加四级职衔”[⑥]。地方士绅通过建立义庄，可以收获在地方的声望，并可能实现阶级的跃升。因此，政府通过“议叙”等旌奖可以有效地激励士绅建立义庄。

除对于出资建立宗族义庄的行为进行旌奖之外，政府还实行优免义田赋役的优待政策，以促进义庄的发展。尽管明政府并未颁布保障宗族财产不受私人侵占的法律条款，但总体来说明代中期以后的皇帝对于义田、义庄等族产的经营持支持的态度。例如，弘治八年（1495），明孝宗依据明朝初期学士解缙的《旌复世臣义族之议》谕令“义庄户内差役，仍与蠲免”[⑦]，开始对有义庄的宗族实行徭役减免的政策。清朝延续并发展了此政策。康熙元年（1662）规定将义田的赋税缓期至每年的十月开始征收，优先免除各种零碎徭役；雍正元年（1723），规定仍免去义田的各种徭役，并且是“给照永免”。根据李学如和陈勇（2014）的考证，自庄有恭上书之后，优免徭役已成义庄定例。政府规定义田“如岁逢歉收，一概停捐”，说明在荒歉年月政府对义田也有不同于一般民田的优待政策，这些对发展义庄起到了一定的推动作用。

---

① （清）昆冈：《钦定大清会典事例》卷403，文渊阁《四库全书》本。

② （清）葛荫南：《寿州志》卷29，光绪十六年刻1918年重印本，第12页。

③ （清）李丙荣：《丹徒县志摭余》卷9，1918年刻本，第54页。

④ 刘铮云：《义庄与城镇：清代苏州府义庄之设立及分布》，“中央研究院”历史语言研究所集刊，1987年版，第647页。

⑤ （清）陈康祺：《郎潜纪闻初笔二笔三笔》上，中华书局1984年版，第87页。

⑥ （清）宋如林：《松江府志》卷16，清嘉庆二十二年刊本，第23页。

⑦ （明）《明孝宗实录》卷99，上海书店1984年版，第1825-1826页。

二、明清义庄的资金来源

义庄的筹建方式主要是个人募捐，按照捐献者的不同可分为官僚捐置、富商和地方乡绅捐置。官僚捐置即家族中在朝为官的成员用自己的部分官俸购置田产，或划出自己的部分私有田产作为义田，建置义庄。例如，明代天顺三年（1459）上海青浦人顾英乡试中举之后，回乡“自适宦装甚薄，儆范文正故事，出田十余顷为义庄以赡宗族”①。万历年间，华亭徐琳自楚雄守职位致仕后归乡设置徐氏义庄，“给宗党赡学田与义塾”②。再如，嘉靖二十三年（1544），御史宋贤“买田三百亩赡宗族”③。《明史》中亦记载了万历年进士吴炯因无子而购置义田赡养族人的事迹④。乾隆年间，永定县官员捐置田地，将其田产收入用于资助宗族内贫困的学子，为其提供饮食、学习所需的物资并助其参加科举考试⑤。通过这种捐置，官员不仅可以提高其在族中的地位，还可以获得皇室及同僚的赞许，进一步巩固自己的官场地位。除“禄有余资”者外，“贾有余财”者也是义庄的主要捐献者，这一现象在清代更为普遍。由于统治者的态度，明代能够得到政府首肯建立宗族并购置义田者大多仍为官员，但仍有受到儒家文化熏陶的义商投身于宗族义田的建设上。例如，建阳士绅刘天熙经商以“廉贾称，尚义乐施，刘氏族衍多不给者，熙办义田二百亩以赡之”⑥。而至清代，商品经济进一步发展，商贾一方面受“相亲相爱，尚如一家”的社会风尚的熏陶，具有强烈的宗族责任感，将强宗固族作为自己的责任和义务；另一方面政府进一步放松了平民宗族设置义庄的要求，部分经商致富的商人在大量购进土地的同时，也会用一部分土地建义庄，从事宗族活动和慈善事业。例如，晋江蔡维坤少时社会不稳、家境贫困，于是弃学经商，致富

① （崇祯）《松江府志下》卷 38，日本藏中国罕见地方志丛刊，书目文献出版社 1991 年版，第 994 页。

② （崇祯）《松江府志下》卷 39，日本藏中国罕见地方志丛刊，书目文献出版社 1991 年版，第 1021-1022 页。

③ （崇祯）《松江府志下》卷 40，日本藏中国罕见地方志丛刊，书目文献出版社 1991 年版，第 1034 页。

④ （清）张廷玉：《明史》（第五册），中华书局 2000 年版，第 4028 页。

⑤ （清）王见川：《永定县志》卷 3，厦门大学出版社 2012 年版。

⑥ （明）黄璿：《建阳县志》卷 6，两淮马裕家藏本。

后，建义田、修祠堂供奉先人并设家塾教育宗族子弟（王日根，1990）。嘉庆年间，江苏陶雨田“以贾起家，置义田若干亩”（王日根，1992）。富商捐置义田、收拢族人、建立义庄，其后代也可通过科举进入仕途，从而通过耕读传家的模式实现阶级跃升，成为同政府关联紧密的士绅阶级。

三、明清义庄的运营模式

尽管从形式上看，义庄是比义田、族田等组织更为严密的形态，但从实际管理的方式看，则三者大体类似，皆效仿范仲淹创立的范氏义庄的经营方式，明清两朝并无本质区别。

义庄的管理有专管和轮管两种形式。轮管即宗族按房、按人或按捐产各房轮流管理，有任期限制，一般不得连管。具体说，轮管可细分为族长族尊轮管、族中“殷户房”轮管、族中绅衿轮管、捐产各方轮管和在里族众轮管。这种形式在义田的经营管理，尤其是明代的义田经营管理中也较多见。例如，明万历时期，苏州吴氏设立的义田，就采取诸子轮管的方式，“长子正谊司其出纳。行之三年，而令仲子存古司之。又行之三年，而次及正始、正邦、正纲，凡三年一轮管”[①]。再如明代浙江孙氏规定，田地租金由本房子侄负责管理，实行两年一轮的值班制度，每人在特定年份负责相关事务，周而复始[②]。在清代规模较大的义庄轮管往往较少发生，除非建庄者去世后无嫡系子孙经营义庄。

专管即派专门的人员管理义庄，专管多发生在清代规模较大的义庄。为了义庄能够长效有序地经营，往往派专人对义庄进行经营。专管形式下的管理人员为建庄者嫡系子孙。例如，江苏陆氏义庄规定：“掌庄稽庄永远归建庄后裔之房，后各长房轮流充当。主奉则归建庄后裔之最长者，均世守勿替。”程氏义庄规定：“庄正以建庄者之嫡长子孙世世相继为之，庄务悉归经理……族中虽尊长不得干预。”（王日根，1992）族人推荐或选举任命的管理人一般要求为族中品行端正、公正廉洁、有才识之人。如元和

① 《吴氏支谱》卷12，转引自常建华：《明代苏州宗族形态探研》，《史学集刊》，2021年第1期，第38页。

② 《菱湖孙氏族谱》（第四本），费成康：《中国的家法族规》，上海社会科学院出版社1998年版，第294页。

殷氏义庄规定，在宗族内部公开推举“贤能堪任者”为庄正[1]。

从具体管理人员的设置看，明清时期义庄管理人员的设置大体效仿范氏义庄的模式。例如，丹徒倪氏宗族[2]、吴县彭氏宗族[3]、苏州程氏宗族[4]等，在义庄庄规中都明确对于管理人员的建制进行了约束，大体模式相当：义庄一般设庄正一人，统领庄内事务；庄副一至两人，辅佐庄正管理义庄；此外，还设有司事、司庄等。除此之外，一些规模较大的义庄还设有出纳和厨师等岗位[5]。常熟临海屈氏义庄规定，司事负责管理钱款及谷物等物资的出纳工作，应当严格选拔，以保证家族的田产安全[6]。规模较小的义庄则一般只设庄正、庄副和司事。庄正一般由建庄者嫡系子孙担任，且须具备殷实的经济基础，其主要职责包括收租、缴纳税赋、举办祭祀活动、资助族人及其他重大事项的决策。为保证义庄得到有效的管理，庄正在处理庄务时需遵循既定的规章制度，族人不得干预庄正的决定。庄副没有严格的身份限制，一般是由庄裔或族人推举产生，同时为了更好地监督庄正，庄副也可从外姓中选举。庄副的职责包括协助庄正处理庄务及监督庄正。“本庄设庄正副各一人，庄正由宗汉本房嫡派子孙长房者充任，庄副于族人之贤者选任之。”[7] 义庄管理人员一般无固定任期，任期内可领取薪资，职务不同薪资不同。“司正酌定三年交卸，司副则按年定夺。司正岁酬白米二十四石，司副岁酬白米十二石，按月支取。”[8] 宁乡周氏义庄规定：义庄管理者应选择擅长会计、了解学务者，无固定任期[9]。

四、明清义庄与灾害赈济

明清时期，义庄作为一种民间救济方式，在赈灾方面发挥着不可或缺

---

① （清）李铭皖：《苏州府志》卷 24，清光绪九年刻本。

② 倪思宏：《丹徒倪氏族谱》卷 6，民国十一年刻本。

③ 彭文杰，彭钟岱：《吴县彭氏宗谱》卷 12，民国十一年刻本。

④ （清）程晄：《苏州程氏支谱》卷 1，清光绪三十一年木活字本。

⑤ 负责登记出纳的职务叫作司记，负责伙食的称为饭工。

⑥ 《临海屈氏世谱》卷 11，多贺秋五郎：《宗谱之研究·资料篇》，东洋文库论丛：第 45 卷，1960 年版，第 550 页。

⑦ 王国平，唐力行：《明清以来苏州社会史碑刻集》，苏州大学出版 1998 年版，第 227 页。

⑧ 王国平，唐力行：《明清以来苏州社会史碑刻集》，苏州大学出版社 1998 年版，第 235 页。

⑨ 《宁乡大屯营周氏四修族谱》卷 9，湖南图书馆馆藏，1928 年木活字本。

的作用。由于官赈存在种种弊端，以义庄为主要赈济的宗族赈济能够发挥重要的补充作用。尽管义庄的数量和赈济规模有限，但运营得当的义庄却能够在一定程度上缓解灾民的困境。在长期与灾害斗争的过程中，义庄逐渐形成了完备的灾年应急机制，以保障族人的基本生活和最大限度地发挥义庄的救济能力。一些宗族考虑到灾年对于族人的赈济，还会从族田中专门开辟设置备荒田。例如，在苏州吴氏的《创立继志义田记》中，记载其为了实现对宗族五服以内贫者水旱灾害后的赈济，专门拨田一百亩作备荒田，并遵循耕五余一的策略来经营①。

从具体的措施看，尽管义田的租息是义庄的主要经济来源，然而在荒歉年份，义庄往往会主动减少或免除佃户应缴纳的租金。但与此同时，减免佃租的行为使得义田租息收入减少，会导致义庄对族人的救济力度下降和救济范围缩小。因此，宗族一般会将灾荒时期的赈济范围限制在本族之内，例如，明代苏州吴氏就规定，义田的赈济范围“以公诸五服之亲，传子及孙，而吾以五服为率……吾五服咸得焉”②。无锡吴氏也将储粮备荒的收益范围限定在本族内，“以赡族人……别储麦三百以待凶，札必取盈焉，无乏岁事”③。为帮助族人顺利度过灾荒、确保救济措施的合理性，义庄管理者会邀请族人共同商议。通常而言，义庄会根据灾害轻重及义庄实际情况，权衡事之轻重缓急，减少或暂停部分救济项目的支出，以尽量减少开支。例如，武进恽氏义庄在荒年就制定了“先尊辈后及卑幼”、先凶后吉、先来后到等策略④。然而无论义庄内的其他救济项目资金如何减少或调整，保障族人的食物需求始终被放在最重要的位置。如庐江章氏义庄在饥荒之年，为无法维持基本生活的族人分发粮食，年满十五岁的族人每日给予一升米、未满十五岁的给予三合米⑤。武进恽氏则规定，每逢凶荒，除口粮外，其他开销一律不支⑥。武进盛氏拙园义庄也有类似规定，一方面尽全

① 《吴氏支谱》卷12，转引自常建华：《明代苏州宗族形态探研》，《史学集刊》，2021年第1期，第38页。

② 《吴氏支谱》卷12，转引自常建华：《明代苏州宗族形态探研》，《史学集刊》，2021年第1期第39页。

③ 申时行：《赐闲堂集》卷17，四库全书存目丛书，齐鲁书社1997年版，第346-347页。

④ （清）恽毓荣：《恽氏义庄缘起》，清光绪二十八年活字印本。

⑤ （清）章廷梁等：《章氏义庄志》，民国十四年重刻本。

⑥ （清）恽毓荣：《恽氏义庄缘起》，清光绪二十八年活字印本。

力为贫困族众提供口粮；另一方面其他开销一律不支①。除发放性命米外，一些有实力的宗族赈济范围可以超出本族，赈济方式也非常多样。例如，潘曾沂所建立的丰豫义庄，除发粮米外，还行平粜之举，"时吾吴米价昂贵，特采买籼米三千余石，平价出粜，以冀流通"，并"又择城中极贫者六千余口，给以票据，按期在天后宫发钱"，将救济范围扩充到宗族之外的普通百姓。除此之外，丰豫义庄还为受灾族人分发种子和农业生产工具，帮助灾民尽快恢复农业生产、完成灾后重建。例如，苏州于道光二十九年发生水灾时，丰豫义庄派人采购能在较为恶劣的环境下生长的荞麦种子，将其分发给灾区民众（余新忠，1997）。

丰年备荒机制是明清时期宗族义庄可以实现对于宗族百姓实行赈济的另一个主要措施。在义庄的运营上，很多宗族参考历史上"耕三余一""耕九余三"的备荒策略，每年留存一定比例的粮食作为"备荒粮"，以达到"以丰年之盈余，留备歉岁之不足"的目的。除预留粮食外，部分义庄会在每年的收入中预留一部分银钱作为"备荒金"。与"备荒粮"类似，当灾害发生时，义庄会采取合理的方式用"备荒金"购买必要的粮食、药品等救援物资，及时分发或低价出售给受灾族人。例如，广德钱氏士青义庄规定，每年在扣除完缴纳给政府的粮食税、祭祀费用、人力和交通费用、学费四项必要开支后，额外预留一成资金为"备荒金"，灾年时以此进行救助②。在义庄的管理上，一些义庄还非常注重谷本更新的问题，如果连遇丰年，由于仓谷无法流动，很容易出现陈旧甚至腐败等问题。因此武进恽氏义庄一方面要求义庄经营达到"耕三余一"的目标，另外要求"所有余钱不得粜贷，必存有三年粮储，方可推入新"③，这就兼顾了保证仓粮和谷本流动的双重目标。嘉定曾氏也认同"耕三余一"的目标，认为这一策略除能保证无歇业亏折之虞之外，还能保证仓谷的推陈出新，防止存米发生腐烂霉变④。

然而，义庄的备荒钱粮并非无限储存，当其积攒到一定数目时，义庄会用其购买合适的田地，扩大义庄规模，实现义庄的长远发展目标。例

① （清）盛文颐：《武进龙溪盛氏宗谱》卷 23，民国二十三年木活字本。

② （清）钱文选：《士青义庄录》，1948 年铅印。

③ （清）恽毓荣：《恽氏义庄缘起》，清光绪二十八年活字印本。

④ （清）曾铸：《嘉定曾氏瑞芝义庄全案》，清光绪二十六年刻本。

如，桂林方氏规定，家族子孙不得私自挪用宗族田产每年所剩经费，待资金累积至一百金时，则存典生息；累积至六七百金时，则购买上等农田，不得投资于其他行业①。绍兴陈氏义庄规定，每年须存储一百石粮食以备荒年之需。如果五年间这部分粮食并未因灾荒等各种原因被动用，则将其中的七成用于土地购买，其余部分则继续积存以备不时之需②。通过这种方式，不仅能够保证为荒年族内赈济提供充足的粮食，还可以通过这种对于族产的合理经营实现财富的增值，使义庄的规模不断扩大，并使宗族得以永续发展。

除上述多数义庄所采取的方式外，部分义庄还根据其所在的地理位置及义庄的实际情况制定了其独特的备荒策略。如，无锡华氏义庄因紧邻太湖，时常发生水患，故而十分重视日常的堤坝、桥梁建设③；丰豫义庄结合其所在苏州易干旱的特点，倡导多种植抗干旱的杂粮，同时改良并推广区种法以提高粮食产量④；吴氏继志义庄将其义田按功能分为奉公田、报本田、敦睦田、嘉礼田、凶礼田、劝学田和备荒田七类，分类专款专用，若连续五年丰收，则将备荒田收入存积以备荒歉⑤。这些措施在一定程度上加强了宗族的备荒赈济能力，为明清时期灾害治理机制中宗族赈济的实现奠定了组织基础。

第二节　明清时期的民间备荒仓储与灾害赈济

如果说义庄的兴盛为明清时期灾害治理机制的第一层组织结构——宗族赈济打下基础，那么明清时期灾害治理机制的第二层组织结构——社区赈济则是以民间备荒仓储为组织基础实现的。具体说，明清时期的民间备荒仓储分为社仓和义仓。在本部分，笔者对这两种民间备荒仓储在明清的发展和运作方式进行介绍。

---

① （清）方苞：《方望溪全集·原集》卷 17，香港广智书眉 1980 年版，第 234 页。
② （民国）陈文燦：《绍兴曹额陈氏家谱》卷 2，民国初年铅印本。
③ （明）顾清：《东江家藏集》卷 12，文渊阁《四库全书》本。
④ （清）潘曾沂：《丰豫庄本书》，南京农业大学农遗室藏本。
⑤ （清）吴艾生等：《吴氏支谱》卷 12，清光绪八年刻本。

一、社仓、义仓的辨析

社仓、义仓作为中国古代的民间仓储，均早在明清以前就已出现。从其概念和起源看，义仓最早出现在隋朝。隋朝开皇五年（585），长孙平奏请设立义仓，下令地方军人和百姓建仓积谷，“若时或不熟，当社有饥馑者，即以此谷赈给”①。社仓的首次创建则起源于宋朝的朱子“五夫社仓”。南宋乾道四年（1168）春夏之际，福建地区遭遇水灾，此时朱熹在崇安县任职，在视察灾情目睹灾民的凄惨生活后，感叹道：“今时肉食者，漠然无意于民，直是难与图事。”② 为了救助灾民，他向当地富户劝募余粮，还请求建宁知府发放常平仓的存粮。等到丰收，令百姓精选良粟偿还。此次赈灾让朱熹意识到民间灾害自救的重要性，次年，他上书新任建宁知府沈度，请求建立社仓，最终于乾道七年（1171）在福建崇安创办了“五夫社仓”，这是中国历史上第一个社仓③。

从整体上看，社仓、义仓的出现改变了之前单纯依靠国家政府救济灾民的模式，培养了民间自救的意识，成为民间救荒的一种重要形式。关于二者的关系，尽管设置之初的宗旨有一定区别，然而从后世对两仓的定义和实践看，两个概念常常是混淆的。从二者的定义看，以往很多研究均认为社仓和义仓本身就是同义语。例如，清代学者普遍认为二者相同，如陆曾禹在《钦定康济录》中所述：“所在为义仓，则与社仓无异矣。”④ 持这一观点的还有俞森和杨景仁。康熙皇帝也认可这一说法。在杨景仁的《筹集篇》中提到，康熙十八年（1679），在直隶地区的民间仓储建设中，康熙指出：“直隶士民捐输义仓积谷。此义仓之制，与社仓大概相同者也。”⑤ 现代史学研究者也有相当一部分人认为社仓与义仓概念等同。例如，张岩

---

① （唐）杜佑：《通典》卷12，浙江古籍出版社1988年版，第70页。

② （南宋）朱熹：《朱熹集》，四川教育出版社1996年版，第2026页。

③ 关于社仓和义仓起源的时间，学界莫衷一是。主流的观点认为义仓起源于隋朝，社仓起源于南宋。这一观点由董煟在《救荒活民书》中首先提出，受到清代俞森所辑《义仓考》《社仓考》的认可，并受到于树德的认可。

④ （清）陆曾禹：《钦定康济录》，李文海、夏明方：《中国荒政全书》第2辑第1卷，人民出版社2023年版，第270-274页。

⑤ （清）杨景仁：《筹济篇》，李文海、夏明方：《中国荒政全书》第2辑第4卷，人民出版社2003年版，第429-434页。

（1998）认为，二者的分野远不如人们想象的那么明显。其共属于社会最基层的积贮在民、由民间管理的仓储，“充当着救助荒歉的第一道防线”①。而从义仓和社仓的实际运营看，不管是从其仓谷来源、两仓功能、选址地点还是同政府的关系上都很难对其进行明确区分。关于这些内容，吴四伍（2018）在《义仓、社仓概念之辨析》一文中有详细介绍。尤其是至明清时期，由于义仓发展的曲折，使得义仓和社仓更难进行区分。考虑到其作为民间备荒仓储在社区赈济中起到的作用大体相同，对其区别的辨析也并非本书重点，因此笔者不区分社仓、义仓的区别，将其共同作为民间备荒仓储进行分析。

二、明清两仓的仓谷来源

（一）官吏绅民的捐助

由于两仓的性质为民间仓储，其仓谷的主要来源为官吏绅民的捐助。为了更好地调动官员、绅民的捐输积极性，明清政府出台了旌奖政策，根据不同的捐输量给予不同的奖励。万历年间，政府为鼓励士绅捐输积谷，特对其奖劝之法进行了规定：“祖宗设仓贮谷，以备饥荒，其法甚详。凡民愿纳谷者，或赐奖敕为义民，或充吏，或给冠带散官。”② 随后则对于奖劝的规则进行了细化，“议准凡民人纳谷一千五百石，请敕奖为义民，仍免本户杂泛差役。三百石以上，立石题名，免本户杂泛差役二年”③。在此类政策的支持下，各地官员纷纷开展了劝捐活动，许多地方都取得了不错的成效。例如，明代“宿州知州崔维岳两捐俸粜谷以为民倡，而民多乐输”④，景泰六年（1445），江西建昌县响应政府号召建立义仓，此举得到该县 30 余士绅的积极响应，各输谷千余石⑤。万历二十四年（1596），七

① 张岩：《论清代常平仓与相关类仓之关系》，《中国社会经济史研究》，1998 年第 4 期。

② （明）申时行等：《明会典》卷 22，续修四库全书编纂委员会：《续修四库全书》，上海古籍出版社 1995 年版，第 383 页

③ （明）申时行等：《明会典》卷 22，续修四库全书编纂委员会：《续修四库全书》，上海古籍出版社 1995 年版，第 383 页。

④ （明）崔维岳：《宿州志》，明万历二十四年序刊本手抄本影印。

⑤ （清）陈惟清：《建昌县治》卷 2，中国方志丛书，成文出版社 1970 年版。

省按察使刘会“自捐赎锾买谷三万余石，立义仓四十座……又发银各府置仓百余所，贮谷数十万”①。

如果说明代的义仓、社仓建设是在明中期预备仓废弛之后才逐渐兴起的，清代则从建立之初就非常重视对于民间备荒仓储的建设。康熙四年（1665），康熙帝命令官员就在直隶地区建立社仓的可能性进行讨论，在会同诸臣商议之后，在直隶建立社仓的政令得到了康熙的批准②。在李光地担任直隶巡抚期间，曾经于康熙五十四年（1715）上疏对于直隶地区捐输社谷的行为进行奖励：“富民能捐谷五石者免本身一年杂项差徭……凡给匾民家永免差役。”③ 随后的雍正、乾隆时期，基于对民间仓储建设的支持，均颁布了相应的奖励捐输社谷的政策。例如，雍正元年（1723）皇帝下令：“再劝谕绅衿士民，听其情愿，随力捐收。”④ 在政府的支持下，许多地方官员不仅通过劝输政策鼓励富商、士绅捐输，还以身作则、身体力行亲自捐谷充实两仓。例如，雍正元年（1723），闽浙总督罗满保、福建巡抚黄国材在筹建闽浙地区社仓的过程中，以身作则，带动当地官员六十一人共捐谷两万石⑤。直隶地区官员也在巡抚李维钧的倡导下踊跃捐输，带动士民陆续急公，共捐输粮食十万石⑥。至清朝中期之后，由于政府能力的逐渐衰微，常平仓开始废弛，政府对于民间仓储的劝输力度逐渐增大。道光十四年（1834），在南昌知府张寅的推动下建立了丰备义仓；除省会外，南昌各地也纷纷进行义仓的修建，例如，“奉新县义仓，在从善乡，道光二十六年岳崇敬修”⑦。道光二十九年（1849），在云贵总督林则徐、云南巡抚程矞采的活动下动员士绅筹集银一万两千余两，请求政府准许购买云南府旧仓改为义仓，由民间管理，成为当时云南积谷最多的

---

① （明）郭棐：《粤大记》，中山大学出版社 1998 年版。

② 《清代起居注康熙朝》第 18 册，联经出版公司 2009 年版，第 10246–10247 页。本质上讲，康熙帝一朝并不支持社仓、义仓的建设，尤其是康熙晚年。康熙五十五年（1716），针对张伯行等人请求建立社仓的建议都予以了否定。但总体讲，清代关于义仓、社仓的制度建设在清初已经开始。

③ （清）昆冈：《钦定大清会典事例》卷 193，文渊阁《四库全书》本。

④ 中国第一历史档案馆：《雍正朝汉文朱批奏折汇编》第 760 号，第 1 册，第 927 页。

⑤ 中国第一历史档案馆：《雍正朝设立社仓史料》上，《历史档案》，2004 年第 2 期，第 8 页。

⑥ 中国第一历史档案馆：《雍正朝汉文朱批奏折汇编》第 327 号，《雍正元年十二月十六日具折》（第 2 册），第 403 页。

⑦ （清）刘坤一等：《江西通志》，光绪七年刻本。转引自熊皓：《清代江西社仓发展概况》，《宜春学院学报》，2022 年第 8 期，第 73 页。在熊皓的论文中，相关义仓修建的记载仍有很多，在此不赘述。

义仓[①]。

（二）官银买谷

尽管两仓经营以民间为主，但由于其构成了备荒仓储的重要部分，在一些特殊情况下，也会由政府直接拨款，由地方官员采买粮食以充实社仓、义仓的不足，这种情形在清代较多。由于明代政府在中期之前对于民间仓储的发展一直持不甚肯定的态度，这决定了政府不会对民间仓储的建设直接拨给银两支持，而到明朝中期之后，尽管政府逐步放松甚至在后期开始对民间仓储的建设进行鼓励，但这种鼓励某种意义上也代表了政府能力的衰微。杨乙丹、卢勇（2017）认为："宣德以后，作为荒政核心支撑的预备仓，越来越暴露出'仓廪颓塌而不葺，粮米逋负而不征'的问题。"由于官方预备仓的式微，明政府被迫以社仓、义仓充实预备仓的不足，在这样的背景下，政府更是无力对民间仓储建设进行资金支持。仅有的记载发生在宣德七年（1432），明宣宗下令由政府下拨钱粮兴修同属民间备荒仓储性质的仓库济农仓，"会朝廷命下许以官钞平粜，且以劝借储积以待赈……苏州得米三十万石，松常有差，分贮于各县，名其仓曰：济农仓"[②]。此外，一些明代的地方官员仍然通过个人捐赠或带头捐输的形式支持粮仓建设。例如，万历年间"知县刘一爊置给本银四百七十一两，买稻一千五百七十石，并各约输稻，令乡约贮各仓备荒"[③]。再如，浙江宣平县的义仓由于缺乏银钱建设仓设，知县亲自捐俸建设，体现了其"凡在官者有所义捐咸在于斯，凡在民者有所义助咸在于斯"的观念[④]。

至清代，政府发帑采买成为以官银充实社仓、义仓谷本的一种主要形式。清代大学士陈宏谋曾为直隶、河南、湖北、湖南、贵州五省奏请赏银，将其作为各处的社仓谷本，根据实际所需分发给平民百姓，令其秋后交还并存于仓内（罗威廉，2016）。雍正四年（1726）沁源县"自本年起至八年止领银二千两，买谷四千四百三石余"[⑤]。政府还出资买粮四十余万

---

① （清）岑毓英、王文韶：《云南通志》卷61，清光绪二十年刻本。

② （明）徐学聚：《国朝典汇》卷101，摘自：四库全书存目丛书编纂委员会：《四库全书存目丛书》，齐鲁出版社1996年版，第654页。

③ （清）王让：《祁门县志》，清道光七年刊本影印。

④ 万明：《晚明社会变迁问题与研究》，商务印书馆2005年版，第343页。

⑤ （民国）阴国垣：《沁源县志》卷2，民国二十二年刊本，第135页。

石，建社仓四百余处①。介休县知县因为民力不足数次请求政府支援，“光绪六年（1880），知县吴匡请帑银统买谷九千四百石补助之”，“清光绪七年（1881），知县吴匡再次请求清朝政府拨发帑银，购买谷米七十七万一千五百余斗用于社仓充实②。虽然这种政府拨款的方式能够稳定谷本，是仓谷来源的重要途径，但现实中能够获取这种资金的概率较低。这主要与两仓的民办性质有关。

除此之外，清代还产生了一种特殊的动用官银充实民间仓储的现象，即通过动用“火耗”筹集谷本③。在一些特殊的情况下，地方政府会动用火耗购买谷米，充实两仓。虽然顺治、康熙年间曾有相关禁令，但发现这样的行为于民有利后，政府对于火耗购谷采取了默许的态度。据记载，雍正年间川陕总督岳钟琪上奏，由于各州县捐谷数量过少，恳请动用火耗银两买谷贮藏，实行三年积谷数额达到后停止④。清代河南地区每年的火耗收入为四十万两左右，其中一部分用于购买社仓谷本⑤，此外，晚清还出现了按地出谷的积谷方式，例如，山西源县、武乡县等地“劝令人民按地出谷，以成斯仓，分贮各编村”⑥，也为当时筹集两仓谷本发挥了一定作用。

三、明清两仓的经营管理

明清时期对于两仓的经营管理大体遵循历代民间仓储管理的模式，并未出现本质的创新。曾官至万历年间文渊阁大学士的沈鲤不仅积极倡导组织了河南数地义仓、社仓的兴建，还对两仓的日常经营管理提出了明确的章程：“在《社仓议四·劝积》中，对社仓的建置、积贮、劝输……赈济、

① 中国第一历史档案馆：《雍正朝设立社仓史料》中，《历史档案》，2004 年第 3 期，第 9-12 页。

② （民国）董重：《介休县志》卷 15，民国十九年铅印本，第 445 页。

③ 自张居正推行“一条鞭法”以来，税收制度由原先的实物和银两并行征收转为统一以银两为征税形式。为方便起见，政府会将百姓缴纳的碎银熔化并重铸为银锭，在此过程中不可避免地会产生一定的损耗，这一损失被称为“火耗”。由于实际损耗往往低于征税时所加征的“火耗”数额，所形成的差额便成为地方官员的额外收入，成为其可自由支配的财政来源。

④ 中国第一历史档案馆：《雍正朝设立社仓史料》（上），《川陕总督岳钟琪为请留火耗买谷积贮社仓等事奏折》，《历史档案》，2004 年第 2 期，第 11-12 页。

⑤ （清）赵尔巽：《清史稿》，中华书局 1996 年版，第 3560 页。

⑥ 郝世桢：《武乡县志》卷 1，民国二十二年刻本，第 142 页。

平粜等给管理者提供了完整的流程规定”（王小岗，2018）。总体说，明清的义仓、社仓从人员设置和管理、仓粮的管理和仓粮借贷方面均有较为完备的流程。

（一）粮仓管理人员的设置

从管理人员的设置看，明清时期社仓的主管主要由民间选举产生。嘉靖八年（1529），政府谕令各地设置义仓、社仓，以弥补明代后期常平仓废弛、积谷不力的困境。具体说：“令本土人民，每二三十家约为一会。每会共推家道殷实、素有德行一人为社首，处事公平一人为社正，会书算一人为社副。”① 这是明代有关社仓、义仓人员如何设置的最明确的记录，此后明清时期两仓的管理人员设置大多遵从这一模式。明朝初期各地主管的任命方式各有不同，如“择民之富而有行谊者，司其出纳”“贮稻于各寺观，命主持管守”“令乡约分贮各仓备荒”等②，出现了富民、乡约、寺庙主持等管理者。至清朝，社仓、义仓的人员设置与明代并无本质区别。一般而言，各处立社长、社副、社直、稽查官若干。其中，“听民间公举端谨殷实士民二人，充当仓正仓副，一切收储出纳事宜，责令经理”③，正副仓长则需挑选德行俱优、家境富裕、人民信服之人，需对仓谷收支、管理费用等明细登记在册，社中事务皆由其裁决。一些正副仓长还拥有一定的经费使用权，例如，河南、江南、福建等地社仓每息谷一斗，正副社长可分得一至二升，既可用于日常开销，亦可作为对其的奖励金④。而社直主要为壮年公直有才干者，其设置相对较为灵活，其主要职能是轮流值班，看守仓粮。

为了督促两仓管理人员更好地履行职责，明清政府对于其职能也进行了一些约束。首先，关于社正及两仓主要管理人员的任期规定，一些社仓并没有明确时间限制，例如，明代江西的一些社仓管理人员往往无明确的任期，遵循“称则勿易，不称易之”⑤ 的法则。为了防范管理人员长期盘踞

① （明）申时行等：《明会典》卷22，续修四库全书编纂委员会：《续修四库全书》，上海古籍出版社1995年版，第383页。

② （明）李懋桧：《六安州志》，明万历十二年刻本（日本国会图书馆藏）。

③ （清）昆冈：《钦定大清会典事例》卷193，文渊阁《四库全书》本。

④ （清）罗振玉：《皇清奏议》卷50，清光绪壬寅年石印印装，第4页。

⑤ （明）管大勋：《临江府志》卷4，天一阁明代方志选刊（第35册），上海古籍书店1981年版。

所导致的贪污、渎职问题，两仓多对于管理人员的任期有具体限制，既有一年一换者，亦有三年一换者，或无定例，但都需接受地方政府的监督（温小红，2015）。例如，明代江西的大多数社仓管理人员一般为一年一换，一换一交。乾隆十年（1745），清政府规定每三年更换一次，但事实上很难落实，随后政府不再对具体的期限进行限制。再如，山西陵川县为一年一换，后变为三年一换，并要求任期结束后十二年内不得再新重报①。其次，为了调动各地社长的管理经营热情，一些地区对那些卓有成效的社正给予奖励，若十年无过，请给以八品顶戴②。而对于积谷不佳、玩忽职守的社正，亦会给予惩罚。乾隆时期吏部尚书刘于义在对定州社仓疏于管理、管理者玩忽职守问题的奏折中提到："每社设立正、副社长经管出纳，如有徇纵诸弊，一经发觉随即革惩。"③ 最后，为了防止仓粮被挪用侵占的情况，清代两仓设有监督机制，一些社仓由当地州县官员每岁稽查④。这些措施有助于更好地督促两仓管理者恪尽职守，防止贪腐、渎职等行为，有助于使两仓的备荒作用得到充分的发挥。

（二）仓谷的管理与经营

明清时期两仓的日常经营遵循严格的管理流程，对于仓粮的储存和仓米的出入流通都有相应的管理措施。

在仓谷的管理上，明清政府要求两仓管理人员对于粮仓进行修缮、维护，对于仓谷进行妥善的保存。在粮仓的地理位置选择上，要充分考虑当地的自然条件。例如，直隶大名府考虑夏季气候潮湿，要求社仓设置在地势较高、通风良好的地区，以保证粮食不易受潮霉变。在储存仓谷时，还要求在仓廒底部铺放稻草以防湿热⑤。若仓廒发生破损，应立即进行修葺：一般由乡民和仓长共同勘估，上报存案，经审批后可获定向资金⑥。在对粮食的日常管理上，应当及时簁晾风扇，防止仓粮腐败⑦。清代贵州的

① （清）程德炯：《陵川县志》卷13，清乾隆四十四年刻本，第296页。
② （清）昆冈：《钦定大清会典事例》卷193，文渊阁《四库全书》本。
③ 中国第一历史档案馆：《乾隆朝整饬社仓档案》中，《历史档案》，2014年第4期，第21页。
④ 张朝瑞：《图书编》，（清）俞森：《荒政丛书》卷10（上），文渊阁《四库全书》本。
⑤ （清）《世宗宪皇帝实录》卷35，《清实录》（第7册），中华书局1986年版，第6380-6391页。
⑥ （清）昆冈：《钦定大清会典事例》卷193，文渊阁《四库全书》本。
⑦ 《世宗宪皇帝实录》卷35，《清实录》（第7册），中华书局1986年版，第6380-6391页。

《安顺本城义仓章程》为社仓、义仓的经营管理提供了一个良好的范本，章程规定："二义仓五间，现贮京石谷一千二百石，周围修砌墙垣，悬义仓匾额。雇人看守，毋许闲杂人等至仓内闲游，以防透漏。义仓内义田四分，每年收京石谷一百六十石。实止收九十石除将三十石给经管首士，作为晒晾风搧，及看仓捡漏盘量等项人工食外，余存谷一百三十石，归入义仓收贮。三义仓归地方官经管，难免书役侵渔，若以绅士一人独管，亦难保无亲友借贷。滋拟由值年斋长，公举殷实绅士二人，正直耆民二人，共同管理。地方官随时稽查，绅士耆民互相纠察，均不得擅动颗粒。经管之人，三年更换一次。每遇大雨阴霾，该管首士前往查看，有无渗漏，及时粘补。倘疏于防范，致有霉变透漏等事，经管人照数赔偿。"① 仓粮出入的登记程序也有严格的要求。起初在仓粮进库前，各仓长会首先进行登记在册，上交给本县，各乡镇均设一印簿，由捐粮百姓自行登记，再由官员补充备案，以备稽查。后考虑其不便于及时更新数据，易被替换，雍正年间各乡镇改用印簿两本，一本由社长收执，一本交予州县存查，便于相互核对②。

在放贷流程上，明清的义仓、社仓遵循严格的规定。通常于每年四月上旬给贷，十月下旬收纳，贷放时按人口拨发，各处需给出确定的还仓日期，例"每岁五、六月间，散之。农人至冬复验，入本仓"③。交纳时社长先行示期，依限完纳，还仓时并需交息谷。光绪十年（1884），楚雄县在楚雄府知府陈灿的推动下设立了和丰义仓，其制定的借贷流程非常严格："春借秋还，每年取息二升，所以给籽粒滋生息，并借以推陈出新也，必良民有的保，而后借非其人则不轻借，亦不强借，所以防亏欠，而免抑勒也。小歉则用以平粜，所以平市价而安民心也。大荒则全出放赈，所以济饥民也。平粜之后，待秋收必须买补；放赈之后，遇乐岁即行捐还，所以使仓不虚而谷无匮也。"④ 关于借谷的利息，明代嘉靖时期，政府在正式提准并推行社仓之法时，就明确规定将社员按资产状况分为上、中、下三

---

① （清）张锳：《兴义府志》卷35，民国三年贵阳文通书局据刻本铅排版，第351-359页。转引自：赵文婷：《清代贵州灾荒赈济研究》，重庆：西南大学博士论文，2019。

② （清）昆冈：《钦定大清会典事例》卷193，文渊阁《四库全书》本。

③ （明）皇浦汸：《长洲县志》，明隆庆五年刻本。

④ （清）崇谦：《楚雄县志》卷11，清宣统二年抄本。

等，在借贷中遵循“上户不足者量贷，丰年照数还仓；中下户酌量赈给，不复还仓”① 的原则。宿州地区“丰年则出陈易新，初不加息。闹年则止于赈济，亦不索价”②。清代句容县“每岁夏放本稻一石，冬收一石二斗，遇小荒年蠲息一分，遇中荒年蠲息一分五厘，遇大荒年尽蠲其息”③。而河南地区则每石粮食收取谷息二斗，灾年间收取平常谷息的一半，有时为缓解百姓压力，可允许百姓次年还仓，也可能根据灾情对于息谷予以酌情减免。除此之外，政府担心“积谷既多，恐滋浥烂”，为保证仓谷的正常流通，因此要求“（社仓）应于夏秋之交，减价平粜，秋收后照时价买补”④。

另外，各仓的出借对象也有一定的限制，以保证贷出谷物能够得到及时偿还。例如，乾隆六年（1741），陈宏谋在江西制定的《社仓规条告谕》要求，谷米的出借对象必须为品行端正的耕种农民，需作籽种之用，每年出借时间为春末夏初，且须当年还完谷本股息来年才可再借，如遇荒年歉收，需上报获批后才可免息⑤。江苏社仓亦有类似要求：“社仓借贷散赈，宜豫造排门细册存案，凡不务农业，游手好闲之人，不许借给。”⑥

四、明清两仓的赈济方式

（一）借贷

作为民间救灾备荒的仓储制度，社仓、义仓的基本赈济方式即为借贷，主要是在平常年份为农民提供借贷服务，以及在灾情不重的年份实行有偿借贷。而当自然灾害发生后，社仓、义仓会根据受灾严重程度为灾民提供不同等级的低息甚至无息借贷。“每岁夏放本稻一石，冬收一石二斗，

---

① （明）申时行等：《明会典》卷22，续修四库全书编纂委员会：《续修四库全书》，上海古籍出版社1995年版。

② （明）崔维岳：《宿州志》，明万历二十四年手抄本序刊本。

③ （清）曹袭先：《句容县志》，清光绪二十六年重刊本影印，成文出版社1974年版。

④ 《世宗宪皇帝实录》卷39，《清实录》（第7册），中华书局1986年版，第6419-6438页。

⑤ （清）陈宏谋：《培远堂偶存稿》，清代诗文集汇编编纂委员会编：《清代诗文集汇编》（卷280），上海古籍出版社2010年版，第96-97页。

⑥ （清）《世宗宪皇帝实录》卷39，《清实录》（第7册），中华书局1986年版，第6419-6438页。

遇小荒年蠲息一分，遇中荒年蠲息一分五厘，遇大荒年尽蠲其息。”① 嘉靖年间尤溪县“以税契银置米分贮各都，用谨厚者掌之，赈贷贫民”。此义仓的赈贷，采用“岁丰取息二分，少歉取一分，大歉则待丰年取值，不受息”② 的做法。除此之外，考虑灾后的生产恢复问题，社仓、义仓还会为灾后购买粮种、耕牛、农业器械提供借贷服务。例如，雍正十三年（1735），贵州黔东南等地区遭遇灾荒，借“水灾难民折米、牛具、籽种银四千七十八两”“借复业难民麦种运脚银三千六百二十两”。乾隆六年（1741），贵州平越营一带受到水患冲击后，地方官员除了带头捐赈应对危机之外，还另“查明加赈，并借籽种”③。道光十二年（1832）和十四年（1834），桐梓县和古州厅在灾害赈济完成后，又向农民提供了来年耕种所需籽种④。通过这样的形式，借贷在为灾民提供了生存必需的粮食之后，进一步考虑了经济和生产恢复问题，为农民提供了再生产所需的籽种和农具，有助于加强社会稳定。

（二）平粜

平粜也是两仓应对灾荒的重要手段。遵循“籴甚贵伤民，甚贱伤农”、价平则止的原则，义仓和社仓作为官方仓储的补充，对于明清时期的粮价平抑起到重要作用。从义仓在北齐时期设立之初，其目的就含有了平粜之义。明代万历年间乐昌县一富绅捐献银两建立义仓五所，行赈贷平粜之事⑤。平粜被认为是清代“惠济贫民第一要务”，各地非常重视。道光十四年（1834），贵州永宁州地区饥荒，乡间储粮一时俱空，为稳定人心，当地知府开仓平粜，长达两个月才停止⑥。道光十一年（1831），贵州遭遇水灾，在青黄不接之时，数地粮食价格出现了上涨，为平抑物价，政府下令

① 曹袭先：《句容县志》卷2，中国方志丛书，成文出版社年1974年影印本，第102页。

② （清）谢道承等：《福建通志》卷19，文渊阁《四库全书》本。

③ （清）《高宗纯皇帝实录》卷143，《清实录》（第10册），中华书局1986年版，第9978-9993页。

④ （清）《宣宗成皇帝实录》卷204，《清实录》（第36册），中华书局1986年版，第37921-37936页。（清）《宣宗成皇帝实录》卷249，《清实录》（第36册），中华书局1986年版，第38666-38686页。

⑤ 吕坤：《答毕东郊按台》，见：（明）陈子龙：《皇明经世文编》卷416，中华书局1962年版。

⑥ （清）黄培杰：《永宁州志》卷2，中国方志丛书（第159号），成文出版社1966年版，第28页。

“均碾粜义仓谷石，以平市价而裕民食”，迅速实现了对于粮价的平抑①。总的看，利用两仓进行平粜，在一定程度上对于官方仓储进行了补充，不仅可以调节粮价、稳定市场，还可以推陈易新、促进仓谷增值，对于明清时期的灾害治理起到了重要作用。

（三）赈济

除借贷和平粜外，赈济是明清时期两仓进行灾害赈济的另一个主要形式。赈济是在所有救荒措施中最直接的一种，如果说借贷和平粜主要为灾情较轻的灾害提供治理方案，并支持灾后重建的话，赈济则是在重大自然灾害后保障灾民生存、为灾民提供救济的最直接手段。除由官方提供赈济外，明清时期的两仓也经常开仓放粮，直接对灾民提供赈济。例如，万历十年（1582）大理府遭遇荒歉，赵州知州沈奎灿下令义仓开仓放粮，仓“在州治左，贮本州粮谷，凡遇岁歉，发之以赈济民，至秋收本还仓”②。再如，万历二十六年（1598），江西崇仁县发生饥荒，“邑令陈公尽发惠民仓及社仓谷平粜，有饿莩及不能籴者，日给糜粥食之。县簿张亦殚心共救，岁虽饥而不害”③。此外，光绪三年（1877），古州同知余泽春组织修建义仓，次年古州遭遇水灾，他拨义仓之谷赈济百姓，“复奉文买还，实存谷三千石”④。

除一些公共义仓之外，长江中游地区还出现了一部分特殊的宗族义仓，除平时会为特殊贫困人群提供生活补助、教育费、祭祀费用外，还在灾害时期提供平粜、借贷等，并且尤其注重对于丧失劳动能力的孤寡老人，不具备劳动能力的孤儿、弃婴或者残疾人等弱势人群提供特殊赈济。这部分义仓不仅救助族内贫民，也对附近非亲族的贫民进行赈济，如婺源永济义仓“赡族中贫乏，约内小村贫户亦得均惠”⑤；后期也逐渐将赈济范围扩大至族外之人，如陈氏义仓、鲁氏家庙义仓，以及其共建的义仓广仁

① （清）嵩溥：《奏为镇远府思州近日被水城垣损坏捐款补修事》，中国第一历史档案馆，宫中朱批，档号：01-10907。

② （明）庄诚、王利宾：《赵州志》卷2，明万历十五年刊本。

③ （清）盛铨：《崇仁县志》卷10，《中国地方志集成：江西府县志辑》（第49册），江苏古籍出版社1996年版。

④ （清）陈瑜：《黎平府志》卷3，清光绪十八年刻本。

⑤ （清）黄世昌等：《会同县志》卷12，清光绪二年刻本。

庄等①。

（四）其他功能

除上述两种形式外，明清时期的社仓、义仓除直接经手赈务外，还对与灾害预防紧密相关的公共事业的兴修予以支持。例如，宣德八年（1433），由于直隶地区的济农仓藏本充盈，工部右侍郎周忱上奏："（民间仓储可）不独济农，凡运输有欠失者，亦于此给借陪纳，秋成如数还官，若农夫修圩岸浚河道，有乏食者，计口给之。"② 清代各省社仓谷均有定额，若存量充足，息谷达到一定数量，就会与官府合作，长期性地协助当地进行农田水利设施的修建。乾隆四十四年（1776），江西巡抚提出"遇有农田水利等务，为民间必需工作势不可缓者，奏明动用，报部核销"③，主张在兴修势不可缓的农田水利设施时可动用两仓仓谷兴修，这种做法一直持续至嘉庆年间。这说明民间仓储在灾害中不仅有被动的赈济，更有主动的预防功能，它们不仅发挥了备荒救灾的作用，也为地方公共事业建设做出了一定贡献。

五、明清两仓的发展状况

整体说，由于统治阶级对于民间仓储发展态度的区别，明清两朝的社仓、义仓在发展趋势上出现了较大的区别。

由于明太祖朱元璋对于发展民间仓储可能形成地方势力的忌惮，明朝的前期和中期，民间仓储的建设并不活跃，绝大多数州县不立社仓，义仓亦较少，积谷备荒主要依靠政府运营的预备仓。义仓在明代最早的记载始于明英宗时期，各处巡抚侍郎与廷臣会议，要求各州县正官设立义仓，储存赈济米与各类籽种④。至正统年间，义仓已在各地均有所分布，但其作

---

① （清）邓家祺：《新城县志》卷3，清同治十年刻本。

② （明）徐学聚：《国朝典汇》卷101，四库全书存目丛书编纂委员会：《四库全书存目丛书》，齐鲁出版社1996年版，第654页。

③ 《江西巡抚郝硕于乾隆四十四年（1779年）九月初九日奏》，中国第一历史档案馆藏：《宫中朱批奏折（财政类）》。

④ （明）《明英宗实录》卷9，《明实录》（第5册），"中央研究院"历史语言研究所1966年校印版，第167-184页。

用仍十分有限，尚宝司司丞曾言道："开义仓以赈贫难，罢不急以苏民力，其无牛种者官为劝以助之，鬻子女者官为赎以还之，富者赋役如初，贫者三分减二，任循良之吏，黜贪酷之徒。"① 至明中期，明廷逐渐重视仓储建设，两仓的经营管理开始制度化。尤其社仓在当时异军突起，在全国得到普遍推广，以乡会仓、保赤仓、翼富仓等诸多形式存在于全国各地。至明朝末期，由于社会动乱，义仓、社仓等民间仓储逐渐废弛，形同虚设。

清代社仓呈现先上升、后下降的趋势。顺治、康熙年间，朝廷尽管数次下诏推行、颁布奖劝条例，但由于各地处于战乱恢复阶段，且康熙帝对于两仓的态度始终摇摆，导致救济效果不佳。例如，康熙年间，河南地区的社仓将社谷无息借给贫民，要求其丰收后归还谷本，但由于制度不健全，很多仓谷不能得到按时归还，收效甚微②，这样的现象在其他地区也十分普遍。为解决社仓、义仓运行中的管理弊端，雍正帝于雍正二年（1736）提出新的社仓改革之法，第一次对仓谷的储存、登记、收发、奖励等进行了明确规定，乾隆朝又在此基础上进行了部分修改，增加了该制度的灵活性，允许各地考虑实际情况因地制宜。经过几番调整，各地社仓规模逐渐扩大，仓粮储量稳步增长。根据白丽萍（2007）的考证，河南省社仓仅在雍正初年，就累计获得捐谷近 11 万石，而云南社仓在雍正末年积谷达 7 万余石，至乾隆二十四年（1759），"子母相生，数愈十倍"。川省存储量最大，达 90 余万石。然而从嘉庆年间开始，受灾害频发、社会动荡等因素的影响，百姓生活日益艰苦，无力偿还社谷，一些殷实富户考虑到社谷难还等问题，也不愿捐谷或插手经管，最终使得社仓逐渐废弛。后来的同光时期，社仓虽重整旗鼓，但整体发展经营状况已大不如前。

在社仓衰落后，义仓开始在各地设立，弥补了社仓废弛导致的民间仓储力量的亏空。刘宗志（2018）认为，清中期以降社仓的衰落促使了义仓在全国范围的推广和普及。嘉道年间，考虑到社仓已经形同虚设，清政府对于义仓的设立和积谷制定了一系列鼓励政策，并得到了士绅的热烈响

① （明）《明英宗实录》卷 185，《明实录》（第 5 册），"中央研究院"历史语言研究所 1966 年校印版，第 3665-3710 页。

② （清）《世宗宪皇帝实录》卷 108，《清实录》（第 5 册），中华书局 1986 年版，第 3959-3969 页。

应。同样作为由民间出资兴办的备荒仓储，清代后期一些地区的义仓从管理和功能上同社仓有较大区别：义仓是完全由民间进行管理的仓库，与政府监管甚至直接参与的社仓相比，其管理几乎完全由当地士绅进行，受政府管辖、干涉的程度远低于社仓。从功能上说，社仓以春粜秋籴的借贷业务为主，而义仓的功能更加集中于专门的灾害赈济。正如道光时期陶输所言："义仓苟欲鲜弊，惟秋收后听民间量力捐输，自择老成者管理，不减粜，不出易，不借贷，专意存贮，以待放赈。"① 然而这种社仓和义仓的功能区分，更多是在局部地区出现的情况，就全国整体而言，这一趋势意味着在清朝后期，越来越依赖民间自治程度更高的民间仓储。不论是社仓还是义仓，在明清的灾害社会治理中都发挥了不可或缺的作用，为系统灾害治理机制的第二层级——社区赈济，打下了坚实的组织基础。

第三节　明清时期的官方赈济与捐输

尽管明清时期的民间赈济空前活跃，在灾害治理中发挥了不可或缺的作用。然而灾害赈济作为一种耗资巨大、影响范围广泛的公共产品，需要强大的、统一的机构进行资源配置和人员调配，仅依靠民间力量难以实现灾害赈济。因此由政府主导开展的官赈为这一时期灾害治理机制构建了力量最强、覆盖范围最广的组织基础。

一、明清时期的官方赈济

基于"天下之老幼咸悦矣，其心有不归者，寡焉"② 的理念，明清统治者高度重视官方赈济。总体说，明清时期的官方赈济是对历代救荒政策的因循。根据汪志伊的总结，荒政之法"有预备于未荒之前者，有急救于猝荒之际者，有广救于大荒之时者，有力行于偏荒之地者，有补救于已荒

① （清）赵尔巽：《清史稿》卷121，中华书局1976年版，第3561页。

② 《明太祖宝训》卷5，中研院历史语言研究所1962年校印本，第389页。

之后者"。邓云特（1937）将汪志伊所述的荒政总结为积极和消极两类。

（一）明清时期的官方备荒仓储建设

受历代"县都之委积，以待凶荒"思想影响，明清政府非常注重对于官方备荒仓储的建设。明代的官方仓储为从明初开始兴办的预备仓，以及后来的常平仓，为简便起见，笔者以预备仓代称明代的官方备荒仓储。洪武元年（1368），在户部杨思义的主持下政府拨发宝钞在天下广设预备仓。明朝初期的预备仓虽然名为官方仓储，但实为官督民办。其积谷来源除包含政府拨发的钱粮之外，"每逢岁丰，县官劝令诸乡足食之家出米谷不等，储蓄之官，籍其数"①。在经营方式上，主要以向百姓提供无息借贷为主，至正统时期则改为低息借贷。至明朝中后期，预备仓的经营模式发生了转变，仓谷的主要来源为依靠政府财政采买，放贷则采取"春赈贫民，秋成还官，不取其息"，以及"自后积粟尽平粜以济贫民"的赈贷、平粜与赈济并行之法。至万历年之后，由于财政衰微导致预备仓积谷渐减，最终导致预备仓的衰落。总体看，在明朝兴盛时期，预备仓的积谷能力非常惊人。至明太祖后期，预备仓已经成为赈贷的核心（杨乙丹，2017）。洪武二十五年（1392），仅在固始的赈济中，就一次性拨发了该县预备仓的25 600余石放贷给灾民；景泰二年（1451），山东、河南等地大荒，当地政府动用预备仓粮储行赈济之事，"用米一百六十万（石），全活数百万"②。而根据陈关龙（1991）的估计，预备仓储粮的数量"大约荒年市价三分之一方可压下，米价不致腾贵"。总体说，在运营良好的明中期以前，预备仓充分发挥了其在积极备荒方面的作用。

清代的官方备荒仓储为常平仓，恢复重建于顺治中期，其兴建和运营管理与历代并无本质差异。作为"官办"仓储，清代常平仓由各级地方官员主导，随后层层向上汇报，"各衙门自理赎锾，春夏积粮，秋冬积谷，悉入常平仓备赈，置簿登报布政司，汇报督抚，岁底造报户部"③。关于清

① 《续文献通考》卷27，转引自陈关龙：《论明代备荒仓储制度》，《求索》，1991年第5期，第118页。

② （明）唐鹤徵：《皇明辅世编》卷2，明崇祯十五年校刊本。

③ （民国）《新纂云南通志》卷159，1949年云南省通志馆据1944年刻本重印。

代常平仓仓谷，一般有以下几个来源，“或动帑买采买，或截留漕米拨运”[①]，亦可“每岁秋收劝谕官绅、市民捐输米谷，照例议叙”[②]。除此之外，清代政府还会动用京、通二仓的粮食，转运至各地弥补地方常平仓的不足。在一些特殊的状况下，也会允许地方政府在正常税收之外加征钱粮以补常平仓的不足，或以罚没的赃银用于充实常平仓的仓谷。经过康、雍、乾三朝的发展，清代的常平仓建设已经十分完备，据统计，雍正年间常平仓在全国积谷的存额为 4 400 余万石，至乾隆年间为 3 370 余万石(龚浩等，2019)，乾隆三十年（1765)，仅云南一省“常平仓实存谷、麦共八十四万四千三百五十五石有奇”[③]。至清晚期，常平仓逐渐废弛，咸同以还，各地积谷多寡遂无定准，甚至仓廒亦因之而毁坏（龚浩等，2019)。就清代常平仓的功能而言，同明代预备仓以及各种民间仓储大体无异，均行借贷、平粜、赈济等备荒事宜。总体说，明清时期的官方仓储建设，为官方赈济奠定了良好的物质基础。

（二）赈济

赈济是灾害发生后最迅速和有效的赈灾方式。根据董煟在《康济录》中的论述：“救荒有赈济、赈粜、赈贷三者。名既不同，用各有体。……赈济者，用义仓米施及老、幼、残疾、孤、贫等人，米不足，或散钱与之。”(邓云特，1937）赈济的主要对象是极贫之灾民，通过对其实行赈济，可以保证其基本的生存，使其性命无忧。对于次贫者则宜赈粜，远地者宜赈银。不管是明代还是清代初期，赈济的标准均无定例，由政府根据灾情和财政状况酌情定夺。随后则逐渐形成了较为制度化的安排。洪武二十七年（1394)，朱元璋下令订《灾伤去处散粮则例》，确立了“大口六斗，小口三斗，五岁以下不与”的赈济标准[④]；康熙九年（1670）则确定了“人给米五斗，六岁以上十岁以下半之”[⑤] 的一次性赈济标准，随后的

① （清）杨景仁：《筹济编》卷 30，见李文海，明方主编：《中国荒政全书》（第 2 辑第 4 卷），北京古籍出版社 2003 年版，第 430 页。

② （清）张维翰纂修：《江川县志》卷 14，清光绪三十三年抄本。

③ 《 新纂云南通志》卷 159，1949 年云南省通志馆据 1944 年刻本重印。

④ 《续文献通考》，见邓云特：《中国救荒史》，商务印书馆 1937 年版，第 235 页。

⑤ （清）张廷玉等：《清朝文献通考》卷 46，浙江古籍出版社 1988 年版。

标准虽有变动，但大体与此例无大差异。关于赈济的时限，明清时期亦有明确的要求，一般分为正赈、大赈和展赈。在灾害发生后，不管成灾分数、不论灾民经济状况，政府都对所有灾民提供为期一个月的赈济，称为正赈，其目的在于为灾民提供第一时间的赈济，最大限度地保证灾民的生存。随后，待地方官员通过勘灾、审户等流程完成对灾情的考察后，根据受灾状况对极贫的灾民提供1~4个月不等的加赈，赈济时间自当年十一月至次年二月不等，目的在于帮助无粮米、积蓄的百姓渡过灾后的生存难关，被称为大赈。如果在大赈之后灾民仍然生活艰难，或政府考虑到青黄不接灾民力不能支的状况，可能再次增加1~3个月不等的额外赈济，称为展赈。通过对于赈济时间、赈济对象、赈济标准的制度化要求，明清政府可以最大程度地利用赈灾钱款救灾民于水火。

在赈济方式的使用中，时效性是影响其发挥作用的主要因素之一。正如张维迎（2016）所述：中国古代社会以信息获取和传递能力低下为根本特征。然而明清时期的灾害赈济遵循严格的流程，地方官员必须经过报灾、勘灾、审户等流程并逐层上报，“待皇上敕改，使恩出于上”，方可开仓赈灾。如何统筹赈灾中政府的权威和赈济的时效性是明清政府必须面临的一个问题。因此，一方面政府要求地方官员对于灾情进行及时的奏报，例如，清代对于报灾不及时的地方官员进行严厉的惩罚，若“报灾逾期1个月之内，巡抚及道、府、州、县官各罚1个月；超过1个月，各降一级；两个月，降两级；3个月，革职”①。另一方面，明清政府赋予地方官员一定的应急处置权。针对层层上报所导致的赈济延误问题，洪武二十六年（1393），明太祖朱元璋确立了“自今遇岁饥，先赈后闻”② 的政策。永乐五年（1407），明成祖再次谕令地方官员，要求其遇水旱灾荒，必须立即开仓赈济③，与此同时，如有官员“目击民难不言者，悉追下狱”④，对于玩忽渎职、匿灾不报等行为予以坚决惩罚。这些政策在一定程度上提升了

① 《清圣祖实录》卷224，转引自李军：《“委托—代理”视角下的中国传统社会救荒》，《中国经济史研究》，2009年第3期，第158页。

② （清）张廷玉等：《明史》卷3，中华书局2000年版，第34页。

③ （明）《明太宗宝训》卷2，《明实录》（附录6），“中央研究院”历史语言研究所1966年版校印版，第81-163页。

④ （明）《明太宗宝训》卷2，《明实录》（附录6），“中央研究院”历史语言研究所1966年校印版，第81-163页。

明清两代赈济的效率。

除常规赈济外，明清政府效仿历代政策进行工赈，即选择灾情最重的地区，开工施赈。例如，弘治年间，开封城遭遇水患，时任河南副督巡抚的孙需采用了工赈之法进行赈济，雇佣流民修筑堤坝，按人头每日给予佣钱，“堤成，而饥民饱，公私便之”①。又如，万历年间，御史钟化民在组织救荒的过程中，下令各州县官员查勘工役，如有修学、修城、浚河、筑堤之事，“计工招募，以兴工作，每人日给米三升”②。再如，乾隆二十五年（1760），工部下令将上年截漕所存十万石米粮作为修浚河渠的费用，作以工代赈之用③。与传统的直接赈济相比，通过组织灾民进行水利、农田等基础设施的修建，不仅使其得到了必要的收入和最基本的生活保障，达到了赈济的目的，还有助于农田、水利设施的恢复，是一种积极的预防性的荒政政策。此外，以工代赈减少了灾民的流离失所，对于灾后社会秩序的稳定有所裨益。

（三）蠲免

蠲免也是明清荒政政策中重要的举措。政府在经历灾荒之后，往往会颁布诏令蠲免赋役，主要是基于减轻灾民负担、稳定社会秩序、促进农业生产和经济恢复的目的。灾荒会导致农作物歉收甚至绝收，使得灾民的生活雪上加霜，统治者实行减免赋税，可以减轻百姓经济压力，帮助其渡过难关，也能使其集中精力恢复农业生产，同时避免因贫困饥饿造成社会动荡。因此蠲免亦是明清时期最重要的荒政政策。

明朝建立伊始，朱元璋便颁布诏令：“令水旱去处，不拘时限，从实踏勘实灾，税粮即与蠲免。”④ 弘治三年（1490），明孝宗对于蠲免的细则进行了约束：“始定全灾者免七分，灾九者免六分……四分者免一分。”⑤

---

① （明）《开封志》，见：邓云特：《中国救荒史》，商务印书馆 1937 年版，第 239 页。

② （清）陆曾禹：《钦定康济录》，李文海、夏明方：《中国荒政全书》（第 2 辑第 1 卷），人民出版社 2003 年版，第 270–274 页。

③ （清）杨景仁：《筹济编》，李文海、明方：《中国荒政全书》（第 2 辑第 4 卷），北京古籍出版社 2003 年版。

④ 《续文献通考》卷 42，转引自叶依能：《明代荒政述论》，《中国农史》，1996 年第 4 期，第 42 页。

⑤ 《续文献通考》卷 42，转引自叶依能：《明代荒政述论》，《中国农史》，1996 年第 4 期，第 42 页。

清朝政府的蠲免政策与明代类似，但对于蠲免数量进行了几次调整。顺治十年（1653），政府规定受灾八至十分，则对于全部税赋进行十分之三的减免；灾至五至七分，进行十分之二的减免，灾至四分则减免五分之一。康熙十七年（1678），对于蠲免的标准有所提高，降到最低的蠲免标准为灾六分免一，五分及以下不予蠲免。至雍正、乾隆时期，随着经济状况的逐渐好转，政府一再增加了因灾蠲免的比例，随地丁征收的地丁银也在一定程度上予以了减免（李向军，1995）。

明代的蠲免政策在一定程度上减轻了百姓的负担。洪武初年江南水灾，明政府免除了苏、吴地区 1 237 顷土地的田租，合计粮食 49 500 石。随后又因旱灾免除广德、太平、宁国三府共计 9 600 余顷田租，折合粮食 76 730 石①。随后明朝的历代皇帝均延续了这一政策，叶依能在《明代荒政论述》中，对于明代蠲免政策的实行有较多梳理，在此不予赘述。清代的蠲免力度也非常高，以至于道光年进士王庆云在《石渠余记》中写道："本朝丁田赋役素轻，二百余年以来，未尝增及铢黍，而诏书停放，动至数千百万，敛从其薄，施从其厚。"② 其辞固有溢美趋附之意，但在该书中对于康熙至嘉庆时期的政府蠲免进行了不完全的梳理，大体看，清政府在尚未完全式微期间，于蠲免一策大致做到了"轻征薄敛"。总体说，明清时期的蠲免政策在一定程度上减轻了百姓灾后的税收负担，有助于消弭灾害对于经济社会的长期危机。正如王守仁所说："今不免租税不息诛求，而徒曰养恤赈济是夺其口中之食，而曰疗汝至饥。"③

除上述举措之外，明清时期的官方赈济还包括调粟、赈贷、安辑、养恤等政策，此类研究如上述赈济、蠲免一般，已经非常充分，在本书中不予赘述。

二、明清时期官方赈济的效率优势

由于赈灾涉及的地区和人员广泛，需要调动的资源数量庞大，因此需

① 《明史》卷 2，见叶依能：《明代荒政述论》，《中国农史》，1996 年第 4 期，第 33 页。

② （清）王庆云：《石渠余记》，北京古籍出版社 1985 年版。

③ （清）蔡新等：《御选明臣奏议》卷 116，见王守仁：《乞宽免钱未之疏》，清乾隆年朱丝兰抄本。

要强大的资源配置能力，由政府组织进行官赈无疑是最有效率的模式，其优越性主要体现在以下三方面。

首先，国家以提供保护和公正服务交换岁入，为社会提供必要公共品是政府应尽的义务。森（2019）认为，政府干预能够有效解决由自然灾害导致的粮价暴涨和市场失灵，控制自然灾害衍生的经济危机。事实上，由于市场机制扭曲造成的经济和社会问题远超过直接由灾害导致的粮食供给不足，灾荒时期常出现不法商人囤积居奇、待善而沽的情况，严重扭曲了市场机制，加剧了灾害引发的社会危机。例如，明代成化三年（1467），“在京蓄积之家，因而闭粜以要厚利”①。嘉靖三年（1524），“或小欠则米不入市，富者乘时增价，甚至闭粜”②。而在康熙四十八年（1709），江苏、浙江地区遭遇天灾，苏州米商采取“齐行”③ 的做法导致粮价暴涨，使得疫情带来的粮食短缺愈发严重。乾隆九年（1744），河南按察使王丕烈提出：“今天下田大半归于富户，而富户收谷入仓，不即售卖，必俟价之极贵而后陆续出粜。”④ 对于囤积居奇的行为，政府予以了坚决的打击，例如，在苏州的“齐行”现象出现后，官府在各主要码头严加查访，令富商将从湖广、江西转运的粮食就地以低价出卖，有效控制了可能造成的经济危机。而在乾隆二年（1737）光州等地的旱灾中，河南巡抚福德下令“饬预行劝谕各富户将收存粮食减价出粜。如果米价腾贵，一时不能骤减，即将常平等仓谷石借粜，兼行以济民食”⑤。乾隆二十年（1755），布政使臣刘慥面临哄抬物价的现象，则下令“饬属严行查禁止，听市易流通，毋许广行收囤”⑥。可以看出，在灾害中市场对于粮价进行自发调节的机制经常失去作用，只有政府的介入才能解决市场失灵造成的资源配置问题。

其次，中央政府以强制力为后盾，具备跨区域调拨资源的能力，在赈灾中发挥“集中力量办大事”的优越性。现代经济学展开了关于集权还是分权更有利于灾害赈济的讨论，尽管分权政府更能了解当地需求，且能做

① （明）黄光昇：《昭代典则》，商务印书馆 2017 年版。

② （明）李默：《宁国府志》卷 4，明嘉靖刻本。

③ 指共同协商，通过散布谣言、制造恐慌的方式抬高物价的行为。

④ 《录副奏折》，河南按察使王丕烈奏请除商贩囤积之害事。

⑤ 《朱批奏折》，河南巡抚福德奏报豫省各属乾隆二年正月及上年岁宋雨雪情形并遵旨办理光州借粜等事。

⑥ 《宫中档乾隆奏折》，清乾隆二十一年八月河南布政使刘慥奏。

出最快的应急响应（Treisman，2000），然而经济学者普遍认为，在经济、社会发展落后的国家，采用集权模式更有利于灾害治理（Skidmore，2013；Kahn，2005），主要是由于落后地区的分权政府无力提供赈灾的物资（Sobel and Lesson，2006），这从理论上论证了中国古代以政府主导救灾的合理性。明清时期出现了地区间大宗粮食的转运，使得自然灾害的影响远超实际受灾地区的范围。根据魏丕信（2003）的考证，即便是在清王朝最为兴盛的18世纪，一个原本在平常年份可以勉强自足的省份，当面临重大自然灾害，大多数救济粮只能从外部输入。除由中央政府直接调拨以及截运漕粮之外，还允许地方官员筹资到外地采买，例如，在1743年直隶的赈灾中，地方政府先后拨动司库银和民间捐输的银钱赴长城以北及奉天采购粮食。然而输出粮食的省份担心灾荒的影响波及自身，常常会以“遏籴”应对，地方豪强煽动百姓拦截客商买米，不许其运米出境的情形时有发生，地方官员则对此种情形予以默许甚至支持。对于“遏籴”现象，清政府勒令各省“弛米禁，毋蹈遏籴之戒”。而在明代，“遏籴”的现象也屡见不鲜，例如，崇祯五年（1632），云南盐城遭遇水灾，“顷闻江广之间又有闭籴之令，则买籴且无路矣”①。而在万历年间，“差人问之，则登莱闭籴也。差官籴于天津，则天津闭籴也，盖登莱天津一并灾难”②。为了缓解受灾当地的困境，明政府对于遏籴的行为进行了坚决制止，嘉靖八年（1529）下令：“乞要转行山西巡抚，戒谕听民自相贸易，转贩粮米不许遏籴。”③ 万历年间，朝廷重臣申时行也向皇帝上奏，“前闻山陕之民有籴买于河南、北直隶地方，而有司闭遏之者，故特请发银平籴，而严遏籴之禁”④。因此，明清政府主导赈灾的优势在于可以打破地区壁垒，实现物资跨区域的配置。

最后，由政府提供赈灾服务具有规模效应：“当有组织的专门从事这些服务时，所得到的社会总收入要高于社会上每个人保护其各自财产时所得到的社会总收入。”（诺斯，1992）明清时期已经形成了一套完整的官赈流程，从勘灾、查赈、赈济的发放均派专人组织，并勒令地方政府进行抽

① （明）毕自严：《度之奏议》，明崇祯年刻本。
② （明）顾养谦：《冲菴抚辽奏议》卷8，明万历年刻本。
③ （明）范钦：《嘉靖事例》，明抄本。
④ （明）申时行：《纶扉简牍》卷5，明万历二十四年刻本。

查监督，在灾情紧急严峻的情况下，中央政府还会派遣专员督办赈灾事务。这种制度化的赈灾流程能够尽可能减少人员和时间成本，与个人组织的救援相比具有规模效应。而论及跨地区进行赈灾物资的采买，考虑运输成本、粮食单价等因素，由个人赴外省购买物资显然是不可行的。富绅通常选择像地方政府捐输，所纳银钱由政府进行统一粮食采购，或用于充实常平仓贮谷，或直接于灾年进行赈济。在平常年份地方政府将捐输所得的粮食妥善经营，可使备荒仓储更加丰盈。通过将私人赈灾的钱财集中由地方政府进行调拨，能够更好地发挥政府赈灾的规模效应。

三、明清时期官赈中的官民互动——捐输助赈

（一）明清时期自然灾害概述

尽管运营良好的官赈具有上述优势，然而明清时期自然灾害频发的客观现实使得仅依靠政府财政进行赈济的模式难以为继。鞠明库（2007）在《明代的自然灾害及其影响》一文中对明代包括洪涝、旱灾、地震、冰雹等八类灾害的发生进行了统计，自然灾害发生的总次数不少于 5 700 次。对于最常发生的洪涝、干旱，均超过了 1 000 次，洪涝灾害更多达 2 000 余次。而根据闵宗殿（2001）的统计，“从顺治至嘉庆共 177 年，发生灾害 2 646 次，平均为一年近 15 次；从道光至宣统共 91 年，灾害共发生 2 698 次，平均一年近 30 次”。闵宗殿同时统计了具体到每朝的灾害频次分布，详情参见表 2-1。

表 2-1 清代自然灾害的时间分布表

时期	清前期					清后期				
	顺治	康熙	雍正	乾隆	嘉庆	道光	咸丰	同治	光绪	宣统
灾次	192	655	161	1 229	409	791	305	333	1 198	71
频率（次/年）	10. 6	10. 7	12. 4	20. 4	16. 3	26. 3	27. 7	25. 6	35. 2	23. 6
总灾次	2 646					2 698				
总频次（次/年）	15					30				

资料来源：闵宗殿：《关于清代农业自然灾害的一些统计》，《古今农业》，2001 年第 1 期，第 11 页。

频繁发生的自然灾害加之明清时期膨胀的人口，使得官方赈济面临空前的压力，迫切需要民间力量的注入以弥补政府力量的不足。在这样的背景下，捐输助赈成为士绅参与官方赈济的一种方式，将政府力量与民间力量结合，形成了明清时期灾害治理机制的最后一层，官民合作赈济模式的组织基础。

（二）官民互动模式形成的条件

日益壮大的“中间阶层”为满足政府的“劝分”需求提供了必要的社会基础。明清时期，家族和乡里合一的治理结构赋予士绅阶级独特的身份：他们一方面作为宗族的首领为宗族和社区代言，另一方面作为政府的代理人承担基层社会的管理职责（冯尔康，2018）。为实现“保族敬宗”的目标并保证自己的特权，士绅阶级必须获得地方官府的庇护以及地方民众的拱卫支持，因此他们乐于捐款助赈，以求得到拥戴并获得更大的地区控制权（雷家宏，2018）。此外，商品经济的发展和儒家“藏富于民”“富民为国家所赖”思想（余英时，1998）催生了一批掌握社会财富的庶民阶级，虽然“贱不必不贵”“士多出于商”已经成为常见的社会现象，商人仍然希望实现阶级的向上流动，跻身享有政治特权的士绅阶级。与具有“卖官鬻爵”意味的捐纳制度相比，向政府捐输财物进行助赈更符合重利轻义、急公好义的道德规范，因此更加被商人接受（吴滔，1998）。通过提供获得地方控制权及阶级向上流动的渠道，明清政府的“劝分”政策促进了富绅助赈的意愿，一定程度上解决了地方政府官赈面临的困境。

从政府和士绅的目标看，二者均有动机对于灾民进行赈济，是士绅可以通过捐输与政府合作进行官赈的基础。一方面，对于政府而言，根据诺斯（1991）的观点，国家是以最大化税收为目标的组织。尽管明清的税基同土地绑定，但本质上国家的税收状况仍取决于同富人之间对劳动力的争夺。对于国家而言，放任天灾的影响将大幅减少税田额数，使得失额田产“非拨给王府，则欺隐于滑民”，造成税基的流失①。通过积极有效的赈灾，国家可以保持小农财产的独立性，从而保证税基的稳定。除获得最大税收

① 天灾将本就困窘的小农置于无法生存的境地，如果不加救助，小农只能被迫转而求助高利贷者最终沦为佃农，土地兼并问题变得更加严重。官僚贵族利用特权使得被兼并的土地变为非税田，财政税收因此减少。

外，封建王朝以巩固自身统治为另一根本目标，政权稳定是统治者租金最大化目标的最核心组成部分，其重要性更有甚于税收最大化的目标，统治者可以为政权稳定牺牲税收，但不可能为获得税收牺牲统治。从历史上看，中国王朝覆灭绝大多数与天灾引发的农民起义相关（Wright，1965；陈永伟，2014；陈强，2015），而政府及时有效的救荒行为能够显著减少农民起义的频率（阎守诚，2006），因此政府有充足的动机为贫困百姓提供赈济，并采取各种措施鼓励富绅捐赠，减少财政负担。

富绅作为参与民间助赈的主体力量，同样具有赈灾的动机和意愿。首先，对于贫富关系，明清时期的地方精英有了更加深刻的认识。他们认识到“惟减富方可济贫，亦惟济贫始能安富”[①]，清代陆世仪对这一思想进行过详细论述[②]。在明朝末期，富裕的中间阶层认识到地主和佃户之间痛痒相关的关系，一些地主主动承担起对佃户的赈济职责。除经济考虑外，富绅往往从安全角度对于灾害导致的后果进行衡量。尽管不乏豪绅恶霸在天灾来临时趁火打劫，通过使小农负债并保留其偿付能力侵吞小农财产，然而大多数富裕阶层对于饥荒导致的社会暴动所造成的恶劣影响有着清晰的认识：当底层灾民因饥荒陷入生存危机，就会铤而走险出现抢劫掳掠的风潮，而鱼肉百姓、为富不仁的富民成为乱民劫掠的首要选择（张文，2003；万明，2005），对于富民的人身和财产安全造成了极大威胁。根据陈（硕）（Chen，2011）、葛剑雄（1982）等的研究，在大动乱之后，地主阶级在人口中所占的比例减少，王朝的兴替破坏了精英阶层。因此为保证既得的财产利益和人身安全，富绅具有强烈的赈济灾民、维护社会安定的意愿。最后，富绅为获得对地方的控制权，热衷对地区慈善事业和公共事务的管理。作为宗族的首领，富绅以“保族”“收族”为目标，致力于扩大在当地的影响力，以谋求长远的发展和利益。余新忠（1997）认为，慈善动机并不能完全解释苏州富绅的助赈行为，“（乡外的救济）是一种比暴力更具道德内聚力和持久性的社会控制手段”。作为政府在基层的代理人，他们和政府之间既存在权力的博弈，又必须获得政府的庇护，对于政

① （清）熊其英：《青浦县志》卷 8，1945 年铅印本。

② 陆世仪在《思辨录辑要》中写道：“治国之道，使富民出粟以养贫民，贫民出力以卫富民；此其常也。然其要在使贫富之心相通，贫民食富民之粟而知感，则其效力必勤，富民藉贫民之力而有用，则其出粟必乐。”

治地位的追求也是富绅积极助赈的动机和目的。综上可以看出，明清政府和地方精英对灾害进行赈济出于共同的目的，即获得稳定的社会环境和对百姓的控制权。这种利益上的一致性构成了明清时期捐输助赈模式得以形成的基础。

（三）官民互动模式的具体合作形式

从合作方式选择看，明清时期盛行的“旌奖制”为士绅通过捐输形式实现对官赈的充实奠定了制度条件。旌奖制是向响应政府号召捐款捐物者按照捐输等级提供奖励的制度，这种制度并不是明清统治者的首创。明清时期旌奖制和前代的区别主要在于，这一时期的奖励由先代的“入粟补官”制变为更加注重名誉奖励的“冠带荣身”制度。简单说，就是政府对于响应号召捐输银米的个人或家庭，根据捐输份额予以不同等级奖励的制度。例如，正统五年（1440），为充实预备仓，明政府颁布政令令民间捐输，其旌奖标准如下：“凡民人纳谷一千五百石，请敕奖为义民，仍免本户杂泛差役；三百石以上，立石题名，免本户杂泛差役二年。又令各处预备仓，凡民人自愿纳米麦细粮一千石之上，杂粮二千石之上，请敕奖谕。”[①] 成化八年（1472），政府再次下令捐输：“各处军民纳米二百五十石者，给正九品散官。……三百石者立石并给复其家。”[②] 可以看出，在不同的时期旌奖的标准并不统一，但遵循的大体原则均是按功行赏。根据赵克生（2005）在《义民旌表：明代荒政中的奖劝之法》一文中的考证，明代旌奖制主要分为三个层次。最高一等为“敕旌义民”，由皇帝钦赐敕书，旌为义民，劳以羊酒，树立坊表，并优免差役。次一等为授予散官、冠带荣身。与前代所补之官多为实缺相比，明代所受散官只许冠带，不令管事，有官阶而无官职，亦称“义官”。最末一等由地方州县对于捐输的个人给予“扁门”“竖坊”等旌表。清代大体延续了明代所确立的旌奖制度，对于相应捐输的个人同样给予名誉奖励。例如，乾隆八年（1743），政府令民间捐输以充实常平仓，谕令“如有乐于行善者，州县官核其所粜

---

① （明）申时行等：《大明会典》卷 22，续修四库全书编纂委员会：《续修四库全书》，上海古籍出版社 1995 年版。

② （明）《明宪宗实录》卷 109，《明实录》（第 6 册），“中央研究院”历史语言研究所 1966 年校印版，第 2120-2133 页。

若干，所减若干，量为嘉奖，或赉花红，或给扁额。行善者多，或统作一碑志，以为乡党劝，富民益加鼓舞"[①]。康熙年间的礼部尚书张伯行所用旌奖之法则同样如明代分为三等，分别为督抚旌奖的一等尚义之民、知府旌奖的二等尚义之民，以及州县旌奖的三等尚义之民[②]。

在政府的旌奖政策鼓励下，明清士绅积极参与到捐输中，其捐输首先用于预备仓和常平仓的日常积谷。自正统开始，捐输成为充实预备仓的一项重要谷本。而根据陈关龙（1991）的考证，至嘉、万时期，捐输仓谷甚至成为预备仓积谷的主要来源。（万历）《明会典》也记载了大量富民捐输、修建预备仓的事例。例如，正统二年（1437），江西吉安府因"各出稻千石有奇，佐官赈济"，数十人得以被敕封义民[③]。景泰四年（1453），仅江西一省就有205人因捐输受到各种形式的旌表（谢宏维等，2015）。清代以捐输谷米补充常平仓则多发生在清代前期。根据张岩（1993）的考证，康熙朝在十八年至五十四年（1679—1715）间数十次通过劝捐充实官仓的记录。其次，士绅会向社仓、义仓捐输仓谷，此类例子在研究明清民间仓储的文献中不胜枚举，在此不予赘述。除此之外，明清政府还会因赈捐输，专门以民间捐输之财物直接用于灾民赈济。根据赵晓华（2009）的考证，清代自顺治至道光朝，因赈开捐21次，至清朝晚期仅光绪一朝就因赈开捐多达143次。关于赈捐相关的内容，在赵晓华的《清代赈捐制度略论》、赵克生的《义民旌表：明代荒政中的奖劝之法》、陈业新的《明代国家的劝分政策与民间捐输——以凤阳府为对象》等文中有详尽论述。总体说，旌奖制通过对于士绅提供激励给予了其捐输的动机，使得以民间财物向政府财政"输血"的官民合作模式得以实现，为明清时期灾害治理机制第三层结构奠定了组织基础。

---

① （清）《高宗纯皇帝实录》卷230，《清实录》（第11册），中华书局1986年版，第11151-11163页。

② （清）张伯行：《救荒事宜十条》，贺长龄编：《皇朝经世文编》（卷41），台湾大学出版社影印本1989年版，第9页。

③ （明）申时行等：《明会典》卷30，见续修四库全书编纂委员会：《续修四库全书》，上海古籍出版社1995年版。

第四节 小 结

本章针对明清时期灾害治理机制形成的组织基础进行分析。对应宗族赈济、社区赈济和官民合作赈济三个层级的赈济模式，对支撑每一层及构成的组织基础进行了分析。

宗族义庄是构成明清时期灾害治理的第一层级——宗族赈济的组织基础。宗族义庄是通过宗族管理的资产进行赈济的主要方式。宗族设立义庄，通常依靠义田或捐赠土地，目标是扶危济困、增强宗族凝聚力。明代初期，明太祖朱元璋对宗族势力的扩张持反对态度，导致宗族义庄的发展受到抑制。随着宗法制度的复兴，宗族义庄在明中期得到了一定发展，但数量和规模较为有限。到了清代，宗族义庄得到了更为广泛的支持，成为国家认可并受法律保护的慈善组织，尤其是在士绅的推动下，宗族义庄遍布全国。明清政府对宗族义庄给予了法律保障，实行立案存档、发放执贴等措施，确保义庄财产的安全。同时，针对盗卖义田的行为，政府制定了严格的法律规定。除了法律保护外，政府还通过旌表、奖励捐赠等方法，鼓励士绅和商人参与义庄建设，进一步巩固了宗族的社会地位。从资金构成看，宗族义庄的资金来源主要来自官员、商人和士绅捐赠，尤其是清代，商人阶层逐渐参与其中，捐赠土地和资金以资助宗族事务。从义庄管理上看，义庄的管理通常有专管和轮管两种形式，较大规模的义庄采用专管模式，委任族内有威望的人管理，而小规模的则多为轮管。管理人员的选任和职责划分通常有严格的规定，确保义庄的长效运行。

明清时期的社仓、义仓作为民间备荒仓储的代表，构成了该时期灾害治理机制第二层级——社区赈济的组织基础。义仓起源较早，最早在隋朝出现，主要由地方政府设立，通过捐赠谷物储备粮食以备灾荒时赈济。社仓起源于宋代，朱熹在福建创办了首个“五夫社仓”，主张通过社团组织的形式，动员民众参与灾害自救。社义二仓不仅是民间应对灾荒的第一道防线，而且促进了民众的自救意识。从仓谷来源看，两仓主要来源为官吏绅民的捐助，其次为官银买谷，偶尔也可通过息谷增值。从管理模式看，社仓和义仓的管理人员通常由当地民众选举产生，管理人员通常包括社长、副社长等，管理人员的任期通常为一年或三年。其粮食管理非常严格，涉及粮食储存、出入流通和借贷等方面。具体说，社仓和义仓对粮食的管理包括位置选择、保存方法、日常检查等内容，目的是确保粮食不受潮霉变或腐烂。从使用模式看，主要有借贷和赈济两种模式。关于粮食借贷有严格规定，通常在丰年和灾年有所调整，灾年可能减息或免息。借粮时，通常依据家境状况进行分配。在灾年，社仓和义仓还会为贫困百姓提供无偿的赈济。总的说，社仓和义仓是明清时期民间灾害应对和粮食储备的重要机制，它们不仅有助于应对自然灾害，还强化了民众自救的能力，构成了第二层灾害治理机制形成的组织基础。

明清时期第三层治理机制依赖的组织基础是官赈。明清时期官方赈济的主要特点体现在两个方面：备荒仓储建设和赈灾实施。首先，官方仓储是保障赈灾物资的核心。明代初期，政府设立了大量的预备仓，作为应对灾荒的物资储备中心。通过政府拨发宝钞和地方捐赠，预备仓积存了大量粮食，为灾后赈济提供了物质保障。清代则恢复并完善了常平仓的建设，逐渐形成了较为规范的仓储系统，能够调配和分发粮食至各地灾区。虽然在清朝晚期，随着政府财政困难和仓储管理的松懈，常平仓的效能有所下降，但总体而言，明清时期的官方仓储为赈灾提供了坚实的基础。其次，赈济措施的实施是直接对灾民进行救助的关键环节。赈济的对象主要是因灾遭受贫困的民众，政府通过发放粮食、货币以及低息或无息贷款的方式进行援助。特别是在灾后初期，政府设定了详细的赈济标准和时限，确保最贫困的灾民能迅速获得救助。赈济过程中的效率成为关键问题。明清政府规定了严格的报灾程序，地方官员需要在规定时间内报告灾情，并及时进行赈济。为了提升赈灾效率，明清政府还采取了“先赈后闻”的政策，即灾情报告和救灾措施可以并行进行，从而减少了因信息传递延迟而造成的救援不力。再次，蠲免也是明清政府使用的重要荒政措施，即减免因灾导致的赋税和劳役，减轻灾民的负担，促进农业恢复。蠲免政策不仅帮助灾民减轻了财政压力，还使他们能够集中精力恢复生产，避免了因贫困引发的社会动荡。然而，单靠政府财政进行赈济难以应对不断增长的需求。民间力量的参与成为明清时期赈灾政策的一个重要补充。士绅阶层通过捐赠粮款助赈，成为政府救灾工作的有力支持。在这一过程中，政府通过

“劝分”政策，激励富人参与赈济，形成了官民合作的赈灾模式。这一模式不仅有效缓解了财政压力，也促进了地方社会秩序的稳定和经济恢复。这种以官赈为表现形式的官民合作，构成了明清时期灾害治理机制第三层的组织基础。

第三章　明清时期灾害治理机制概述

笔者在前面两章对明清时期灾害治理机制各层级的组织基础进行了简要介绍，本章将对明清时期灾害治理机制进行介绍，分析其形成的制度基础，介绍其具体的组织结构、运行模式和运行效率。

第一节　明清时期灾害治理机制形成的制度基础

灾害赈济的具体实施在历朝历代都依赖基层组织，是民间基层治理的重要内容之一。灾害赈济模式的变迁从根本上说是社会基层治理模式变迁的反映，讨论明清时期灾害治理机制缘何形成的问题，离不开对这一时期基层治理机制的讨论。笔者通过朝代间的简单比较对这一问题进行论述。

南北朝之前，历朝面对基层社会的管控问题，绝大多数“是在广土众民的局面上延续以前诸侯国时代直达基层的治理模式”（罗志田，2015）。隋唐以来，基层事务则依赖于世家门阀的管理。灾害社会治理要形成较为系统的机制，必然需要规模庞大，且具有一定经济实力的“平民”力量。因此在宋以前，依赖“贵族”力量进行社会治理的制度基础与明清社会有较大差异，同本书的议题相去甚远。至两宋时代，商品经济的发展催生了掌握大量社会财富，且人数众多的富民阶级，为民间力量参与赈灾提供了可能的物质基础。此外，本书所探讨的明清时期“礼下庶人”变革、宗族义庄的设立、民间仓储的使用，都在宋代产生或在宋代基础上进行发展，似乎两宋时期从物质基础、思想文化基础和组织运营条件上，已经具备了形成灾害治理机制的条件。然而，根据林文勋（2004）的考证，尽管在两宋时期，富民开始作为一个独立的阶级参与民间赈灾①，却仍未形成有成规模的民间赈灾体系。笔者认为，基层治理结构的区别是导致系统的灾害治理机制在明清而非两宋形成的根本制度基础。

明清时期，封建专制进一步加强，封建政府一方面令“权收于上”，另一方面则进一步“对下放权”，“郡县空虚”的问题愈发严重②。为了加强基层治理，明清政府采用了更加严格、统一的保甲制和里甲制。然而，人口的激增极大增加了政府对基层进行控制的难度，仅依靠乡里制度难以实现对基层的控制。因此，明清政府选择将“民间力量”纳入基层社会治理的制度结构中，利用“民间力量”对于基层治理结构的不足进行补充。“士绅”阶级的兴起为明清政府利用民间力量进行基层管控创造了条件。根据吴金城（2019）的定义，士绅阶级的主体是获得了低等功名但无法进入正式官僚机构的儒生，此外，还包括致仕归乡的官员，以及儒商。由于明清时期大幅增加生员（秀才）功名的数量，这一阶级人数非常庞大。作为社会中较为富裕的阶级，士绅掌握了大量社会财富③，这同宋代富民具有相似性。然而对政府而言，明清士绅与宋代富民有本质的区别。一方面，士绅是未能入仕的儒生，换言之是政府官僚机构的后备力量，他们同政府天然具有紧密的联系。另一方面，士绅长期受到儒家文化熏陶，对于政府认可的意识形态具有较强的认同感，更容易受到政府信赖。此外，由于士绅同政府之间的特殊关系，在民间具有很高的社会地位。上述原因成为明清政府选择士绅作为其在民间的代理人进行基层社会治理的主要原因。

明清时期，士绅在基层的权力主要通过宗族的建立实现。明清时期，封建统治者重新认识到“氏族之有关于人国”的重要性，“夫不能复封建之制，而欲（重氏族）藉士大夫之势以立其国”的思想受到了封建统治者的重视④。他们认为，在不改变国家体制、挑战政府统治的前提下，通过氏族复兴可以达到“藉士大夫之势以立国”的目的，因此乐于推动民间的

---

① 根据林文勋的研究，在宋之前，富民虽然也参与灾害赈济，但通常是个人行为。对于这一问题的论述，在林文勋《宋代富民与灾荒赈济》一文中有详细论述。

② 陈独秀所说“上面是极专制的政府，下面是极放任的人民”就非常符合该时期的情况。

③ 明清时期，商人社会地位提高，“贱不必不贵”“士多出于商”已经成为常见的社会现象。一些无法入仕的底层生员选择转而从商，极大提升了士绅阶级的经济地位。

④ （明）顾炎武：《顾亭林诗文集》，中华书局 2008 年版，第 108 页。

宗族建设。与此同时，宗族的建立反映了宗法制的复兴，而宗法制的核心是一种强调上下尊卑的等级秩序，因此宗族的建立符合明清政府巩固政权稳定的目的。除此之外，宗族的设立还为基层事务管理提供了一种行之有效的方式。根据血缘和地缘关系，百姓可以被划分至不同的宗族，士绅作为宗族的首领，则通过族规对其宗族内的百姓进行更加有效的管理，是政府乐于看到的情形。对于士绅而言，建立宗族有利于扩大其在地方的影响力，也有助于实现“保宗收族”的目的，符合士绅阶级的利益，因此他们对于政府兴建宗族的倡导热切回应。在政府和士绅的共同努力下，明清时期的宗族制度得到了复兴，形成“保甲为经，宗族为纬”的基层社会治理机制。这种机制的形成代表着基层管理权的“下移”，而作为基层管理的重要内容，赈灾的权力也自然而然地“下放”至民间。从具体政策看，这一时期的宗族促进政策有助于民间赈灾力量的壮大：明清政府制定了严格的政策对于宗族财产进行保护，使得祭田、义庄等宗族产业的规模迅速扩大，也使得义庄成为天然的家族备荒仓储，在灾害中义不容辞地承担起救助宗族成员的义务。这就构成了明清灾害治理机制最广泛的基础。

然而，需要注意的是明清政府对于士绅阶级并非秉承全然信任的态度，主要是由于士绅阶级对于基层事务的介入能够增强其对地方的控制能力，借此可以分割政府在地方的权力。因此，政府一方面利用士绅控制基层社会，另一方面又忌惮士绅的力量强盛以致足以与之抗衡（傅衣凌，1988）。换言之，依赖士绅进行基层治理是明清政府面对“郡县空虚”的无奈之举。这一态度体现在明清基层社会治理的各方面，尤其是灾害的社会治理上。萧公权（2017）认为：“在清朝的整套乡村统治体系中，灾荒控制所占地位非常重要，因而清政府对它的重视并不亚于保甲或里甲制度。”这是因为，由政府提供赈济可以保证“使恩出于上”，有利于建立百姓对于政府的忠诚和信赖，有利于维护统治的稳定，因此明清政府具有强烈的意愿维护政府在赈灾中的主导地位。在政府力量强盛，足以应对灾害赈济时，统治者并不希望民间力量过多介入赈灾。只有当政府力有不逮时，才被迫准许民间力量参与赈济活动，对政府的“救荒权”进行分割。在需要民间力量介入的时候，明清政府采用以“冠带荣身”为核心的旌奖制度，对于积极响应政府号召助赈的个人进行名誉奖励，鼓励民间力量参与赈灾。在这样的政策指导下，士绅阶级作为县域之下地理层级赈灾的主力军，在赈济体系中成为政府的补充。

第二节　明清时期灾害治理机制的组织结构

明清时期形成了灾害治理机制的三层组织结构，分别为宗族赈济、社区赈济以及官民合作赈济。其赈济所需的组织基础在上一章已进行了较为详细的介绍，在本部分将对其进行整合，介绍在它们的支撑下构成的明清时期的灾害治理机制。

在长期同灾害斗争的过程中，明清时期形成了灾害社会治理的三层组织结构，宗族是其中最基础的单元。根据仲兆宏（2013）的定义："宗族是一个血缘（或是拟血缘）继嗣群体，他们以真实或虚拟的祖先作为符号连接在一起，以地缘关系为依托，按照一定的规范结合而成的较为严密的社会群体组织形态。"明清宗族的特殊性，赋予其承担灾害社会治理的基本职能。首先，明清时期的宗族是与乡里制并行的另一种社会治理组织，同乡里制一起构成明清社会治理"保甲为经，宗族为纬"的结构。在政府的支持下，宗族事实上承担起公共设施的建设、治安的维护、民间纠纷的解决以及社会救济等基层事务的管理，灾害赈济作为社会基层治理的重要内容，也在宗族管辖范围之内。具体说，从明清宗族设立的目的看，平民愿意投身宗族，根本目的在于寻求宗族的庇护，抵御小农经济不确定性带来的风险。宗族首领——士绅愿意兴办宗族，也在某种程度上出于通过壮大家族势力达到提高其自身威信以及影响力的目的，因而他们有义务为治下的宗族成员提供基本的保障，即在灾害中"剂有余不足而期之平"，尽可能保证族人的生存。从宗族的精神基础上看，宗族是以血缘关系为纽带的组织，宗族成员具有共同的祖先，对于宗族首领而言，族中成员"于吾固有亲疏，然吾祖宗视之，则均是子孙，固无亲疏也。苟祖宗之意无亲疏，则饥寒者吾安得不恤也"[①]？出于"敬宗收族"的原则，对于族中贫困族人进行赈济，尽可能地保证宗族的延续和壮大是宗族义不容辞的责任。从物质基础上讲，不同于保甲、里甲是空有行政建制，而无财政支持

① 李勇先、王蓉贵校：《范仲淹全集》，四川大学出版社2002年版。

的基层治理组织，明清宗族具有充足的物质支撑。宗族财产多由族内的官僚、富商、地主捐赠，财力雄厚者可以建立规模庞大，且有专人经营的宗族义庄，遵循“原为周急，非以继富”① 的原则，在宗族内部实现扶弱济贫。即便是规模较小的宗族，也拥有数量不一的义田、族田和祭田，这些宗族公有财产的本质是一种宗族保障基金（张翔凤，2003），除为祭祀祖先、修建宗祠、开办教育等基础社会服务提供资金外，另一重要目标就在于为鳏寡孤独者提供基本的生活保障。因此，宗族天然就是一种依托血缘关系的民间赈灾组织。

明清时期灾害社会治理的第二层主要建立在地缘关系基础上，其主体是社仓等备荒仓储，也包括在一定地缘范围内的社区救济以及地主对于佃户的救济等。义仓、社仓是在政府倡导下由民间自筹基金、自行管理的民办仓储，以“地址不止于城、管理不独于官”② 的特点对常平仓的不足之处进行弥补，构成明清时期粮食储备体系的重要环节。义仓、社仓通常在临近的都图里甲内形成，地缘关系是组织义仓、社仓的核心。仓米的来源中尽管有农民根据收成和贫富按比例交纳的部分，然而此部分只是杯水车薪（万明，2005）。最主要来源仍依赖于乡绅和富人的捐赠。明清时期的义仓以“赈借兼行”为主要职能：在平常年份“春耕时称贷于仓，夏冬两熟量取息以偿”（马幸子，2018），并向贫困百姓出借粮种；在灾荒年份，义仓、社仓对赤贫者实行优先无偿的赈济，而对于经济状况较好的农民，则通过有偿借贷帮助其渡过难关。除设立义仓、社仓之外，在山东、直隶、浙江等地区均出现了士绅对乡里内部的贫困者实行的赈济③；一些地主基于“田主与租户，痛痒相关”的共同利益和对佃户的同情，在灾年自觉承担起对佃户的救济。此外，仿照宗族义田的运作模式，在许多地方出现了乡族义田、会馆义田等族外义田（李江等，2004），通过地缘关系的扩展，明清时期民间灾害救助的抗灾能力得到了提升，救济范围得到了扩大。

为应对更大规模的灾害，明清时期的民间力量同地方政府力量相结

① （清）曾铸：《曾氏瑞芝义庄全案》，清光绪二十六年刻本。

② （宋）朱熹：《晦庵集》，文渊阁《四库全书》本。义仓、社仓由民间筹办，设仓范围较广，并分散于乡里之间，可以覆盖乡村地区，弥补了常平仓设置于城镇的缺陷。

③ 祈彪佳：《祈彪佳集》，中华书局 1959 年版，第 102 页。

合，形成了第三层灾害社会治理结构，构成这一层组织结构的主体是士绅和富民出于自愿或在政府“劝赈”政策倡导下的赈济和捐输[①]。由于受灾范围广、灾民数量庞大、赈济周期长，政府面临重大灾害时财力见绌，迫切需要民间财力、物力的支持。一方面，具有一定经济实力的个人设立粥棚、开仓平粜、掩骼埋胔，直接对灾民进行赈济。更多的情况是，士绅阶级同地方政府结合，配合地方政府的需要进行相应的助赈活动，对地方政府财力、人力的不足进行补充。士绅阶级的具体助赈活动包括：第一，输粟助赈，主动捐献财物帮助地方政府进行赈恤，各府、县志记载了富民在灾年捐赈的善行，例如，洪武年间，南昌周绍祥“捐谷五百石以助官赈”[②]，再如，吉安范天柱输粟赈灾……[③]在重大自然灾害治理中，向地方政府输粟助赈是弥补地方政府财力不足的重要方式。第二，帮助地方政府进行跨区域的粮食采购。例如，明朝末年歙县大旱，为了解决粮食短缺问题，当地政府寻“忠诚老练不贪重利以速去速来”者出省买粮，并以“尚义给扁旌奖”[④]。当地粮商应政府要求积极赴浙江等地采买。再如，嘉庆年间浙江大旱，士绅吕载扬助当地政府赴旁买粟，“亏资以千计不顾也”[⑤]。第三，直接参与赈务的管理，弥补地方政府基层管理缺乏的困境。例如，康熙九年（1670）昆山遭遇奇荒，耆粮徐福除以个人形式为灾民提供赈济外，“反城乡救饥事悉力任之”[⑥]。再如，清代晚期在同乡会基础上组织的义赈，往往由旅居在外的富商士绅进行募捐，再将募得的欠款交由当地有名望的士绅和地方政府共同组织具体的赈济活动[⑦]。在劝赈政策激励下，地方精英积极投身民间赈济事业，形成了明清时期灾害社会治理中覆盖人数最广、抗灾能力最强的组织，并以官民的通力合作为主要特色。

---

① 劝赈政策包括“劝分”和“劝输”。根据董煟《救荒活民书》的定义：“所谓劝分者，盖以豪家富士储积既多，因而劝之赈发，以惠穷民，以济乡里。”劝分是士绅和富民响应国家号召对百姓直接进行赈济，捐输又称“劝输”，是士绅和富民将财物捐赠政府，由政府统一调拨。一般也将“劝赈”统称为“劝分”。

② 魏元旷：《南昌县志》卷41，民国二十四年铅印本。

③ （清）刘绎等：《吉安府志》卷36，清光绪二年刻本。

④ （明）傅岩：《歙纪》，黄山出版社2007年版。

⑤ （清）潘树棠等：《缙云县志》卷9，清光绪二年刊本。

⑥ （清）王峻：《昆山新阳合志》卷28，清光绪六年刻本。

⑦ 《申报》第十册，光绪三年五月初二日。

第三节 明清时期灾害治理机制的运作模式

明清时期形成了宗族赈济-社区赈济-官民合作赈济的灾害社会治理三层的结构，针对不同规模灾害和状况进行及时、有效、灵活的治理。本部分对于不同层级的组织结构如何应对灾害的适用范围和运作模式进行介绍。

宗族赈济通常被认为是进行小型灾害治理的有效模式，其对于灾害进行救助的主要方式是设立义庄。从救济的范围和对象看，由于义庄规模有限，通常以血缘和族人的贫富确定救济范围，例如，清代苏南地区的武进恽氏和龙溪盛氏规定义庄的受益者为建庄者的直系和支派①；吴江的济阳义庄庄规明确规定将“鳏寡孤独废疾”者作为主要救济对象②。义庄是宗族内部实现灾害自救的主要方式，具体措施可以概括为丰年备荒和灾年酬济。为保障灾年的粮食供给，许多宗族引进“耕九余三”的官方仓储策略，在丰年预备一定数额比例的银钱米粮以备荒歉。一些宗族禁止挪用备荒的资金、物资进行经营，例如，苏州传德义庄③。练西黄氏④等宗族将备荒资金进行放贷生息，增加赈贷资本。当灾害发生，义庄力求实现覆盖所有族人的应急酬济。每遇灾荒，宗族往往取消或降低一应日常支出⑤，尽全力保障覆盖全体贫困成员的口粮发放。庐江章氏庄规规定，在奇荒年岁要“以拯救死亡保全节义为主”⑥，武进恽氏则“除给口粮外，一切不支”⑦。除义庄外，义田、祠田等族田都有在灾年用于赈济的记录。通过对义庄和其他宗族财产的合理经营和使用，可以有效实现小规模灾害中对于

---

① （清）恽毓荣：《恽氏义庄缘起》，清光绪二十八年活字印本；（清）盛文颐主修：《武进龙溪盛氏宗谱》，民国二十三年木活字本。

② （民国）高鼎业：《高氏大统宗谱》卷1，民国十五年铅印本。

③ 《传德义庄规条》，见王国平、唐力行主编：《清以来苏州社会史碑刻集》，苏州大学出版社1998年版，第217-283页。

④ （民国）黄守恒：《嘉定练西黄氏宗谱》卷13，民国四年铅印本。

⑤ 义庄在丰年的主要职能是为族人提供必要的生活保障和生活福利，例如，向贫困成员发放生活补贴、丧葬补贴和照顾残疾族人等；再如，对婚育、科举进行资助，一些大的宗族还建有族学。

⑥ （清）章廷梁等：《章氏义庄志》，民国十四年重刻本。

⑦ （清）恽毓荣：《恽氏义庄缘起》，清光绪二十八年活字印本。

宗族成员的赈济。

然而，宗族作为民间灾害治理模式的基础环节具有局限性。这种局限性首先由明清时期宗族的地域分布决定。从全国范围看，宗族在江浙、福建、江西、安徽、湖广地区非常兴盛（李江等，2004），具有典型的南多北少特点。吕思勉（1985）认为："聚居之风，古代北盛于南，近世南盛于北。"从地方看，义庄的设立靡费良多①，非经济实力雄厚的宗族难以设立义庄。尽管根据李学如和王近平的考证，民间存在大量未被官府记录在案的义庄②，但合理推断通过宗族义庄进行赈济难以覆盖所有受灾人群。宗族的赈灾能力受到义庄规模限制。除极少数财力雄厚的宗族外，大多数宗族抵抗风险的能力有限。李文海（1990）认为："（宗族内部）贫富之家承受灾情的能力不同，有时可以相互救济渡过难关"，然而互助的作用亦十分有限，这决定了依靠宗族只能进行较小灾害的治理。面对更大规模的灾害，必须建立具有更强"外推"动力、覆盖更大范围的风险分担组织。

明清时期灾害治理的第二层级——社区赈济则通过地缘关系扩展了民间救灾的救助范围，提高了赈灾能力，在一定程度上弥补了宗族赈灾的缺陷。费孝通认为，中国的基层社会是乡土性的，"生于斯、长于斯"将人和地的因缘固定（1948），除血缘联结外，地缘的相近催生了邻里之间"守望相助"关系的形成，是义仓、社仓和社区赈灾形成的社会基础。地缘关系是对血缘关系的扩充，依靠地缘可以形成更大规模的灾害互助。例如，义仓、社仓通常由临近的几个宗族共同筹建，通过义仓、社仓进行赈灾可以在一定范围内打破血缘的界限，有助于解决由于宗族规模、能力不均导致的资源配置损失，是一种对区域内资源的重新整合。此外，与宗族在地域分布上的不平衡相比，明清时期的义仓和社仓遍布全国，因此可以覆盖更广泛的人群。

通过义仓、社仓赈灾不仅可以惠及更多的灾民，也可以抵抗更大规模

① 根据李学如和陈勇（2014）的考证，清代苏南地区记录在案的义庄，庄田面积最小为 503 亩，至少花费银 8 000 两以上。

② 明清时期，政府规定 500 亩田产的义庄为半庄，1 000 亩为全庄，不及半庄规模无立案，因此存在大量没有记录在案的义庄。详见李学如，王近平：《近代苏南义庄的宗族保障制度》，《中国农史》，2015 年第 4 期。

的灾害。明清时期，粮食储备的规模是决定赈灾能力大小的根本因素。作为平抑物价和备灾的专用仓库，社仓和义仓的运营遵循“平粜法”的基本原则，即在灾年低价粜出，丰年平价籴买；此外，在平常年份对贫民进行“春借秋还”的有偿借贷，因此运营得当的义仓、社仓仓米借出然后回流的良性循环，可以保证粮食储备的收支平衡，甚至能够有所盈余。同社仓、义仓相比，宗族义庄除留存一定比例银钱米粮备荒之外，还需承担族人基本的生活保障和福利支出，因此宗族的备荒储备远不及运营有序的义仓、社仓，因此社仓、义仓可以对更大规模的灾害实现赈济。

除发挥民间仓储的备荒、赈灾作用外，富人对于乡里贫困百姓的救助同样是民间灾害治理中对血缘的突破，万明（2005）将邻里间的“互通有无”看作一种社区救济，这种救济主要基于“贫富相资”的思想基础，集中的反映是田主对佃农进行救助。一些有识之士对于富民和贫民间相辅相成关系认识较为深刻①，更有一些人身体力行，提出了较为具体的方案：例如，明代松江府陈继儒主张根据佃农的耕种数量和结果，在灾年向佃农分发“性命米”（郑振满等，2009）。这是一种救灾与生产并重的赈灾方案，通过提供灾年赈济激励佃农在平常年份努力劳作，使得劳动力同土地的依附关系更加紧密，有效减少灾民流离失所导致的社会动乱。

与依靠民间力量即可实现赈济的中小型灾害治理相比，明清时期对于大型灾害的社会治理依赖于官民合作。这是因为，重大灾害的治理需在较大范围整合社会资源，并由强有力的主体进行统一的管理和资源配置。由于宗族、社区的力量弱小分散，民间力量无法作为单一主体实现重灾的赈济。除此之外，明清政府对于直接参与灾害治理的民间力量多有忌惮也是一个重要原因。这是因为，由政府提供赈济可以保证“使恩出于上”，有利于建立百姓对于政府的忠诚和信赖，有利于维护统治的稳定。他们担心士绅阶级通过对于灾民进行赈济，会收获百姓的拥戴、扩大其在地方的影响力进而威胁政府的统治。对于小型灾害的赈济，统治者认为民间力量的影响尚不足为虑。然而大规模的自然灾害涉及的灾民广泛，自然会引起政府的忧虑，他们希望将治荒权牢牢把握在自己手中，由政府向百姓提供赈

① “贫富相资”是明代较为流行的一种思想，顾清、赵完璧、徐阶等官员，基于贫民耕种富民土地维持生计、富民依靠贫民耕种获得收益的关系，均主张灾年由地主向自己的佃户进行赈济，认为这样对双方均有益处。

济。因此，只要封建政府具备足够的经济实力，一定会责无旁贷地承担起救荒的责任①。

然而当官赈在大型自然灾害的赈济中广受财力、物力掣肘时，明清政府不得不借助民间力量帮助政府实现灾害的治理。具体说，明清政府对于民间赈灾力量的借助主要通过劝赈政策实现。与前代相比，明清时期对于劝赈政策所进行的制度化创新在于旌奖制的建立。尽管旌奖的方式、奖励程度在不同时期有所差别，但旌奖制的核心就是对响应政府劝赈政策的民间力量论功行赏，按照捐输数额和功劳大小给予相应的名誉奖励，奖励的内容一则是道德嘉奖，二则是没有实权的散官（赵克生，2005）。根据政府的官赈能力和对民间力量的需求，政府可以利用旌奖制对于民间赈灾力量的参与程度进行较为灵活的调整：在政府有能力独立进行官赈的情况下，较少甚至不颁布政令劝输，而在官赈力有不逮之时，则根据官赈的“缺口”酌情对旌奖的频率和奖励的程度进行调整。根据姜守鹏（1985）的统计，从顺治到嘉庆年间，因赈开捐的次数仅 14 次。而根据赵晓华（2009）的不完全统计，仅光绪一朝因赈所开捐纳就至少达到 143 次。通过对于旌奖力度的调节，明清政府可以实现对于民间赈灾力量的合理利用。

第四节　明清时期灾害治理机制的效率分析

明清时期形成的三层灾害治理机制，可以实现对于不同规模灾害的有效赈济，本部分对这一治理模式的运行效率进行分析。

---

① 明清时期，在政府力量强盛的阶段，大型灾害的赈济往往由政府一力承担。根据陈业新（2009）的考证：“明前期的荒政物资来源以国家财政为主，直至宣德及其以后，国家才频繁动员社会力量参与荒政。而政府备荒能力受到一些学者肯定的清代，政府更是在力所能及之时主导了赈灾事务。在政府力量强盛的清代中期之前，政府在赈济中对于民间的依赖程度很低。正如乾隆所述：国家赈济蠲缓，重者数百万两，少亦数十万两，悉动库帑正项，从无顾惜，地方富民，所捐几何，贮库助赈，殊非体制。”清朝前期康熙皇帝更明确反对因赈向民间劝输的行为。再如，根据郝（煜）和刘（正铖）（Hao and Liu，2020）的研究，在雍正时期“耗羡归公”改革之后，政府对于灾害年的赈灾频率显著增加了，这是由于改革提高了省级政府的财政结余，从而提高了省内公共品的供给。只有到政府财政吃紧，仅凭政府能力力有不逮之时，才会借助民间力量参与赈灾。所以在统治日趋没落的王朝后期，政府在赈灾中极力增强了对于民间力量的依存度。陈业新认为，明代是自宣德及其之后才大幅增加了对于社会力量参与赈灾的动员力度，而清代后期对于捐输赈灾的依存度也较中前期有明显增强的特点。

以宗族、社群为主的灾害社会治理在中型、小型灾害治理中存在着天然的效率优势。首先，不论是宗族赈济所依赖的义庄，还是社区赈济所依赖的义仓、社仓，都有着严密的组织结构和运行规则，其运营通常由专人负责，并通过严格的规定对备荒粮储的经营、灾后赈济的规则进行详细的约束，对于违反规定侵吞备荒钱粮、影响救灾的行为进行严厉的处罚[①]。其次，身处宗族、社群内部的成员对于彼此的状况非常了解，可以有效识别不同成员的受灾程度和需要帮扶的力度，降低由于信息不对称和信息传递造成的效率损失。再次，宗族成员之间具有血缘关系，社群成员之间则因长期聚居产生了“类血缘”的关系，更容易实现灾害中的互助互爱，并在最大程度上减少道德风险的发生和损人利己的行为。最后，宗族和社群可以在灾害发生后提供快速而及时的应急响应，有效地避免了由政府救灾信息传递造成的时滞。此外，由于灾民得到了及时有效的赈济，就不会离开赖以生存的土地，可以减少由于逃荒导致的社会动乱和灾民聚集造成的疾疠，并能最快实现灾后重建和生产。因此，明清时期，规模较小的自然灾害往往不需奏报，大多可以在宗族和社区内部解决。

尽管宗族和社区赈济在小规模自然灾害的赈济中存在效率优势，然而在大型灾害的治理中，民间的力量则十分微薄。这是由于重大自然灾害的赈济需在较大范围整合社会资源，并由强有力的主体进行统一管理和资源配置。事实上，赈灾的本质是一种公共物品，理应由政府提供，对于波及范围广、应赈人数众多的大型自然灾害赈济而言更是如此。因此，第三层灾害治理机制由政府牵头和主导、在政府和民间的通力合作下实现是必要的，其存在也具备着效率优势。官民合作治理模式的本质，是利用民间财物为官赈“输血”，增加政府可调度的救灾资源。

这种模式的效率优势体现在：首先，政府干预能够有效解决由自然灾害导致的粮价暴涨和市场失灵，控制自然灾害衍生的经济危机。灾害发生后，不法商人常囤积居奇、待善而沽，以“齐行”为手段牟取暴利，使得粮价暴涨，加剧了灾害引发的社会危机。只有政府的介入才能有力打击“发国难财”的恶行，解决市场失灵所导致的资源配置问题。例如，康熙

① 庐江章氏就依据受灾状况和族人经济状况制定了不同的应对策略，对于违反庄规、影响救灾的行为进行严厉惩罚。(清）章廷梁：《章氏义庄志》，民国十四年重刻本。

四十八年（1709）和乾隆二十年（1742），都发生了灾后囤积居奇的行为，在政府“饬属严行查禁止，听市易流通，毋许广行收囤”① 的举措下，市场秩序才得到了恢复。其次，只有以强制力为后盾的中央政府具备跨区域调拨资源的能力，在赈灾中发挥“集中力量办大事”的优越性。根据魏丕信（2003）的考证，在清代重大自然灾害的治理中，大多数救济粮只能从外省输入。而输出粮食的省份由于担心灾荒的影响波及自身，常会以“遏粜”应对。针对遏粜行为，政府往往勒令粮食输出省“弛米禁，毋蹈遏粜之戒”，这就可以打破地区壁垒，实现物资跨区域的配置。最后，由政府提供赈灾服务具有规模效应。明清时期已经形成了一套完整的官赈流程，勘灾、查赈、赈济均派专人组织，并勒令地方政府进行抽查监督，在灾情紧急严峻的情况下，中央政府还会派遣专员督办赈灾事务。这种制度化的赈灾流程能够尽可能减少人员和时间成本，与个人组织的救援相比具有规模效应。而论及跨地区进行赈灾物资的采买，考虑运输成本、粮食单价等因素，由个人赴外省购买物资显然是不可行的。富绅选择向地方政府捐输，所纳银钱由政府进行统一粮食采购，或用于充实常平仓贮谷，或直接于灾年进行赈济。在平常年份地方政府将捐输所得的粮食妥善经营，可使备荒仓储更加丰盈。通过将私人赈灾的钱财集中由地方政府进行调拨，能够更好地发挥政府赈灾的规模效应。

第五节　小　结

笔者在本章中对于明清时期的灾害治理机制进行了介绍和分析。明清时期灾害治理机制的形成有其深刻的制度基础。与宋代相比，明清时期的基层治理发生了根本性变化。明清政府加强了对基层社会的控制，采用了保甲制、里甲制等手段，并利用士绅阶级的兴起实现宗族制度的复兴，为民间灾害治理提供了有力的组织和物质支持。宗族的建立，不仅增强了基层治理的效果，还为灾害治理提供了必要的物质保障，成为灾害赈济的重要支撑力量。士绅阶级与政府的合作，进一步促进了基层社会治理机制的

① 台北故宫博物院：《宫中档乾隆朝奏折》，“国立”故宫博物院 1982 年印行。

完善和灾害治理能力的提升。

明清时期的灾害治理机制具有层次分明的组织结构，主要由宗族赈济、社区赈济和官民合作赈济三层组成。宗族赈济作为最基础的灾害治理方式，主要通过宗族内部的义庄、义田等资源进行赈济，覆盖范围通常较小，主要针对宗族内部的成员。在此基础上，社区赈济通过地缘关系的扩展，形成了更加广泛的灾害救助体系，如义仓、社仓等民间粮食仓储，不仅能够解决较小规模的灾害问题，还能够有效应对较大范围的灾荒。最后，官民合作赈济则在面对大规模灾害时发挥了重要作用，政府通过民间力量的补充，调动了更为广泛的社会资源，有效应对了灾害治理的巨大挑战。

在运作模式上，明清时期的灾害治理表现出高度的灵活性和应变能力。宗族赈济主要应对小规模的局部灾害，其运作依赖于宗族内部的资源调配；社区赈济则扩大了赈灾的覆盖范围，特别是通过社仓、义仓等方式，增强了对中等规模灾害的应对能力；而对于大型灾害，明清政府则通过官民合作机制，实现了资源的集中调配和统一管理。这一模式不仅能够保证灾民得到及时救助，还通过政府与民间力量的协作，确保了灾后恢复工作的顺利进行。

综上所述，明清时期的灾害治理机制不仅是当时社会治理结构的重要组成部分，也是应对自然灾害的有效方式。其成功之处在于能够灵活地动员民间力量，结合政府的主导作用，形成了层次分明、运作高效的灾害治理体系。通过对这一机制的深入分析，可以更好地理解古代中国在灾害治理方面的智慧及其对现代灾害治理的启示。

第四章　明清时期灾害治理机制形成的思想基础及模型构建

本书认为，明清时期能够形成系统的灾害治理机制，其思想动因为明清时期由政府推动的“礼下庶人”变革，以及其他文化因素的影响。在本部分，将对这些思想进行简要介绍，并分析其为什么能够构成明清时期灾害治理机制的思想基础。事实上，不论是宗族和社区赈济所依托的义庄、义仓、社仓，还是官民合作所依托的“劝赈”制度都非明清时期的首创，然而在明清之前，民间赈济活动一直是分散而不成体系的，并且未能有效和官赈结合形成一个完整的体系，直至明清时期才形成了较为系统的灾害治理机制。那么为什么这一机制得以在明清时期形成？笔者在本章尝试对这一问题进行解答，探究明清时期灾害治理机制形成的思想文化基础①。

第一节　明清灾害治理机制形成的思想条件

笔者首先需要厘清形成灾害治理机制所必要的思想条件。在正式展开讨论之前，需要明确的一个问题是，明清时期灾害治理社会机制所依托的宗族、社仓、义仓等组织的本质是非正式的灾害风险分担机制，即一定数量的成员基于特定组织原则聚集而形成团体，在团体内部通过成员间的和衷共济实现风险分摊的机制。这种团体的建立可以依托于共同的经济利益，例如，中世纪欧洲的行会，大多数行会的新会员加入时都需

① 这一问题的解答离不开对于明清时期政治、经济、社会制度的探讨，例如，明清时期愈发严重的“郡县空虚”问题；再如，“保甲为经、宗族为纬”的基层社会治理机构；又如，明清时期日益壮大的士绅阶级，以及明清时期的人口膨胀和灾害频发等。然而这些并非本书讨论的重点，因而不加赘述。

要缴纳一定的救济金作为公共基金，以便充作赈灾中赈济会员的资本[①]。这种组织的建立也可以依托于共同的信念和精神力量，例如，中世纪的欧洲教会，对其教徒提供灾害赈济，赈灾所使用的善款主要来源于信徒的日常捐赠[②]。

本书所述的义庄、社仓等灾害分担组织同上述组织不同，行会、教会的赈灾资金为全体成员共筹，而明清时期各种灾害风险公担组织的资金来源于士绅的捐赠。这是由于在生产力水平低下、税赋沉重和土地兼并的背景下，贫困的自耕农、佃农在丰年的出息仅够维持基本生计，没有能力众筹钱粮以备灾荒（邓云特，1937）。士绅是明清时期民间灾害赈济的主要力量，只有士绅愿意慷慨解囊，对于宗族和各类民间仓储进行捐助，才能实现民间赈济，进而形成灾害治理机制。因此，探讨明清时期灾害治理机制得以形成的思想条件，事实上就是探讨士绅为何愿意将私人财产用于帮助他人的思想根源。

笔者用费孝通（1948）的“差序格局”类比这一问题：中国传统社会是一种同心圆结构，在儒家“亲亲”文化影响下，每个人以自己为圆心，仁爱之心可以像水波纹一样逐级“外推”，只有具备了这种推己及人的思想，有能力者才愿意在灾害中对于亲朋邻里，甚至素昧平生的灾民提供无私的援助。因而，在本部分所探究的问题，实质上就是探究明清时期推动士绅产生从“自利”走向“利他”的思想基础。本书发现，明清时期推行的“礼下庶人”变革是产生“外推”动力的根源。“礼下庶人”的变革实现了平民化的宗族建设并推动了“孝”思想的传播，构成了宗族和社区赈济的思想基础；“礼下庶人”的变革推动了“移孝为忠”的转变，构成了官民合作赈济的思想基础。此外，明清时期佛教、道教以及民间信仰同儒家思想的融合，进一步推动了从“自利”向“利他”的转变。

---

① 详情可参考克鲁泡特金：《互助论》，商务印书馆 1963 年版；以及金志霖：《英国行会史》，上海社会科学院出版社 1996 年版。

② 详情可参考杨昌栋：《基督教在中古欧洲的贡献》，社会科学文献出版社 2000 年版；以及刘城：《英国中世纪教会研究》，首都师范大学出版社 1996 年版。

第二节　“礼下庶人”变革的主要内容

明清时期，政府开始大力推动“礼下庶人”的变革，根本原因是为了解决日益严重的“郡县空虚问题”。在宋代形成了“郡县空虚，而本末俱弱”的局面之后[①]，政府在基层社会治理中对民间力量的倚重明显加强。至明清时期，封建专制进一步加强，封建政府一方面令“权收于上”，另一方面则进一步“对下放权”，这使得“郡县空虚”的问题愈发严重。尽管明清政府采用了更加严格、统一的保甲制、里甲制，仍然难以实现对基层的有效控制。因此，政府希望在乡里制度外，构造另一套并行的社会治理体系，利用“民间力量”对基层治理结构的不足进行补充。

“士绅”阶级是明清政府培植地帮助他们具体实行基层治理的代理人。根据吴金城（2019）的定义，士绅阶级的主体是获得了低等功名但无法进入正式官僚机构的儒生。此外，还包括致仕归乡的官员，以及儒商。士绅阶级具有特殊的双重身份，使其具备了代表政府进行基层事务管理的条件：一方面，士绅是未能入仕的儒生，他们具有入仕的强烈意愿，却缺乏正式成为政府官员的能力，因此他们非常希望成为政府在地方的代理人，从而获得一种“类官员”的身份，满足其“学而优则仕”的愿望。另一方面，作为社会中较为富裕的阶级，士绅掌握了大量社会财富[②]，在地方具有较高威信，并熟知当地风土民情。这使得他们有能力管理诸如征税、修路架桥、调解纠纷等基层社会事务。为了士绅更好地实现对基层的管理，明清政府主持推动了“礼下庶人”的变革，目的在于在乡里制外建立另一重基层社会治理机制。具体说，“礼下庶人”的变革有两大内容。

“礼下庶人”变革的第一个主要内容，在于实现宗法制的复兴，以及推广平民宗族的建设。明清时期，封建统治者重新认识到“氏族之有关于

① 受到唐朝末期“藩镇割据”的影响，宋代政府有意识地将天下之权尽归朝廷，这就是所谓的“加强中央集权”。而世家门阀的衰落导致中央政府同郡县之下的基层社会之间失去了直接、紧密的纽带，郡县空虚的问题逐渐凸显。

② 明清时期，商人社会地位提高，“贱不必不贵”“士多出于商”已经成为常见的社会现象。一些无法入仕的底层生员选择转而从商，极大提升了士绅阶级的经济地位。

人国”的重要性，“夫不能复封建之制，而欲（重氏族）藉士大夫之势以立其国”的思想受到了封建统治者的重视①。他们认为，在不改变国家体制、挑战政府统治的前提下，通过氏族复兴可以达到“藉士大夫之势以立国”的目的，因此乐于推动民间的宗法制复兴和宗族建设。宗法制的核心在于强调上下尊卑的等级秩序。这对于封建政府巩固政权是十分有利的。为了实现宗法制的复兴，明清政府对于宗法制进行了平民化改造，将平民也纳入宗法制的管理范畴，具体措施为放松民间修建宗祠的限制。在明代以前，修建宗祠是贵族的特权，民间祠堂的建立同礼法相违背。正如郑振满（1992）所述：“从南宋至明初，建祠活动尚未普及，祠堂的规制也不统一。明代前期的士绅阶层对建祠活动还颇有疑虑，长期为祠堂是否合于‘礼’而争论不休。”而自明代开始，政府在事实上默许甚至鼓励了平民建祠的行为，并在嘉靖年间承认了家庙形式祠堂的合法性（科大卫等，2000），出现了“品官家庙”的规定，允许祖先担任过品官的平民建立家庙式祠堂。在政府的支持下，明清时期民间盛行修祠之风，与之相伴的是轰轰烈烈的平民宗族化热潮。

明清政府对于民间修祠的默许，事实上是对建立平民宗族的鼓励②。明清政府借由平民宗族的建立，赋予士绅阶级进行基层治理的工具。根据不同的祖先和血缘关系，百姓可以被划分至不同的宗族。而士绅往往是宗族的首领，他们可以通过族规对其宗族内的百姓进行更加有效的管理。在以地缘为约束的乡里制之外，组建了另一重以血缘关系为约束的基层管理体制，形成了“保甲为经，宗族为纬”的基层治理结构。进一步的，为了鼓励民间宗族的建立，明清政府非常重视对于宗族财产进行保护。乾隆朝大清律例规定宗族义庄的建立应当记录在案，“朝廷著为令典，部司有案，志乘有文”③。对于捐资修建宗族义庄的百姓，则“由始事者具牍报县”，再由县开始逐层上报至天子，“天子乃饬部存案而为之嘉奖焉”④。政府对于宗族财产的认定主要通过颁布政府执贴，具体执行方式为，宗族向政府

① （明）顾炎武：《顾亭林诗文集》，中华书局2008年版，第108页。

② 共同的祖先是宗族的基本组织原则，祠堂作为追思、祭祀祖先的场所，是一个家族共同的精神寄托。围绕着一个个祠堂宗族才得以形成，明清时期平民祠堂的兴盛自然也导致平民宗族的大量出现。

③ （清）唐轲：《苏州唐氏家谱》卷6，民国十六年石印本。

④ （清）恽毓荣：《恽氏义庄缘起》，清光绪二十八年活字印本。

请求获得“免差保产”之帖，在义庄田契上加盖官印，对于义庄田产的数量、所有权等内容进行明确的记录。此外，清政府还给予义庄优免徭役的特权，更给出“义田如岁逢歉收，一概停捐”的税收减免①。在政府的支持保护下，明清时期宗族的规模及数量有了质的突破，形成了“今义庄遍天下”的局面②，为灾害时宗族赈济奠定了组织基础和物质保障。

尽管明清政府赋予士绅阶级基层治理的权力，但事实上对于士绅阶级并非完全信任。他们担心士绅阶级对于基层事务的介入会进一步增强他们对地方的控制权，进而会分割政府在地方的权力，威胁政府的统治（傅衣凌，1988）。为了防止这一现象的发生，明清政府积极推动对民众的教化，具体方式是“为庶人制礼”。这是“礼下庶人”变革的第二个主要内容。“为庶人制礼”的本质是为百姓量身打造一套属于平民的礼仪道德规范，通过建立封建政府认可的基层伦理更好地实现对于百姓的控制，保证政权稳定。正如黄仁宇（1982）所述，在传统的中国社会，仅靠严刑峻法难以为继国家对基层的统治，“其秘诀在于运用伦理道德的力量”，“一个人只要懂得忠孝大节，他就自然地会正直而守法”。

明朝初年，在乡村统治体系的设立中，政府已经致力于将民众纳入王朝的礼仪体系。洪武年间，朱元璋下令编纂了《大明集礼》，专门对于庶人的婚、丧、冠、祭之礼制定了切实可行的流程和标准③。随后在永乐年间，朝廷将《文公家礼》提升到前所未有的高度，“其地位仅次于朱子四书注”，“又定巡狩、经筵等制”（刘永华，2019）。清乾隆时期，政府编纂了《钦定大清通礼》，此书编纂的目的在于“萃集历代礼书，并本朝会典，将冠婚丧祭一切仪制，斟酌损益，汇成一书，务期明白简易，俾士民易守”④。具体看，“为庶人制礼”通过乡约、族规的制定而实现。一方面，乡约、族规是一种礼义教化工具，它们用通俗的语言对于儒家经典进行了平民化解读，重点在于向民众宣传忠、孝、仁、义思想，使其形成内化于心的道德力量。例如，在王阳明编纂的《南赣乡约》中，就融入了“圣训

① （清）唐轲：《苏州唐氏家谱》卷6，民国十六年石印本。

② （清）冯桂芬：《汪氏耕荫义庄记》，摘自沈云龙：《近代中国史料丛刊续编》（79辑），文海出版社1981年版，第691页。

③ 这些内容被详细记录在《大明集礼》卷24、卷28、卷37、卷39中，徐一等纂：《大明集礼》，文渊阁《四库全书》本。

④ （清）佚名：《钦定大清通礼》卷首，吉林出版集团2005年版，第2页。

六谕”的内容[1]。另一方面，乡约、族规是一种根据儒家思想进行世俗化和平民化后的日常行为规范，抑或是更加类似于一种非正式的法律制度。例如，明代黄佐所编纂的《泰泉乡礼》，就构建了一个以乡约为中心，详细规定乡校、社仓、保甲运行规范的理想样本[2]。民众需要严格按照乡约、族规行事，对于违反规定的行为宗族有权进行处罚。通过“为庶人制礼”，完成了儒家伦理在基层的平民化构建，以“孝”和“忠”为核心的儒家思想深入人心，成为在灾害赈济中引导人们从“自利”转向“利他”的精神力量，成为明清灾害治理机制的思想基础。

第三节　宗族和社区赈济的思想基础：“孝”的外推

由“礼下庶人”所建立的儒家基层伦理进一步推动了“孝”的传播，形成了第一重“外推”力量，构成了宗族和社区赈济的思想基础。事实上，出于巩固统治的需要，历朝历代都非常注重孝悌之义的推广，即是所谓的“教民亲爱，莫善于孝”[3]。明清时期，由于宗族是按照血缘关系结成的基层社会组织，强调血缘关系的“孝”无疑是支撑宗族体系运作的最为有力的道德武器，受到明清政府的大力推崇。

明清时期的“孝”思想得以成为宗族赈济的思想基础，主要源于这一时期对于“敬宗收族”概念的强化，“敬宗”代表对祖宗的尊重。在明清时期政府放松了对于民间建祠的限制后，各地宗族开始以朱熹所编纂的《家礼》为参考范本，要求族人定期对祖先进行祭祀，通过族规对于祭祀的时间、规模、流程等进行了严格的规定，宗族祠堂成为宗族成员聚集和交往的重要场所。一方面，定期的祭祀活动为族人提供了密切交往的机会，通过对于先人的频繁追思，强化了族人属于同一祖先的认同感，也增强了宗族成员之间互相扶助的责任感。另一方面，对于祖宗的祭祀是

① （明）王守仁：《南赣乡约》，杨一凡，刘笃才：《中国古代民间规约》（第一册），社会科学文献出版社 2017 年版。

② （明）黄佐：《泰泉乡礼》，杨一凡，刘笃才：《中国古代民间规约》（第一册），社会科学文献出版社 2017 年版。

③ 邢昺：《孝经注疏》卷 1，上海古籍出版社 2009 年版。

"孝"的体现，反映了儒家所宣传的"敬其所尊，爱其所亲，事死如事生，事亡如事存，孝之至也"[①] 的思想。通过追怀先人的祭祀活动，"尊祖敬宗，报本反始"的思想逐渐深入人心：人们希望通过宗族的扩张保证祖先血脉的延续和家族的兴盛，从而实现对祖宗的孝敬。为实现这一目标，明清时期宗族致力于将更多平民纳入其中，这就是所谓的"收族"之功（郑振满，1992）。除此之外，"收族"还意味着宗族具有保证所有成员生存和基本生活的义务，在平常年份，宗族应保障鳏寡孤独者的生活，对婚丧嫁娶进行补贴；而在灾荒来临时，宗族有义务对于贫困族人进行赈济，尽力保证所有成员的生存，正如宗族义庄的创始人范仲淹在创建范氏义庄时所述："则饥寒者吾安得不恤也。自祖宗来积德百余年，而始发于吾，得至大官，若安享富贵而不恤宗族，异日何以见祖宗于地下。"[②] 说明宗族义庄设立的根本目的就是为了实行对族人的救济。

在"敬宗收族"思想的影响下，明清宗族采取各种措施对于其成员进行帮扶救济，帮助他们在灾荒中渡过难关。每遇荒年，宗族往往会利用其义庄、义田的积谷，对灾民进行平粜和赈济。例如，庐江章氏规定，"每遇大祲之年，族中有贫乏不能自为存活者，十五岁以上男妇日给米一升，十五岁以下日给米三合。"[③] 宿松石氏则直接发放银钱周济支裔贫乏者，"以饔飧不继者为限，满十五岁为大丁，给制钱六百文，未满十五岁为小丁，给三百文"[④]。在积谷不足之时，一些宗族还会动用族中资产采买粮食，例如，道光二十二年（1842），"时吾吴米价格昂贵，特采买籼米三千余石，平价出粜，以冀流通"[⑤]。此外，一些宗族会根据灾情减少甚至免除族内贫困佃农的田租，"岁小欠，辄弛佃租"，遇大灾则全免本年田租，清代丰豫义庄自道光十三年（1837）后的十余年，"统计免收之数不下四五万石"[⑥]。郑氏则在灾后时疫继作时为族人"延医施药，全活甚众"[⑦]。总

① 陈晓芬、徐儒宗：《论语大学中庸》，中华书局 2015 年版。

② 李勇先、王蓉贵校点：《范仲淹全集》，四川大学出版社 2002 年版，第 802 页。

③ （清）章廷梁等：《章氏义庄志》，民国十四年重刻本。

④ （清）吴伯贵：《宿松县志》卷 11，道光八年刻本。

⑤ （清）潘曾沂：《丰豫庄本书》，南京农大农遗室藏本。

⑥ （清）冯桂芬：《显志堂稿》卷 7，沈云龙：《近代中国史料丛刊续编》（79 辑），文海出版社 1981 年影印本。

⑦ （明）王叔果，王应辰：《永嘉县志》卷 7，明嘉靖四十五年刊本。

体看，在“孝”的影响下，明清时期的宗族赈济十分兴旺。

然而，强调“敬宗收族”的“孝”思想本身只能解释宗族内部赈济活动的合理性，难以单独形成“外推”的力量。这也解释了明清之前的朝代尽管存在零散的宗族赈济，却无法形成较为系统的机制。明清时期的特殊性在于，在平民宗族化浪潮兴起后，越来越多的基层百姓被纳入宗族范畴，自然而然具备了接受宗族赈济的权利。这是一种“外推”的力量。除此之外，明清时期的“宗族”是一个外延很广的概念。郑振满（1992）认为，当宣称为同一祖先后人的一群人无论以何种形式组织起来，都可成为宗族组织。除真正通过血缘关系联结的继承氏宗族外，建立在内部的权力和从属关系基础上的依附式宗族，以及以共同利益联结的合同式宗族，在明清时期都属于宗族。许多从宗族组织中或依据宗族组织的原则，创建起来的具有民间救济功能的同乡会、同业公会、地方团练、秘密社团等，在明清时期也被纳入宗族范畴。尽管这些宗族的成员可能在事实上并不具有亲缘关系，但他们所属的团体同样按照宗族的模式运行，同样在灾害中对其成员具有赈济义务，这就进一步产生了“外推”动力。

除此之外，“孝”还构成了社区赈济的思想基础。社区赈济主要依赖邻近的地缘关系，而在传统的农耕社会，安土重迁的习俗决定了地缘关系具有“类血缘”属性，因此被定义为血缘关系的投影（费孝通，2015）。尤其是在明清时期的基层治理结构中，代表地缘的保甲和代表血缘的宗族相互重叠，很难明确区分血缘和地缘的关系。许多士绅既为宗族首领，又是社仓、义仓的管理者，而事实上义仓、社仓所覆盖的成员很多时候也属于同一宗族。因此，很多宗族在灾害中同样会对同村和邻近的姻亲，以及非宗族成员进行赈济。例如，清代无锡唐氏义庄的赈济对象“不限于一族一姓，由亲及疏，由近及远，上至祭享祖先，推至赒恤群生，皆取给焉”①。苏州归氏义庄“情既厚于周亲，惠更推于乡里”②。而社仓、义仓的组织运营原则也在很大程度上具有“类宗族”的亲缘属性。从这个角度看，地缘也可以被看作是血缘的扩展，进一步实现了仁爱之心的“外推”，从思想文化角度解释了明清社区赈济有效运行的原因。

---

① （清）孙雄：《无锡唐氏仁庄记》，《虞社》，1930年第161期。

② （清）归令望：《归氏族谱》卷8，清光绪十四年刻本。

第四节　官民合作赈济的思想基础："忠"的外推

如果说"孝"支配了在中型、小型灾害中的宗族和社区赈济，那么严重自然灾害的赈济依托血缘和地缘关系的"外推"力量是远不够的，这是由于在严重灾害的社会治理中，应赈者不仅是亲友邻里，更多是素昧平生的百姓。将仁爱之心无差别地推广到素不相识的普通灾民身上，需要更加强大的"利他"精神，即需要更强的"外推"力量。"礼下庶人"的变革对于"忠"的倡导，创造了力量更为强大的"外推"动力，也构成了最广泛的灾害社会治理层级——官民合作发挥作用的思想基础。

基于对基层社会治理模式中委托—代理问题的担忧，明清政府格外注重对百姓进行"忠"的教化。"礼下庶人"的变革对于"忠"的倡导的特殊之处在于，从百姓易于理解和认同的"孝"出发，进而提倡"移孝为忠"的转变。根据王建红等（2019）的研究，明清时期，基于尊宗敬宗所组织的宗族活动已经开始超越了血缘限制，将"私人领域的受惠恩情与公共领域的责任担当，均蕴含其中，并以之为'礼'，成为臧否人物、品鉴行止的最高道德标准"。事实上，家礼是"国家所以崇化导民之意"[①] 的礼义教化工具，具有很强的政治导向性，以服务于封建统治为根本目的。正如陶希圣认为的："要保存宗法与宗法相维系的封建势力，则无异于欲达孔子所欲达的目的：由宗法的途径达于君权或者官僚政府的目的。"这在客观上需要民众不仅孝敬亲长，更需忠于君王。在明清时期对于宗族为单位的基层教化中，非常注重由"孝"向"忠"的转化。宗族、社群、地方填补了"世家"崩塌后"身"和"天下"之间的巨大裂隙，实现了"敬祖爱宗"的"孝"外推至关注社会、国家利益的"忠"的转变。

从"移孝为忠"的概念看，从对祖宗的尊重、亲友的关怀，转化为对君王的忠诚和天下的责任感本身就是一种仁爱之心的"外推"。而落实到灾害治理中，内化于士绅心中的"忠"则成为更大规模灾害社会治理的思想基础。如前文所述，士绅在重大自然灾害治理中的助赈活动主要通过捐

① （宋）朱熹：《朱子全书》卷7，上海古籍出版社2002年版，第873页。

赈实现。与前代“纳粟补官”的政策以及具有卖官鬻爵性质的“捐纳”相比[①]，明清时期的劝赈政策更加注重道德奖励，即主要通过免除杂役、奖旌散官、敕旌义民等方式，对在赈灾过程中慷慨解囊、帮助政府进行赈灾的个人予以奖励表彰，其中以明代的“义民旌表”[②]为突出体现。即便是个人也可以通过捐输获得散官，但并不具有实际权力，更近似一种官方对于个人名誉和身份的认证（陈业新，2008）。明清时期这种倾向道德奖励的劝赈政策得以落实并发挥作用，同士绅在此时期所形成的“忠”思想是密不可分的。面对重大灾害，富民、士绅积极响应号召向政府捐输，固然有出于获得政府旌奖的目的，然而通过捐输获得的实际收益非常有限[③]。与获得功利性目的的奖励相比，士绅的助赈行为一方面基于对同乡百姓福祉以及家乡安定的关注，形成了“重利轻义”的道德观以及“达则兼济天下”的社会责任感，促使其“厚积而乐施”，积极投身助赈活动。正如明代《尉氏县志》和《新乡县志》都记载了大量个人助赈的义行，指明“夫富而不吝，礼所谓积而能散也，故施当其可之谓能，是故助国，义之忠也”[④]。在这种思想的指引下，“于饥馑相仍之际者，尚义者居多”[⑤]。另一方面，士绅的助赈行为基于其内心对于“忠”根深蒂固的信念。在漫长的封建时期，“忠”从根本上说意味着对于君王的忠诚，对于朝廷指令无条件的服从。对于士绅阶级而言，在灾害的赈济中，不仅能从帮助他人、扶助社会中获得精神的满足，更重要的是从效忠政府之中获得效用。因此，当士绅因积极助赈获得政府的旌奖，意味着其孜孜以求的“忠”获得了政府的官方认证。这是明清时期第三层灾害治理机制得以发挥作用的思想基础。

---

① 许大龄（1950）、赵晓华（2009）等人严格区分了捐输和捐纳的定义。这里采纳许大龄的总结：“捐纳与捐输，用语易混，严格言之，捐输系士民之报效，捐纳则系卖官之行为。”可以看出，捐输与捐纳相比，功利性较低，捐输者比较注重捐输钱谷的实际用途。而捐纳的目的在于卖官鬻爵，捐纳者在乎所捐钱谷能募得何种等级的官职，用途则非其考虑。因其目的并非为助赈，因此本文不将捐纳行为纳入研究范畴。

② “义民旌表”是在重大灾害治理中，政府设置旌格规定捐赠数量和旌奖标准，由地方官员劝谕富民捐赈，并对捐赠者按级颁发“旌表”奖励的政策。

③ 明清时期对于捐赈者的奖励只是一种道德的嘉奖，以捐输而获得的官职也只是有官阶、无实权、不领俸的“义官”（陈业新，2008）。

④ （明）曾嘉诰：《尉氏县志》卷5，天一阁藏明代方志选刊。

⑤ （明）李锦等：《新乡县志》卷5，天一阁藏明代方志选刊。

第五节 其他文化因素的外推影响

佛教、道教等宗教思想在民间的传播，加强了"礼下庶人"过程中"外推"的动力。明清时期，佛教、道教以及民间信仰已经实现了同儒家思想的融合，即所谓的"化儒学于宗教""融宗教于伦理"的思想趋势。与儒家文化所宣扬的"有差别的爱"不同的是，佛教、道教等宗教强调的是"无差别的爱"。因此，在"礼下庶人"的过程中，儒家思想进一步吸纳了佛教、道教有关"轮回""福报"等思想。这是对于本质强调亲疏有别的儒家伦理在"外推"过程中缺陷的一种弥补，更有利于突破对于扩大民间赈灾规模的思想文化限制。

发源于中国本土的道家思想提倡"善"的观念，并在长期发展演变中成为中国人思想的主干。正如吉冈义丰（1985）认为的："贯穿中国民众宗教思想的是'善'这个字。"《易经》有云："积善之家，必有余庆，积不善之家，必有余殃。"道家思想认为，只有行善才会获得福报，作恶则会招来厄运。这一观点在道教善书《太上感应篇》中有明确记载："太上曰，祸福无门，惟人自召。善恶之报，如影随形。"此外，道家认为善恶之行不仅将影响自身，更会波及子孙，"力行善反得恶者，是承负先人之过，流灾前后积来害此人也。其行恶反得善者，是先人积蓄大功，来流及此人也"①。可以看出，道教思想具有朴素的"福报"观念，修道之人必须行善事，立功德，在《抱朴子》中对于道教戒律进行了一系列的规定②，并为两宋以来广为流传的善书《太上感应篇》和《功过格》所继承。总体说，道教奠定了中国古代社会的"福报"观念，形成了一种内化于心的道德约束，建立了通过积德行善获得个人和家族"福报"的机制，引导人们关注他人和社会福利，积极投身到民间赈灾活动中。这显然构成了一种"利他主义"精神。然而，道教所建立的"善有善报"观念较为朴素，未能形成一套成熟的机制对于人们的善行进行衡量。

① 王明：《太平经合校》，中华书局 1960 年版，第 22 页。

② 详见《抱朴子》一书的《对俗》《微旨》。

佛教通过明确的教义和详细的伦理准则对于道教思想这个缺陷进行了弥补。一方面，佛教所宣传的“因果报应”思想同中国传统的“福报”思想不谋而合；另一方面，佛教提出了“五世轮回”的观念，提出个人的善恶言行不仅与今世相关，也关系到随后的五道轮回。从具体执行层面看，佛教对于信众的日常行为进行了详细的约束，例如，在《四十二章经》中，就详细列举了十善恶业，详细列举了各种善行和恶举将要得到的福报和惩罚。通过行善助人，人们一方面求得灵魂的安宁、社会的认可和自身的福报，这是所谓的“积阳德”；另一方面希望自己的善行福泽后世，祈求神明保佑子孙，即所谓的“积阴德”。佛教建立了一套较为成熟的约束信众的行为规范，不仅是一种以“利他主义”为核心的非正式的社会制度，更将来世的福利纳入人们的行为决策中，在事实上形成了一套“重复博弈”的道德约束机制。

在明清时期“礼下庶人”的过程中，儒家思想试图进行世俗化变革，因此大量吸纳了佛教、道教思想，在不断地冲突和融合中完成了“三教伦理的入世转型”（余英时，2003）。由于宗教在导人向善的方面同封建政府通过教化维护统治秩序的目标相一致，且儒家传统的“天命说”不足以对大多数民众形成道德激励，因此儒家思想在基层的传播中，对于宗教信仰表现出较为宽容的态度甚至予以吸纳，一些儒家学者赞同了佛教、道教在“扶助正道，启发良心”① 中的作用，明太祖朱元璋和成祖朱棣分别颁布了《三教论》《孝顺事实》《为善阴骘》，从官方角度肯定了儒释道的思想融合。佛教、道教思想的融入进一步扩展了明清时期灾害治理机制的文化基础。宗教通过建立共同的道德信念在团体内部形成凝聚人心的力量，这是一种非血缘的“黏合剂”。对于佛教和道教思想的吸纳，有利于进一步突破儒家文化“有差别的爱”所导致的桎梏，形成在灾害中建立更加广泛的风险分担团体，惠及更多的贫困灾民。落实到民间赈灾层面，在明清的民间赈灾实践中，士绅的慷慨解囊不无受到“善有善报”的影响，不乏基于阴骘之报在灾害中慷慨解囊的例子：正统时期，李积惠在贵池大灾中捐谷两千石，故“子孙多登第贵显”②。正德时期铜陵士绅袁泰在饥荒时慷慨解

① （宋）真德秀：《西山先生真文忠文集》卷 27，谷见：《儒藏》（精华编 241 册），北京大学出版社 2020 年版。

② （明）王崇：《池州府志》卷 7，明嘉靖二十四年刻本。

囊，“四十岁始生子，厥嗣以衍。乡论以为阴骘所致”①。基于导人向善的教义要求，佛教、道教思想的传播有助于鼓励士绅参与民间赈灾活动。吸纳了佛教、道教“轮回”“福报”思想的基层社会伦理，最终构成在民间赈灾中以“利他主义”为特色的思想文化基础。

第六节 模型构建与分析

本部分通过构建模型解释灾害治理社会机制得以在明清时期形成的思想文化动因，并探讨赈灾过程中的官民关系。具体看，该模型从以下几个方面对这个问题进行考察：根据不同的灾害规模，救济范围如何变化？对于民间筹集的救灾物资和资金数量将产生什么样的影响？捐赠者的个人福利又会有什么变动？需要注意的是，由于救荒的本质是一种特殊形式下资源和财富的再分配，即调动政府和个人财富的多余部分分配给因灾荒陷入危机的群体（万明，2005）。从经济学角度看，各项救灾措施得以发挥作用的关键是物资储备和资金筹措。因此，本书在此基础上进行了简化处理，不考虑政府在民间救灾中的影响和贫民的自救，将士绅、富民的捐赠作为资金、物资筹措的唯一来源，在此称他们为富人。

一、模型假设

在模型里，假设灾害的社会治理在一定的行政区域进行，参与主体为 m 个富人和 n 个穷人，富人 i 为民间救灾物资的主要捐赠者之一且不需要接受救济，n 个穷人为接受赈济的对象。社会上所有的富人都是同质的，穷人也是同质的。假设社会上所有人的财富外生，并由于其同质性具有共同的财富数量和效用函数，因此模型简化为以富人的个体微观模型，即富人基于自己的效用函数，选择赈灾的捐赠规模，募集到的财物越多，则抵抗的灾害规模越大。

① （嘉靖）《铜陵志》卷 7，天一阁藏明代方志选刊。

二、明清以前："内推"影响下的富人赈灾选择

首先，基于一个简单的假设框架对于富人 i 的效用函数进行刻画。假设富人 i 可动用的财富数量为 ω ，ω 为外生变量。富人 i 基于"利他主义"和"仁爱之心"，不仅关心自身的福利，也关注穷人的生存，因此对于财富 ω 进行分配时，富人 i 保留数量 x 的财富用于自己和家庭的消费，并产生 $u_i(x)$ 的效用。根据效用的边际递减规律，u 是一个严格单调上升、上凸且光滑的函数，即 $u' > 0$，$u'' < 0$，且 $u(0) = 0$。此外，富人 i 考虑拿出数量 θ 的财富用来赈灾（既包括对于宗族、义仓和社仓捐赠进行灾前备荒，也包括灾后的捐输），并假设富人 i 的捐赠被 n 个穷人平均分享，穷人 j 从富人 i 的捐助中可获得 $v_j(\theta/n)$ 的效用。由于穷人在灾害后饥寒交迫，边际效用非递减是一个合理的假设，v 是一个严格单调上升、非上凸且光滑的函数，即 $v' > 0$，$v'' \geqslant 0$，且 $v(0) = 0$。在对于他人的仁爱之心和对于社会的责任感影响下，通过捐赠使贫民得到温饱可以使富人获得满足，是一种由利他主义带来的效用；因此，此处所刻画的富人效用函数分为两个部分，一部分是由富人及其家人消费产生的效用；另一部分参照杨春学（2001）的设定引入利他参数，将由于捐赠使穷人获得的效用"折现"引入效用函数，即：

$$U_i = (1 - \xi)u_i(x) + \xi n v_j(\theta/n) \tag{4.1}$$

其中，$\xi \in [0,\ 1]$ ，ξ 表示利他参数，且富人对于贫民的福利越关心，ξ 取值越大。当 ξ 取最大值 1 时，表明富人 i 是个完全的利他主义者，其效用的获得取决于富人捐赠数量；当 ξ 取最小值 0 时，表明富人 i 是个完全的利己主义者，其效用的获得来自个人和家庭的消费。通常情况下，ξ 取值在 0~1，富人根据 ξ 对财富的自留和捐赠数额进行配置。假设富人效用函数两个部分的形式分别为 $u_i(x) = \sqrt{x}$ 和 $v_j(y) = y$ ，则富人 i 基本效用模型的最优化问题可以表示为：

$$\text{Max: } U_i = (1 - \xi)\sqrt{x} + \xi\theta \tag{4.2}$$

$$\text{s. t. } x + \theta = \omega\ ,\ \theta \leqslant c\eta_0\omega\ ,\ x \geqslant 0\ ,\ \theta \geqslant 0$$

此时，利他参数 ξ 为外生变量。第二个约束条件中的 c 代表灾害规模，

灾害越大则 c 取值越大，c 同样是外生变量；η_0 作为常数，表示富人 i 最大捐款占财富总额的比例；因此该约束条件表明灾害强度越大，则富人 i 愿意捐出财富的上限占总财富比例越大，而捐赠的财富 θ 不能大于该灾害强度下捐赠数量的上限。记值函数的最大值为 V，表示富人 i 的最大效用。

对于该问题求最优解 (x^*, θ^*)，$\theta^* = \min(c\eta_0\omega, \alpha)$ 即为最优捐赠数量。其中，$\alpha = \omega - (1-\xi)^2/4\xi^2$，为无约束条件下的最优捐赠数额。若 α 对利他参数 ξ 进行一阶求导，可得 $d\alpha/d\xi > 0$，即在无约束条件下，富人 i 的利他精神越强，用于赈灾的最优捐赠数额越大，此时富人 i 可达到的最大效用为 V，$V=(1-\xi)^2/4\xi + \xi\omega$。然而 θ^* 是否能够取到无约束条件下的最大值受灾害规模限制，当灾害规模较大，可使得 $c\eta_0\omega \geqslant \alpha$，此时富人 i 按照无约束条件下的最优数额捐赠；而当灾害规模较小，即便富人 i 具有较强的利他精神，也仅愿捐赠 $c\eta_0\omega$ 的数额。

在现有结论基础上，本书调整对基本效用模型中利他参数外生性假设，建立一个更具现实意义的扩展效用模型。由于人们天然会对血缘近的人产生更多关心，而在缺乏迁徙传统的中国古代，地缘远近在很大程度上可以代理血缘的远近程度。因此，参照伯格斯特罗姆和斯塔克（Bergstrom and Stark，1993）、埃谢尔等（Eshel et al.，1995）的结论，本书将利他参数假设为同地缘关系反向相关的内生变量，用 $\xi(r)$ 表示，其中，r 代表在穷人 j 所在地理位置到富人 i 的距离。即随着地缘的扩展，富人 i 对于他人关爱的程度越来越低。假设以富人 i 为中心，对于处在与富人 i 距离 r 的穷人 j，利他参数可表示为距离 r 的函数形式：

$$\xi(r) = \xi_0 e^{-r} \tag{4.3}$$

其中，ξ_0 为距离 0 时的初始值，且满足 $\xi_0 \in [0, 1]$。由于半径 $r > 0$，则 $\xi(r) \in [0, 1]$。在基本效用模型中，存在富人 i 捐赠的财富 θ 可以由 n 个穷人平均分享的假设。接下来，扩展效用模型对该条件进行约束。

首先，假设富人 i 仅能在以其为中心的半径为 s 的有限范围内进行赈济。即距离 s 是富人 i 的“仁爱之心”可以外推的最远边界，救济超过半径 s 覆盖范围的穷人不能给富人 i 带来效用。因此，仅在以富人 i 为中心、半径 s 距离内的穷人有资格得到富人的救助。对穷人 j 而言，由于可提供救助的富人可能不止一个，他们遵循一定的原则选择向哪个富人寻求帮助，因此穷人 j 实际向可提供救济的富人寻求帮助的概率是不同的。例如，有三个富人 A、B、C 均可向穷人 j 提供救济，穷人 j 分别以 50%、30%、20%的概率实际向 A、B、C 寻求帮助。换言之，富人 i 以一定的概率对 s 半径以内的穷人实行救助。根据式（4.1），富人 i 的最优化问题不仅同利他函数 $\xi(r)$ 有关，与实际得到救济的穷人数量也有关系。若赈济的最大半径范围为 s，则需要计算有资格从富人 i 处得到赈济的穷人数量。假设考虑人口在上述最大救济范围内均匀分布，将人口密度定义为常数 ρ。若穷人所在的位置距富人 i 所在位置的距离为 r，定义半径 r_1 和 r_2，令 $r_1 > r_2$ 且 $r_1 - r_2 < \varepsilon$，其中，$\varepsilon > 0$ 且无限趋近于 0。此时，半径 r_1 和 r_2 构成的环形区域人口数量为 $\rho\pi(r_1^2 - r_2^2)$，用微分形式可以表示为 $\rho\pi \mathrm{d}r^2$。因此，距离富人半径为 s 范围内，有资格接受富人 i 捐赠救助的穷人总数 $n(s)$ 为：

$$n(s) = \int_0^s 2\rho\pi r \mathrm{d}r \tag{4.4}$$

其次，在此基础上，进一步假设半径 r 范围内穷人到富人 i 处寻求救助的概率同距离 r 成反向关系。这一点容易理解：若穷人 j 可选择向 A、B、C 三个富人求助，那么其以较高的概率选择富人 A 是由于距离自己较近；距离较远的 C 尽管向穷人 j 开放，但由于距离远所导致的成本较高，穷人 j 会以较低概率选择。因此，在富人 i 提供救济的覆盖范围内，与富人 i 的距离越远，实际接受 i 赈济的概率越低的假设是合理的。若距离 r 处的穷人获得富人 i 救助的概率为 $p(r)$，并假设其服从正态分布，即 $p(r) = 1/\sqrt{2\pi}\sigma e^{-r^2/2\sigma^2}$。此时，富人最大救济半径为 s 时，富人 i 实际救济的穷人数量 $n(s)$ 可以通过积分得到：

$$n(s) = \int_0^s 2\rho\pi r p(r) \mathrm{d}r = \int_0^s 2\rho\pi r \frac{1}{\sqrt{2\pi}\sigma} e^{-\frac{r^2}{2\sigma^2}} \mathrm{d}r \tag{4.5}$$

接下来，分析富人 i 在此条件下赈济穷人的效用。富人在对距离其半径 r 的穷人 j 进行赈济，对富人产生效用为 $\xi(r) \cdot \theta/n(s)$，那么富人 i 对此距离内所有穷人进行救济，可获得效用的微分形式 $\mathrm{d}v_j(\theta, r)$ 为：

$$\mathrm{d}v_j(\theta, r) = \xi(r)\frac{\theta}{n(s)}\mathrm{d}n(r) = \xi(r)\frac{\theta}{n(s)}kr\frac{1}{\sqrt{2\pi}\sigma}e^{-\frac{r^2}{2\sigma^2}}\mathrm{d}r \tag{4.6}$$

其中，$k = 2\rho\pi$。通过对式（4.6）在救济的最大半径范围 s 内进行积分，获得富人 i 向半径 s 范围内的穷人捐款 θ 用于赈灾，所获得的总效用 $v_j(\theta, s)$ 为：

$$v_j(\theta, s) = \theta \cdot \frac{1}{n(s)}\int_0^s \xi(r)\, kr \frac{1}{\sqrt{2\pi}\sigma} e^{-\frac{r^2}{2\sigma^2}} dr \tag{4.7}$$

记 $v_j(\theta, s) = \theta \cdot F(s)$，则有：

$$F(s) = \frac{1}{n(s)}\int_0^s \xi(r)\, kr \frac{1}{\sqrt{2\pi}\sigma} e^{-\frac{r^2}{2\sigma^2}} dr \leqslant \frac{1}{n(s)}\int_0^s dn(r) = 1 \tag{4.8}$$

$F(s)$ 为考虑地缘距离影响因素后的有效利他函数，且 $F(s) \in [0, 1]$。在效用模型基础上，富人 i 的扩展效用模型的最优化问题可以表示为：

$$\text{Max: } U_i = [1 - F(s)]\sqrt{x} + F(s)\theta \tag{4.9}$$

$$\text{s. t. } x + \theta = \omega,\ \theta \leqslant c\eta_0\omega,\ x \geqslant 0,\ \theta \geqslant 0$$

此时，最优捐赠 $\theta^{**} = \min(c\eta_0\omega, \beta)$，其中，$\beta = \omega - [1 - F(s)]^2/4F(s)^2$。在基本效用模型的最优化问题中，由于利他参数外生，能否得到无约束条件下的最优解 α 受到灾害规模的限制。只有当灾害达到一定规模，最优捐赠量 θ^* 才能得到 α。在扩展效用模型中，无约束条件的最优解 β 是一个随距离 r 变动的函数，富人 i 只需调整最大赈济覆盖半径 s，使 $\beta = c\eta_0\omega$，则约束条件 $\theta \leqslant c\eta_0\omega$ 不再是一个紧约束，富人 i 的最优捐赠数额可以达到上限值 $c\eta_0\omega$，使得满足 $\theta^{**} = c\eta_0\omega = \omega - [1 - F(s)]^2/4F(s)^2$。在此条件下，进一步探讨富人 i 捐赠的财富数量 θ^{**} 同最大赈济覆盖半径 s 的关系，则根据链式求导法则，θ^{**} 对 s 求导为：

$$\frac{d\theta^{**}}{ds} = \frac{d\theta^{**}}{dF(s)}\frac{dF(s)}{ds} \tag{4.10}$$

$$\frac{d\theta^{**}}{dF(s)} = \frac{1 - F(s)}{2F(s)^3} \tag{4.11}$$

由于 $F(s) \in [0, 1]$，因此，$d\theta^{**}/dF(s) > 0$。同时，$dF(s)/ds < 0$（证明参见附录），所以 $d\theta^{**}/ds < 0$，即富人 i 选择的救助范围越大，则根据最优化捐赠的数量越少。图 4-1 展示了在仅有以“亲亲”为内涵的“孝”影响下的富人决策，换言之是“内推”影响下的富人决策：在较小灾害 c_1 发生时，富人选择 θ_1^{**} 的捐赠数额对距离为 s_1 的穷人进行赈济；当发生更大规模的灾害 c_2 时，富人选择 θ_2^{**} 的捐赠数额对距离为 s_2 的穷人进

行赈济。此时，$s_1 > s_2$，$\theta_1^{**} < \theta_2^{**}$。此结果符合明清之前由“自利”转向“利他”的“外推”力量尚未形成的民间赈济状况：在中国传统乡土社会，地缘远近在很大程度上可以表示血缘的亲疏。基于对于血缘相近者的亲近，富人更加重视和自己血缘关系相近者的利益，尤其在威胁更大的灾害来临时，这种延续血脉的本能变得更加明显。因此，当受灾越重时，富人越倾向于缩小赈济范围，即灾害大小从 c_1 增大为 c_2，使得救济范围从 s_1 缩小到 s_2。但由于灾害规模扩大，用于赈灾的捐赠数额也从 θ_1^{**} 增加至 θ_2^{**}。这说明缺乏“外推”力量的情况下，在灾害由小变大的过程中，富人越来越倾向于对血缘（地缘）关系近者提供救助。

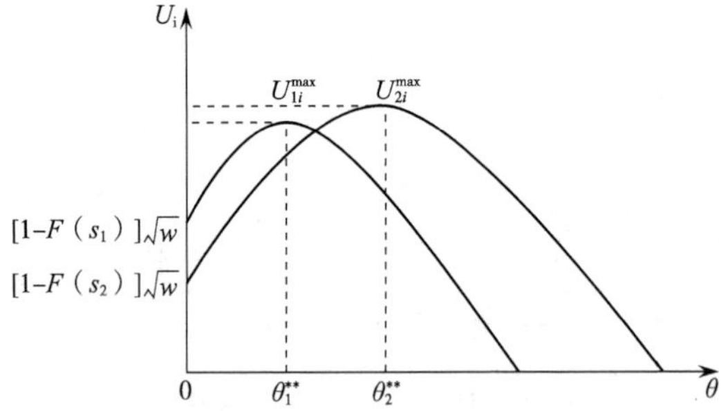

图 4-1 “内推”影响下的富人灾害赈济选择

由以上论述可以看出，在缺乏足够“利他主义”精神的社会中，随着灾害规模的扩大，富人将更少财富用于赈济更小范围的人群。这显然不符合形成一个得以自主运作的灾害治理机制的逻辑，即灾害规模大，则富人需要将仁义之心向外扩展，才能超越血缘关系实现更大规模的赈济。这就证明了笔者之前提到的结论：由于缺乏“外推”动力，灾害治理机制的形成不具备相应的思想文化条件。难以满足灾害规模越大、赈济范围越广的条件，当前扩展效用模型仅能支持在具有血缘关系的宗族内部进行赈济的合理性。

三、明清以后：“外推”影响下的富人赈灾选择

接下来，进一步分析明清以来的情况，将由“自利”转为“利他”

和“外推”力量的影响纳入利他函数的考虑范畴，验证明清时期灾害治理机制得以形成的合理性。回顾在明清之前，富人的最优捐赠数额为 $\theta^{**}=\min(c\eta_0\omega,\ \beta)$，上述分析已证明，$d\theta^{**}/ds<0$，即 s 越小，θ^{**} 越大，但最大不能超过 $c\eta_0\omega$，表明 s 存在最小值 s_{min}，本书定义为自然最小赈济半径。由效用扩展模型的分析可知，s_{min} 数值和灾害规模 c 呈反向关系，即灾害规模 c 越大，s_{min} 越小。明清以后，由于“礼下庶人”的变革，宗族大规模兴起，假定以每个富人为中心都建立了一个宗族，宗族覆盖的半径范围为 $\overline{s_{min}}$，出于“保宗收族”的目的，富人有义务对半径 $\overline{s_{min}}$ 范围之内的族人进行赈济。由于自然最小赈济半径 s_{min} 和灾害规模呈反比，难以确定其与 $\overline{s_{min}}$ 的大小关系。当 $s_{min}>\overline{s_{min}}$ 时，富人的决策不发生变化；而当 $s_{min}<\overline{s_{min}}$ 时，富人有义务向宗族内百姓提供赈济，迫使富人必须以不小于 $\overline{s_{min}}$ 的规模进行赈济。因此，明清时期，以宗族为标准，对富人基于“孝”所进行赈济规模的最小值进行了限制，体现了“礼下庶人”变革中“孝”文化的“外推”动力。

若进一步考虑“外推”因素，将扩展效用模型中的利他函数重新定义为 $\varphi(r)$：

$$\varphi(r)=\xi(r)+\mu(r) \tag{4.12}$$

此处限定 $\varphi(r)\in[0,\ 1]$。因此，利他函数 $\varphi(r)$ 由两部分组成，$\xi(r)=\xi_0 e^{-r}$ 为原有基于地缘距离影响的部分，$\mu(r)$ 为受到“忠”思想“外推”的部分，并定义为：

$$\mu(r)=\mu_0 e^{r/g} \tag{4.13}$$

其中，μ 代表富人受到政府旌奖的程度，μ_0 是距离 $r=0$ 时 μ 的初始值。可以看到，$\mu(r)$ 是救济范围 r 的增函数，政府能力 g 的减函数。这符合明清时期政府的劝赈政策：在大型灾害中，富人向更多贫民提供赈济，能够获得政府更大的旌奖力度。然而，当政府能力强盛时，政府不希望富人过多参与赈灾。富人基于“忠”影响，所获得的效用同受到旌奖的程度正相关。旌奖程度越高，意味着富人孜孜以求的“忠”越受政府认可，从而可获得更大的效用。根据式（4.7），富人 i 向半径 s 范围内的穷人捐款赈灾获得的总效用 $v_j(\theta,\ s)$ 可表示为：

$$v_j(\theta,\ s)=\frac{\theta}{n(s)}\int_0^s\varphi(r)\,kr\frac{1}{\sqrt{2\pi}\sigma}e^{-\frac{r^2}{2\sigma^2}}dr \tag{4.14}$$

同样的，记 $v_j(\theta, s) = H(s) \cdot \theta$，则由式（4.8）可知。进一步考虑“外推”影响因素后的有效利他函数同样满足 $H(s) \in [0, 1]$。因此，在加入“忠”的因素后，富人 i 的最优捐赠记为 $\theta^{***} = \min(c\eta_0\omega, \gamma)$。其中，$\gamma = \omega - [1 - H(s)]^2/4H(s)^2$。

由前述分析可知，$d\theta^{***}/ds$ 的正负表明富人做出最优捐赠 θ^{***} 的决策，是由“外推”还是“内推”因素驱动。根据式（4.10）和式（4.11）可知，由于 $H(s) \in [0, 1]$，则有 $d\theta^{**}/dF(s) > 0$。由链式求导法则可知，$d\theta^{***}/ds$ 的正负最终取决于 $dF(s)/ds$ 的正负。由附录 A1 对 $dF(s)/ds$ 的推导过程可以发现，利他函数 $\varphi(r)$ 的函数性质是判断该问题的关键。因此，对利他函数 $\varphi(r)$ 求一阶导和二阶导，可得：

$$\frac{d\varphi}{dr} = -\xi_0 e^{-r} + \mu_0/g \cdot e^{\frac{r}{g}} \tag{4.15}$$

$$\frac{d^2\varphi}{dr^2} = \xi_0 e^{-r} + \mu_0/g^2 \cdot e^{\frac{r}{g}} > 0 \tag{4.16}$$

由式（4.16）可知，$\varphi(r)$ 为下凸函数，随着 r 增大，φ 先减小后增大。

令 $d\varphi/dr = 0$，可得在距离为 $r = s^*$ 处，即：

$$s^* = \frac{g}{g+1}\ln\left(\frac{\xi_0 g}{\mu_0}\right) \tag{4.17}$$

φ 取得最小值 $\varphi_{\min}$。当 $s < s^*$ 时，$d\varphi/dr < 0$，$dF(s)/ds < 0$，从而有 $d\theta^{***}/ds < 0$，即当富人赈济距离 s 未超过 s^* 时，富人赈济的最优捐赠数额 θ^{***} 随着赈济距离 s 增大而减少，富人做出最优捐赠 θ^{***} 的决策由“内推”因素驱动；当 $s > s^*$ 时，$d\varphi/dr > 0$，$dF(s)/ds > 0$，从而有 $d\theta^{***}/ds > 0$，即当富人赈济距离 s 大于 s^* 时，富人赈济的最优捐赠数额 θ^{***} 随着赈济距离 s 增大而增大，在此条件下，富人做出最优捐赠 θ^{***} 的决策由“外推”因素驱动。图 4-2 展示了当 $s > s^*$ 时，形成“外推”动力之后富人的决策。

在较小灾害 c_1 发生时，富人选择 θ_1^{**} 的捐赠数额对距离为 s_1 的穷人进行赈济；当发生更大规模的灾害 c_2 时，富人选择 θ_2^{**} 的捐赠数额对距离为 s_2 的穷人进行赈济。此时，$s_1 < s_2$，$\theta_1^{**} < \theta_2^{**}$。即富人捐赠数额随灾害规模扩大而扩大，但救济范围也随之扩大，富人超越了血缘限制对于更大范围的灾民进行救济。

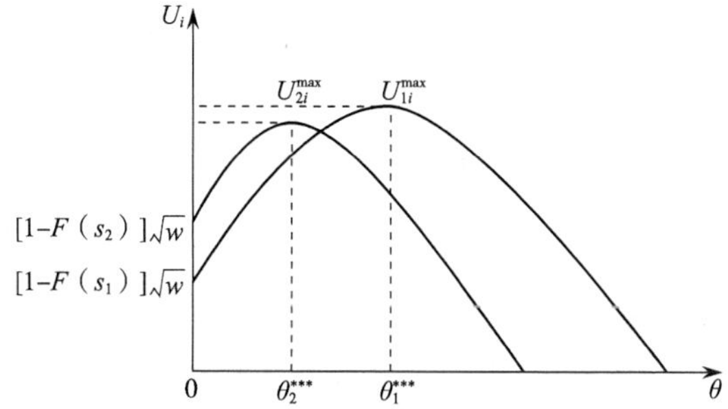

图 4-2 “外推”影响下的富人灾害赈济选择

当富人的利他函数 $\varphi(r)$ 增加了“忠”的影响后，是否能够最终实现“外推”作用，需要对富人赈济的最大半径 s 与 s^* 的关系做进一步讨论。由式（4.17）可知，s^* 是政府能力 g 的函数，s^* 对政府能力 g 求一阶导，可得：

$$\frac{ds^*}{dg} = \frac{1}{(1+g)^2}\ln\frac{\xi_0 g}{\mu_0} + \frac{1}{1+g} \tag{4.18}$$

因此

情况 1：当 $g \leqslant \mu_0/\xi_0$，由式（4.17）可知，$s^* < 0$，此时 $s > s^*$ 始终成立。即富人赈济的最优捐赠数额 θ^{***} 始终随着赈济范围 r 的增大而增大。这表示当政府能力很弱时，富人赈济的范围越广，捐赠的财物规模越大，满足“外推”因素驱动的情况。由于富人捐赠的最大数额受到 $c\eta_0\omega$ 的限制，富人赈济范围 s 具有最大值 s_{max}。

情况 2：当 $g > \mu_0/\xi_0$，$s^* > 0$，则 $ds^*/dg > 0$。特别的，如果 g 足够大，则此时根据式（4.17）可知，s^* 有一个非常大的值，使得 $s < s^*$ 始终成立。此时，富人赈济行为满足“内推”因素驱动的情况。这种情况表示，当政府能力非常强时，富人缺乏参与民间赈济的激励，赈济规模越大，富人的利他程度越低。因此，富人选择仅对宗族成员进行赈济，即赈济范围覆盖半径 s 为最小规模 $\overline{s_{min}}$。一般的，如果 g 没有足够大，使得 $s > s^*$ 成立，则与情况 1 类似，富人赈济行为满足“外推”因素驱动的情况，此时赈济半径具有最大值 s_{max}。如果 g 没有足够大，但使得 $s < s^*$ 成立，则表明政府能力依然相对强，富人相对缺乏参与民间赈济的激励。因此，富人赈济规模越大，富人的利他程度越低。同样的，富人倾向选择仅对宗族成员进行

赈济，即赈济范围覆盖半径 s 为最小规模 $\overline{s_{min}}$ 。

综上可以看出，政府能力越弱，即 g 越小，则富人实际赈济半径 s 越有可能大于 s^* ，富人赈济行为越有可能受“外推”因素影响，富人将在民间赈济中发挥越大的作用。政府能力越强，即 g 越大，则富人实际赈济半径 s 越有可能小于 s^* ，富人有更大的可能性选择独善其身，在民间赈济中发挥的作用越小。这符合本书此前有关官民力量此消彼长的论断。

在此笔者从思想文化角度对灾害治理体系中民间和政府的关系进行分析。“孝”文化的影响客观上促进了民间力量在基层治理上对政府的替代。受“尊祖敬宗，报本反始”思想的影响，士绅将维护祖宗血脉、壮大宗族力量作为自己的使命，在灾害中对族人进行赈济也就成为士绅阶级责无旁贷的责任。自然而然的，民众感念士绅的活命之恩，更加紧密地团结到士绅周边。因此“孝”的影响范围越大，以共同的血缘、相近的地缘作为“黏合剂”所聚集的团体人数越多，身处其中的成员不仅享有共同的经济、政治利益，还具有共同的信仰追求，形成了具有影响力的地方势力。因此，在“孝”影响下，士绅以“保宗收族”为目的进行的宗族、社区赈济活动客观上分割了封建政府对民众的控制权，在一定程度上替代了政府对于基层的统治。

“忠”思想的影响推动了民间力量成为政府的有力补充。尽管从客观上出现了赈灾过程中官民力量此消彼长的关系，但不能就此简单将民间力量定义为政府的替代①。士绅在赈济中慷慨解囊，固然有基于“保宗收族”和提高其在地方影响力的考虑。然而从另一方面说，士绅的助赈活动基于对皇帝的效忠和社会的责任也是不可磨灭的事实。在县域以下的地理范围内，士绅是具体主持赈务的主力军，如果没有士绅阶级参与，明清时期的灾害治理体系是不完整的。正是由于“忠”思想根植于士绅阶级的内心，才使得其作为政府的代理人，承担起管理基层赈务的义务。

笔者继续考虑佛教、道教思想所带来的影响。由于佛教、道教均强调无差别的爱，因此受到宗教思想的影响，富人的“仁爱之心”不仅会进一步增加，且不论被赈济者是否属于其宗族成员，救济程度都会得到均等的

① 事实上民间也不可能在赈灾中替代政府的主导地位，当王朝末期政府无力主导官赈，民间力量再强盛也只是微乎其微的。

提高。因此，笔者合理假设，在考虑宗教思想的影响后，利他函数 $\delta(r) = (1+\sigma)[\xi(r)+\mu(r)] = (1+\sigma)(\xi_0 e^{-r}+\mu_0 e^{r/g})$，其中 σ 为常数，表示宗教思想的影响程度。在考虑到佛教、道教思想的影响程度之后，上述分析过程并未改变，只是在原模型基础上，富人捐赠的数额、获得的效用等比例增加，说明宗教思想使得“外推”的动力进一步增强。综上，本书验证了明清时期灾害治理机制得以形成的思想文化基础。不论是扩展的“孝”“忠”，还是佛教、道教思想均可以将富人的“仁爱之心”外推，突破狭隘的血缘枷锁，这是明清灾害治理机制得以形成的根本文化动因。

四、进一步分析

为了强化以“忠”和“孝”为核心的道德伦理是明清时期灾害治理机制得以形成的文化基础的论断，笔者选择“有孝无忠”和“有忠无孝”的社会民间赈济状况进行对比。首先，选择魏晋南北朝分析仅有“孝”而无“忠”的影响。魏晋南北朝时期氏族门阀兴起，成为除皇权之外最为重要的政治力量。以庄园经济为基础，围绕氏族门阀形成了大量的宗族，成为中国历史上宗族鼎盛的时期之一。氏族门阀通过血缘纽带和宗法观念进行维系连接，是典型的以“孝”为文化基础的精英阶级。作为一种凝聚人心的精神力量，“孝”有助于维护宗族团结和稳定，保障世家大族的利益，因此被提到了道德的首位。与此同时，由于魏晋南北朝的政权更迭频繁，在皇权式微的背景下，贵族对于宗族的依赖远重于王朝，因此出现了“孝先于忠”的观念，可以简单将这个时期的道德基础概括为“有孝无忠”，或是“重孝轻忠”。在这个思想背景下，作为有能力进行民间赈济的阶级，士族门阀对于灾害赈济兴致寥寥，长期动乱的社会环境使得社会精英阶级形成了及时行乐的观念和奢靡的生活态度，比起关注百姓和天下的福祉，他们更加关注自身穷奢极欲的生活。根据李辉（2006）的研究，北朝精英阶层散发私产赈济灾民的事例并不多见。在“孝”文化的影响下，世家贵族将仅有的怜悯尽数投入对族人的庇佑中，《北史》《魏书》中均有一些氏族门阀在宗族内部平粜、糜粥、施药、收埋骸骨的赈灾举措，鲜有关于赈济宗族外贫民的记载。直到北魏孝文帝推动了提倡儒家文化复兴的改革之后，才出现了一些官员散发私产赈济灾民的事例，然而这类捐助往往规模较少，例如，《魏书》记载："延昌出，岁大饥，延明乃减家财，以拯宾客数十人，并赡其家。"① 魏晋南北朝时期的民间赈灾事业如此低迷，同该时期精英阶层"重孝轻忠"的思想有很大关系。因此，民间灾害治理机制得以形成，必须具备将仁爱之心推广到更多贫民的"外推"动力。这从思想文化角度解释了明清民间赈济兴盛的原因。

本书继续对比"有忠无孝"的情形，中世纪西欧的民间灾害赈济大致可以类比这样的情形。根据费孝通（1948）的观点，中国乡土社会的几层结构是一种同心圆式的"差序格局"，西方社会则是以团体为明确界限的"团体格局"。以"亲亲"为核心的"差序格局"讲究血缘的亲疏，而"团体格局"则讲究对属于同一团体的成员给予无差异的关怀。建立在"团体格局"基础上的中世纪欧洲社会，其民间的灾害赈济主要依靠同一团体成员间的同舟共济，具体的办法为建立防范风险的共同基金。例如，基督教会作为民间赈济的核心力量，其赈灾所使用的善款主要来源为信徒日常的捐赠（刘城，1996；杨昌栋，2000）。再比如，中世纪欧洲的行会也是进行灾害救济的重要力量。大多数行会在新会员加入时都会要求会员缴纳一定的救济金，形成公共基金，在灾害发生时利用公共基金对行会成员进行救济（克鲁泡特金，1963；金志霖，1996）。西欧社会采用这种民间赈济方式的原因在于，与建立在熟人之间的重复博弈基础上的小家庭管理不同，行会和基督教会是大规模组织，以陌生人之间的一次性博弈为基础。

为了加强对成员的约束，他们一方面通过形成共同的精神信仰突破对于血缘的限制。例如，基督教宣传博爱和慈善思想，可以同"忠"的思想类比。此外，通过宣传"轮回"思想，基督教可以将一次性博弈变为重复博弈，从而对成员形成道德约束（周建波等，2018）。另一方面，必须具有约束力的正式制度对身处其中的每个成员进行约束，用"规则"而非"人情"维系组织的运行，建立公共基金就是这样一种模式。这是现代保险制度最初的雏形（金志霖，1996）。直到现代，西方的灾害治理仍然对巨灾保险有一定的依赖度（Priest，1996）。因此，在强调博爱而非血缘的文化背景下，更容易形成契约化的灾害治理机制。可以合理推测，假使明

① （北齐）魏收：《魏书》卷 20，中华书局 1997 年版。

清社会“有忠无孝”，依赖血缘、地缘的灾害治理机制也无从形成。综上，在“有忠无孝”和“有孝无忠”的社会均缺乏形成民间灾害治理机制的文化基础，正是明清时期“礼下庶人”的变革推动了“孝”和“忠”思想的传播，并进一步吸收了佛教、道教的博爱思想，才为这一时期灾害治理机制的形成打下了文化基础。

第七节　小　结

上一章，对于民间灾害治理机制的组织结构和运行方式进行了讨论，构建了宗族赈济-社区赈济-官民合作赈济的三层灾害治理结构。本章从思想文化角度出发，探讨明清时期灾害治理机制的文化动因，回答为什么系统的灾害治理机制在明清时期才得以形成的问题。解决这个问题的核心在于解释如何在赈灾中形成由“自利之心”转变为“利他之心”的“外推”力量：只有将“仁爱之心”最大程度地推己及人，才能建立广泛的风险共担团体，实现较大规模的民间赈济。经过研究发现，由政府倡导、士绅努力进行的“礼下庶人”变革，构建了明清基层社会的伦理道德，构成了在民间赈灾中凝聚人心的精神力量。“礼下庶人”的变革推动了“孝”文化的传播。基于“敬宗收族”思想的影响，士绅阶级有义务在灾害中对贫困的族人进行赈济。而在这个时期，宗族的数量和规模急剧扩张，使得在宗族外延下所覆盖的享受赈济的人群数量急剧增长，形成了第一层“外推”力量。“礼下庶人”变革还推动了“移孝为忠”的思想转变，形成了突破血缘桎梏的思想力量，使得灾害的赈济规模扩展到更大的人群，“外推”力量进一步加强。此外，佛教、道教思想同儒家伦理的融合将“有差别的爱”扩展为“无差别的爱”，也是一种“外推”的力量。通过构建经济学模型，从赈灾筹集的资金规模、覆盖的人群范围以及福利状况角度，分析了明清时期灾害治理机制形成的文化动因，验证了其形成的合理性。

需要注意的是，尽管明清时期的民间赈灾力量如此强盛，但并不意味着民间力量能够替代政府履行主导赈灾的职能。事实上，民间赈济能够发挥作用仅限于政府仍具有主导赈灾的能力之时，在政府力量薄弱的王朝末期，民赈难以取代官赈对于大范围的灾害进行彻底的赈济，也是明清王朝覆灭的重要原因。正如郝煜（2016）所说，在清代末期国家财政能力和公共品提供衰微的背景下，“虽然地方精英在国家缺位的情况下，承担了一部分公共服务职能，但对于需要跨地区外部性较强、需要地区间协调的公共品提供，则杯水车薪”。李文海（1994）也认为，面对入不敷出、库储如洗的财政状况，清政府无暇顾及挣扎在死亡线上的千百万普通老百姓。这是民间力量无法填补的鸿沟。明清时期灾害治理机制研究的启发在于，自然灾害的赈济必须发挥政府的主导作用，并更好地调动民间力量参与其中。

附录

扩展效用模型中的有效利他函数：

$$F(s)=\frac{1}{n(s)}\int_{0}^{s}\xi(r)\,kr\,\frac{1}{\sqrt{2\pi}\,\sigma}e^{-\frac{r^{2}}{2\sigma^{2}}}\mathrm{d}r$$

其中，

$$n(s)=\int_{0}^{s}kr\,\frac{1}{\sqrt{2\pi}\,\sigma}e^{-\frac{r^{2}}{2\sigma^{2}}}\mathrm{d}r$$

对 $F(s)$ 求导，可得：

$$\frac{\mathrm{d}F(s)}{\mathrm{d}s}=\frac{1}{n(s)^{2}}\cdot\left[\xi(s)\,ks\,\frac{1}{\sqrt{2\pi}\,\sigma}e^{-\frac{s^{2}}{2\sigma^{2}}}\cdot n(s)-\left(ks\,\frac{1}{\sqrt{2\pi}\,\sigma}e^{-\frac{s^{2}}{2\sigma^{2}}}\right)\cdot\int_{0}^{s}\xi(r)\,kr\,\frac{1}{\sqrt{2\pi}\,\sigma}e^{-\frac{r^{2}}{2\sigma^{2}}}\mathrm{d}r\right]$$

记

$$f(s)=\xi(s)\,ks\,\frac{1}{\sqrt{2\pi}\,\sigma}e^{-\frac{s^{2}}{2\sigma^{2}}}\cdot n(s)-\left(ks\,\frac{1}{\sqrt{2\pi}\,\sigma}e^{-\frac{s^{2}}{2\sigma^{2}}}\right)\cdot\int_{0}^{s}\xi(r)\,kr\,\frac{1}{\sqrt{2\pi}\,\sigma}e^{-\frac{r^{2}}{2\sigma^{2}}}\mathrm{d}r$$

则

$$\begin{aligned}f(s)&\leqslant\left(ks\,\frac{1}{\sqrt{2\pi}\,\sigma}e^{-\frac{s^{2}}{2\sigma^{2}}}\right)\left[\int_{0}^{s}\xi(s)\,kr\,\frac{1}{\sqrt{2\pi}\,\sigma}e^{-\frac{r^{2}}{2\sigma^{2}}}\mathrm{d}r-\int_{0}^{s}\xi(r)\,kr\,\frac{1}{\sqrt{2\pi}\,\sigma}e^{-\frac{r^{2}}{2\sigma^{2}}}\mathrm{d}r\right]\\&=\left(ks\,\frac{1}{\sqrt{2\pi}\,\sigma}e^{-\frac{s^{2}}{2\sigma^{2}}}\right)\left\{\int_{0}^{s}[\xi(s)-\xi(r)]\,kr\,\frac{1}{\sqrt{2\pi}\,\sigma}e^{-\frac{r^{2}}{2\sigma^{2}}}\mathrm{d}r\right\}\end{aligned}$$

由扩展效用模型可知，$r \leqslant s$，且利他函数 $\xi(r) = \xi_0 e^{-r}$ 是关于 r 的递减函数，故存在 $\xi(s) \leqslant \xi(r)$，则有 $f(s) \leqslant 0$。由于 $n(s)^2 > 0$，可知：

$$\frac{dF(s)}{ds} = \frac{f(s)}{n(s)^2} \leqslant 0$$

第五章　儒家文化对于灾害治理机制有效性的实证分析

在之前的章节，笔者完成了对明清时期灾害治理机制组织结构的介绍，对其运行方式和效率优势进行了分析，并利用经济学理论模型分析了儒家文化如何构成了明清灾害治理机制的思想根源。由于现存的历史资料对于历次自然灾害的受灾程度、受灾人数、赈济规模、赈济方式和赈济效果等，都缺乏精确可靠的记载，受历史数据的限制，笔者无法直接对儒家文化构成明清灾害治理机制思想根源的结论进行实证检验。退而求其次，笔者利用2019年台风“利奇马”登陆的外生冲击，对儒家文化有利于实现自然灾害治理机制的结论进行实证检验。

第一节　数据介绍、变量构建与描述统计

在实证检验中，笔者主要使用了美国国家航空航天局（NASA）发布的搭载于VNP46A1产品的日度夜光数据、中国气象局热带气旋资料中心的台风历史数据、中国研究数据服务平台（CNRDS）公布的儒家文化数据、国家气象科学数据中心（CMA）公布的日度气象数据，以及北京大学中国社会调查中心发布的中国家庭追踪调查（CFPS）数据。下面对上述数据进行介绍，并对变量构建进行详细阐述。

一、数据介绍

（一）日度夜光数据

笔者使用的日度层面的夜光数据，是美国国家航空航天局提供的夜间

灯光数据①。数据的采集搭载于苏美国家极地轨道合作伙伴（SNPP）和联合基地卫星系统（JPSS）共同搭建的卫星平台，利用可见光红外成像辐射机组（VIIRS）上的昼夜带传感器（DNS），提供全球每日的夜间可见光和近红外光数据。数据的优势在于，相较于此前普遍使用的国防气象卫星计划（DMSP）提供的夜间灯光图像，VIIRS 在传感器分辨率和校准方面有了显著改善，能够更好地检测夜间现象的强度和特征，因而数据的准确性和精度都有了很大改善。笔者使用的 VIIRS 数据，利用了美国国家航空航天局在 2012 年开始提供的 VNP46/VJ146 系列产品，数据空间分辨率为 15 弧秒（约为 500m），数据跨度为 2012 年 1 月 1 日至今。VNP46/VJ146 系列产品以日度为单位定期提取数据，并在获取数据后 3~5 小时内公开发布当日数据，这个产品为本书使用的日度夜光数据（NTL）提供了可能。该数据是迄今为止可获得的口径最精细、监测频率最高、数据质量最有保障的夜间灯光数据。

由于原始数据为 15 弧秒×15 弧秒（约 0.5km×0.5km）的栅格数据，为获取研究所需的地级市层面日度夜光数据，笔者对原始数据进行了如下处理：根据 2019 年中国地级行政区划的边界进行分割，对于每个地级行政区划所属范围内的栅格进行加总平均，从而获得地级市层面的日度夜光数据。具体的夜光数据处理方法和使用的工具见本章附录。

尽管利用夜光数据作为经济状况度量指标的方法在经济学研究中已经得到了广泛的应用，但绝大多数文献利用月度甚至年度夜光数据进行测度（Chen and Nordhaus，2011；Henderson et al.，2012；Bennett and Smith，2017）。至目前为止，尚未有已经发表的经济学文献使用全国的日度夜光数据进行研究。这是本书在数据上的创新。基于处理完成的数据，笔者进行了基本的描述性统计分析，以保证数据质量的稳定可靠。首先利用 2012—2019 年的日度夜光数据，分析了全国和代表性省份夜光数据的年度变化趋势，见图 5-1。

从图 5-1 可以看出，整体上说，2012—2019 年，夜光数据均呈现随年份逐渐上升的趋势，这一点同这一时间段中国经济持续增长的总体走势相

① https：//developers. google. com/earth/engine/datasets/catalog/NOAA_ VIIRS_ 001_ VNP46A1#description。

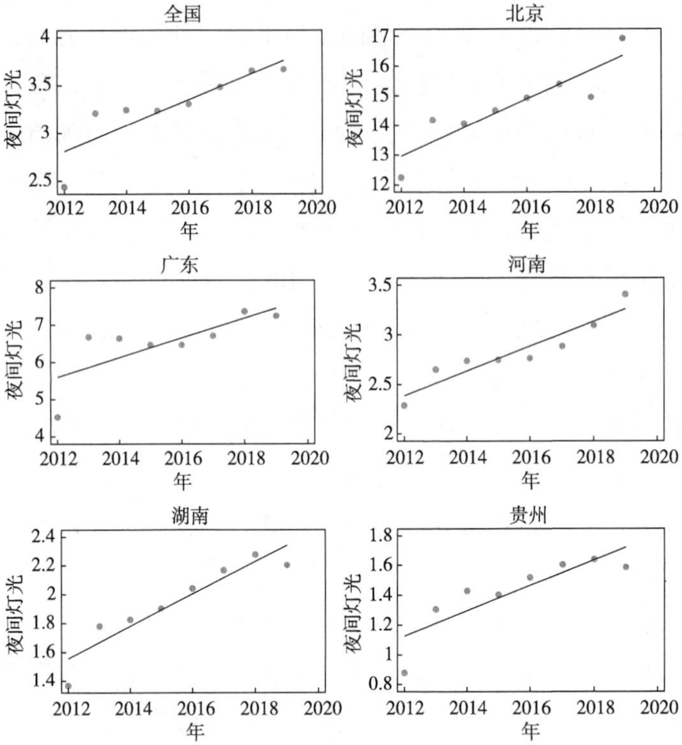

图 5-1　代表性省份夜间灯光（VIIRS）的年度趋势

资料来源：美国国家航空航天局。

一致。笔者根据经济发展状况，选择了直辖市北京市，经济发展状况较好的广东省，经济发展状况居中的河南省、湖南省，以及经济发展较为落后的贵州省作为代表性样本，分别刻画了这些省份夜光数值的年度变动。具体说，北京市历年的夜光数值均在 12 瓦特/（$cm^2 \times sr$）以上，并呈现逐步上升的趋势。相比而言，整体经济发展状况较好的广东省在 2012—2019 年维持了约 7 瓦特/（$cm^2 \times sr$）的夜光均值并呈现稳步上升的趋势。对于经济发展水平居中的河南省，平均夜光值约为 3 瓦特/（$cm^2 \times sr$），湖南省约为 2 瓦特/（$cm^2 \times sr$），贵州省约为 1.5 瓦特/（$cm^2 \times sr$），并且都呈现上升趋势。总体说，各省的夜光数据表现出和其经济增长相一致的纵向趋势，也符合各省经济发展水平的横向比较，从一定程度上可以验证处理后的夜光数据的准确性。

从季节性看，VIIRS 卫星夜光数据表现出非常强的季节波动性。从图 5-2 可以看出，不论是全国数据还是分省数据，夜光数据都在秋冬季节（11—12 月）达到峰值，于春季到达低谷，自低谷至高峰呈现先上升、后下降、再上升的趋势。尽管经济生产活动会在一定程度上受到季节影响，然而图 5-2 显示出波动的剧烈程度远超出正常经济生产活动产生的影响范畴。考虑到 VIIRS 是弱光数据，有理由推断夜光数据的季节性波动受到气象条件的变化影响。尽管笔者使用的原始数据已经利用所有高质量、无云，经过大气、地形、植被、雪、月光和杂散光校正的辐射数据，估计每日夜间灯光及其他表面光学特性，仍然完全难以排除气象因素对于原始夜光数据的影响，构成了使用日度夜光数据的一个难点——消除 VIIRS 数据所受的气象因素扰动需要匹配日度层面的气象数据，这一数据的获取也较为困难。这是除日度数据处理工作任务量大、处理困难外，现有经济学研究不适用日度数据的另一个原因。

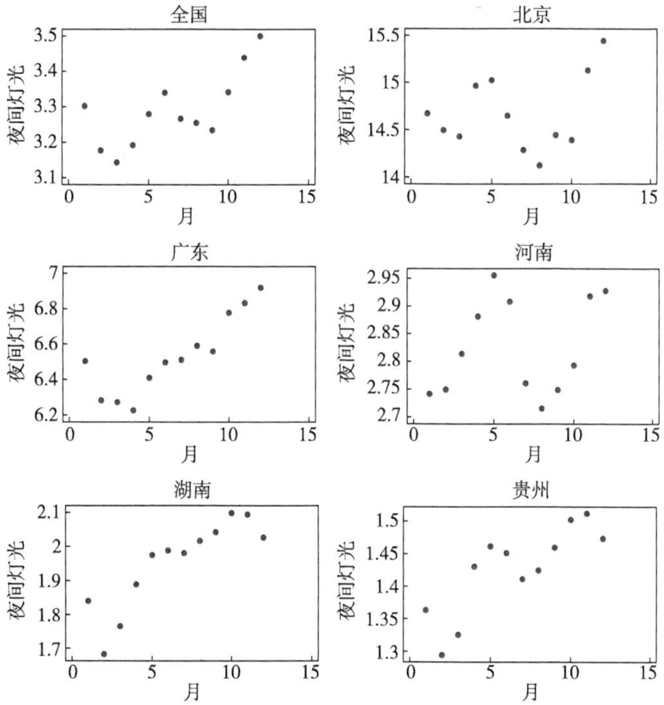

图 5-2　代表性省份夜间灯光（VIIRS）的季节趋势

资料来源：美国国家航空航天局。

为了印证这个结论，笔者进一步对于 IIRS 夜光数据与不同气象变量的关系进行简单的线性拟合（见图 5-3）。笔者分别选择了地级市日度地表平均温度、日度平均气压、日度累计降水、日度平均相对湿度、日度平均气温和日度平均风速，发现 VIIRS 夜光数据的数值与这些气象变量之间均存在显著的正向相关关系，证实在实证回归中，应当充分考虑气象变量的影响，尤其考虑 VIIRS 夜光数据的弱光属性。

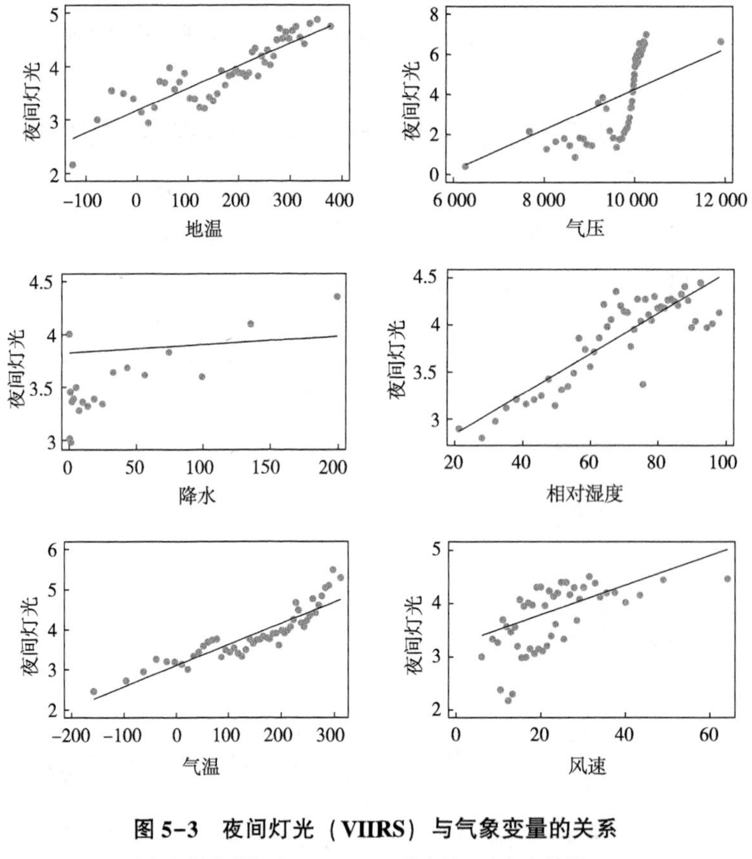

图 5-3　夜间灯光（VIIRS）与气象变量的关系

资料来源：国家气象科学数据中心（CMA）公布的日度气象数据。

（二）台风数据和台风冲击的选取

本书使用的台风数据来自中国气象局热带气旋资料中心的台风历史记

录[1]。受 VIIRS 夜光数据 2012—2019 年的限制[2]，笔者对该时间段登陆中国的台风进行了梳理，最终选择了 2019 年的台风利奇马作为研究对象，选择原因如下。

中国具有漫长的海岸线，是世界上遭受台风影响最为深重的国家之一。根据石先武等（2015）的统计，中国的台风季大约在 5—12 月，每年平均有 8 个左右不同等级的台风登陆。台风所造成的主要影响在于，台风往往伴随着强降雨，会对遭受台风影响的沿海城市和内陆平原造成暴雨、洪涝灾害，并在山区引发滑坡、泥石流等地质灾害（崔鹏，2014）。此外，台风所带来的强烈风暴潮和海浪也常导致沿海城市遭受内涝（张鹏等，2024）。如此高频率的台风对于本书灾害冲击选择的影响主要在于，由于台风频发，常出现两次台风在时空范围上的交叠，难以实现对其二者影响的剥离。即便在时空上并未重叠，两次台风的间隔也较为接近，尚未清晰度量上一次台风的经济影响是否已经衰退，下一次台风就已经登陆，使得台风的“进入”和“退出”时间难以确定。针对这个问题，笔者在台风冲击的选择上确定了两个原则，第一是选择热带气旋等级强度高的台风，此类台风影响范围广、破坏性大，有利于识别对于短期经济破坏的影响。具体说，在强度达到台风级（风速 32.7～41.4m/s，蒲福风级 12～13 级）以上的台风中进行选择[3]。第二是选择与其他台风时间间隔尽量远的台风，以避免相近时期台风对于识别的干扰。根据这两个原则，笔者对 2012—2019 年所有强度达到台风及以上的热带气旋的“进入”和“退出”时间进行了统计。

2019 年之前，等级在“台风”以上的热带气旋都具有时间分布密集、频繁交叠的特征。例如，2016 年 7 月登陆的台风“莎莉嘉”，是当年第一次达到“台风”等级的热带气旋，因此不存在前置冲击所导致的“进入”

---

① 该数据来源可参考中国气象局热带气旋中心网址 https://tcdata.typhoon.org.cn/zjljsjj.html。

② 笔者的研究时间段限于 2012—2019 年，这是由于如下原因：VIIRS 每日夜光数据最早在 2012 年 1 月 1 日发布，此前该数据不可得。笔者不考虑 2019 年之后是由于 2020 年开始遭受新冠疫情的冲击，经济发展状况受疫情风控等政策影响较大，因此笔者将筛选的时间控制在 2012—2019 年。

③ 根据《热带气旋等级》国家标准（GB/T 19201—2006），热带气旋登陆时刻的强度可以分为以下等级：热带气压（风速 10.8～17.1 m/s，蒲福风级 6～7 级）；热带风暴（风速 17.2～24.4 m/s，蒲福风级 8～9 级）；强热带风暴（风速 24.5～32.6 m/s，蒲福风级 10～11 级）；台风（风速 32.7～41.4 m/s，蒲福风级 12～13 级）；强台风（风速 41.5～50.9 m/s，蒲福风级 14～15 级）；超强台风（风速 51.0 m/s，蒲福风级 16 级）。

时间无法识别的问题，且由于下一次高等级热带气旋超强台风“尼伯特”出现在两个月之后，也在一定程度上避免了“退出”问题，然而“莎莉嘉”本身的强度太低，对于经济所产生的影响有限。再如，2015 年 9 月 23 日登陆的台风“杜鹃”，尽管在登陆时就已经达到了“强台风”级别，且距上一次台风“苏迪罗”具有近两个月的间隔，但却在时间和空间上同下一次超强台风“彩虹”产生了严重交叠，同样不利于识别台风对于经济所造成的影响。综上考虑，笔者选择了 2019 年 8 月登陆的台风“利奇马”，它既是 2019 年影响最大的超强台风，且由于热带气旋登陆总体在 2019 年次数较少，所以不存在前后台风对于估计结果的扰动，使得“利奇马”的登陆为本书提供了一个可靠的外生冲击。

“利奇马”是 1949 年以来威力强的台风之一，仅次于 2006 年登陆的 0608 号台风“桑美”和 1956 年登陆的 5612 号台风“温黛”，具有登陆强度强、陆上滞留时间长、风雨强度大、北上影响范围广、灾情重的特点（中国气象局，2021）。据应急管理部统计，“截至 2019 年 8 月 13 日，‘利奇马’共造成 1 402.4 万人受灾，56 人死亡，14 人失踪，1.5 万间房屋倒塌，农作物受灾面积 113.7 万公顷，其中绝收面积 9.35 万公顷，直接经济损失 515.3 亿元”。正是考虑到台风“利奇马”的影响范围之广、影响程度之深，以及前后台风间隔时间长。笔者最终选择“利奇马”为研究对象。

在选取适合代理自然灾害的外生冲击“利奇马”之后，笔者对台风数据进行了处理，重点在于刻画台风登陆的路径、受台风影响的城市、受台风影响的日期。“利奇马”台风的数据集提供了 1949 年以来西北太平洋海域（含南海，赤道以北，东经 180°以西）热带气旋每 6 小时的位置和强度，按年份分别放置于单独的文本文件中。笔者使用的 2019 年数据，对于登陆我国的台风，在其登陆前 24 小时及在我国陆地活动期间，最佳路径时间频次加密为每 3 小时一次。这是目前对台风登陆路径记录最为详细、权威的数据，为笔者确定受台风影响城市及其影响日期的变量构建提供了充分条件，具体的构建方式详见后文变量构建部分内容。

（三）儒家文化数据

为了度量每个地级市受儒家文化的影响程度，笔者选择了明清时期的进士数量，以及现存书院的数量。这些数据都来自中国研究数据服务平台（CNRDS）[①]。中国研究数据服务平台是一个高质量、开放式、平台化的中国经济、金融与商学研究的综合数据平台，其与国内外学术界、实务界知名教授学者合作开发，基于中国问题推出了一系列特色数据库，提供了市场尚无或者获取难度较大的特色研究数据。其所发布的儒家文化相关数据主要来自现有资料的收集整理。具体说，明清进士数据来源于《明代登科总录》《清朝进士题名录（全三册）》《明清进士题名碑录索引》，书院数量数据来源于《中国书院词典》。基于原始资料，中国研究数据服务平台提供了将进士以及书院数量统计加总至地级市层面的资料，被广泛应用于儒家文化影响程度的测度指标（古志辉，2015；Chen et al.，2020）。

（四）日度气象数据

本书使用的日度气象数据来自国家气象科学数据中心[②]。国家气象科学数据中心基于800余个地面气象观测站所监测的实时数据，发布1952年至今的近地面气象观测资料，每日滚动更新，具体监测内容包括气温、气压、湿度、风速、降水等，其口径为逐3小时测量，以站点为单位发布。气象站点数据是现有最准确地测量近地面气象状况的数据来源，其实时数据经过严格的质量控制，各要素数据的实有率超过99.9%，数据正确率接近100%，有效避免了匹配过程中由于气象控制变量缺失所导致的数据损失问题。笔者在原始数据的基础上，删除了缺失和异常观测之后，对于各气象监测站隶属的地级市信息进行匹配，对于属于同一地级市域范围内的站点观测值进行了简单平均，并将3小时观测合并为日度观测。

（五）机制变量数据

由于在宏观层面难以对儒家文化如何影响灾害治理的效果进行机制检验，本书采用2018年中国家庭追踪调查（CFPS）相关数据进行机制检验。中国家庭追踪调查是北京大学中国社会科学调查中心（ISSS）组织进行的追踪调查数据，旨在通过对个体、家庭、社区三个层面数据的收集和追

① 本研究所用儒家文化相关变量来源于中国研究数据服务平台（CNRDS）。

② http：//data. cma. cn/dataService/cdcindex/datacode/A. 0012. 0001/show_ value/normal. html。

踪，反映中国在经济、社会、人口、福利等方面的变迁。根据中国社会调查中心的介绍，中国家庭追踪调查重点关注中国居民的经济与非经济福利，以及包括经济活动、教育成果、家庭关系与家庭动态、人口迁移、健康等在内的诸多研究主题，是一项全国性、大规模、多学科的社会跟踪调查项目。2010 年，中国家庭追踪调查开始正式在 25 个省（自治区、直辖市）开展抽样调查，并经 2010 年基线调查界定出来的所有基线家庭成员以及其子女作为基因成员，进行每两年一次的追踪调查。笔者选择 2018 年的中国家庭追踪调查数据进行机制分析，主要是由于 2018 年的问卷提供了更全面的有关互助观念和行为的问题。由于灾害社会治理属于互助行为，既需要互助的意愿，也需要互助的能力，因而笔者仅选择 2018 年的成人问卷所覆盖的 16 岁以上人群，并匹配了家庭经济问卷相关问题。最终获得样本 29 086 个，分别来自 25 个省份的 163 个区县。

二、变量构建

（一）地级市日度经济状况

笔者选择 VIIRS 日度夜光数据作为度量地级市当日经济状况的指标。利用夜光数据作为地区经济发展状况的测度指标是经济学研究常用的方法（Henderson et al.，2012；范子英等，2016；石光等，2021），因为收入的增长通常伴随着夜间经济活动的增加，在夜光亮度上则反映为夜间灯光的增加，这种关系在韩国和朝鲜的对比中得到了印证：1992—2008 年，韩国的夜间灯光亮度呈现持续上升的趋势，而朝鲜则几乎没有变化。这与两国的经济增长状况相一致（Henderson et al.，2012）。基于所得的城市层面的夜光数据统计，笔者对其进行了分城市的年度平均夜光数据统计，刻画了其与城市年度 GDP 之间的关系，以及与城市年度人均 GDP 之间的关系，详见图 5-4。从图 5-4 可以看出，不论是用 GDP 还是人均 GDP 衡量，城市夜光数据年度均值均与经济发展状况呈现非常强的正相关性。这印证了夜光数据是衡量经济发展状况的可靠指标。

用夜光数据代理经济增长的好处主要在三方面：首先，夜光数据是通过卫星观测得到的，几乎覆盖全球所有有人居住的区域。相比于依赖国家

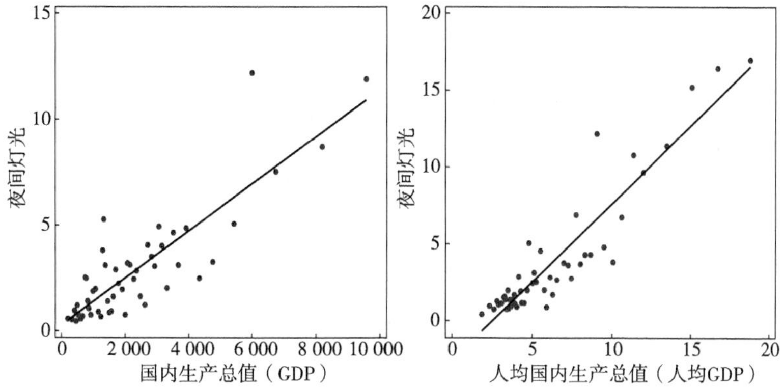

图 5-4　城市年均夜间灯光（VIIRS）与经济发展的关系

注：图 5-4 分别刻画了城市年度夜光均值与 GDP 和人均 GDP 之间的关系，GDP 的单位为万元，人均 GDP 的单位为万元。为了更好地进行可视化处理，图 5-4 删除了 GDP 在 10 000 万元以上的样本。

统计系统的 GDP 数据，夜光数据在统计系统薄弱或不完整的国家（如许多欠发达国家）仍然可靠。其次，夜光数据通过卫星每日采集，具有较高的实时性和一致性，避免了 GDP 统计中的人为干预或数据滞后等问题。国家统计数据通常按年发布，并且可能会因为统计方法变更或其他政治、社会原因而导致不一致，特别是在发展中国家。夜光数据不依赖于国家统计部门，因此具有更高的时间一致性。再次，卫星夜光数据能够反映正式和非正式经济活动带来的光照变化，使得它在捕捉发展中国家中的非正式经济活动方面更具优势。例如，电力使用量的增加在夜光数据中表现为光照强度的提升，反映了真实经济活动的活跃度，而这些活动可能在传统的 GDP 统计中被忽视（Chen and Nordhaus，2011）。对本书而言，由于台风对于经济的扰动是短期的，其破坏和恢复必须精确到日才有可能捕捉。然而获得地级市层面的日度 GDP 指标显而易见是不现实的，加之上述卫星夜光数据的优势，使得其成为本书用来测度地级市每日经济状况的合理指标。

（二）台风的影响

笔者利用中国气象局热带气旋资料中心发布的 2019 年热带气旋记录，

用原始台风路径数据同地级市日度极大风速数据结合进行处理，构建一个城市是否受到台风“利奇马”的影响，以及在哪个时间段受到影响的指标。这一指标的构建主要参照埃里奥特等（Elliott et al.，2019）的研究，他们认为，过强的即时风速是台风造成破坏的主要原因。具体说，对这一变量的构建如下：第一，利用国家气象科学数据中心发布的站点日度极大风速数据，计算地级市日度的极大风速数据，若极大风速大于50千米/小时，则该城市可能受到台风“利奇马”的影响。对于50千米/小时阈值的选择，主要是由于瞬时风速大于50千米/小时即会影响正常的室外经济活动，对于经济将造成一定程度的影响（Emanuel，2011）。第二，笔者计以每3小时记录一次的台风路径所在点的经纬度为坐标，计算数据点与每个地级市的距离，若在该数据点所在日期某一城市的极大风速大于50千米/小时，且该城市距离此数据点的直线距离小于等于500千米，则将该城市判定为受台风“利奇马”的影响，否则则认为不受影响。笔者设定500千米的边界，主要考虑现有文献认为，台风的最远影响半径在直线距离500千米以内（Bao et al.，2022）。对于这个条件的限定，主要用于排除由于“利奇马”影响之外其他因素导致的极大风速较高的可能。基于这两个标准，笔者构建了一个城市是否受台风“利奇马”真实影响的虚拟变量 $Affect_{ct}$ ①，如果一个城市在这一天受影响，则将其定义为 $Affect_{ct}=1$，之前一天定义为若不受影响，则 $Affect_{ct}=0$。

除此之外，笔者的模型还涉及每个城市什么时候开始遭受台风“利奇马”袭击的虚拟变量 $Lekima_{ct}$。对于这个变量的构建分为两个部分，一部分为对于真实受到台风“利奇马”影响的城市，即 $Affect_{ct}=1$ 的城市。对于这部分城市，笔者将台风“利奇马”登陆后该城市极大风速大于50千米/小时的第一天作为其开始受台风影响的当天，自这一天开始，该城市的台风虚拟变量 $Lekima_{ct}=1$；在这一天之前，则该城市的台风虚拟变量 $Lekima_{ct}=0$。另一部分为对于未真实受到台风“利奇马”影响的城市，即 $Affect_{ct}=0$ 的城市。对于这部分城市，笔者将台风“利奇马”有监测记录

① 笔者界定的真实影响，指的是这一城市由于经历台风“利奇马”，真实产生了50千米/小时的极大风速值，即有可能由于台风对于经济社会造成影响。一些城市尽管经历了台风，但由于距离或其他地理、气象原因未能产生50千米/小时的极大风速，即从实际上讲台风“利奇马”并未对其构成值得重视的威胁。这是笔者为什么需要定义 *Affect* 这个变量的原因。

的第一天作为其开始受台风影响的当天，自这一天开始，该城市的台风虚拟变量 $Lekima_{ct}=1$；在这一天之前，则该城市的台风虚拟变量 $Lekima_{ct}=0$。

（三）儒家文化影响程度的度量

关于度量地级市受儒家文化影响程度的指标，笔者选择了明清进士数量以及现存书院数量作为代理变量，这是经济学实证研究中度量儒家文化影响的常见指标（潘越等，2020；Ma et al.，2020；陈刚和邱丹琪，2021；陈刚等，2022）。一个地区的明清进士数量多少是衡量该地区受儒家文化影响程度高低的重要指标，主要由于进士数量多，意味着该地区有深厚的儒家文化传统，而这种传统往往会延续到现代，影响当今社会的价值观、教育观和行为模式。具体说，首先，儒家思想以忠孝、诚信、勤勉和学习为核心，这些价值观通过科举考试广泛传播，通常表明该地区高度重视教育和儒家伦理。这些价值观会在家庭教育和社区文化中代代相传，成为现代文化的一部分，对当代居民的行为方式和道德标准产生潜移默化的影响（Kown，2007）。其次，明清时期，进士在社会中地位高，取得进士的家庭在当地往往成为教育和文化的中心，影响邻里和后代的文化取向。进士家庭所积累的人际关系网络（例如，同乡或同门关系）往往会支持后代追求高等教育和专业成就，增强了现代社会对传统儒家文化的认同与继承。

现存书院数量也是度量儒家文化影响的重要指标。现存书院的数量能够度量一个地区受儒家文化的影响程度，原因有三个。第一，书院能够保存到现代，通常是因为当地社区、学者对其有高度的文化认同，愿意投入资源进行维护与修缮。这表明该地区对儒家文化的尊重与重视，反映了现代社会对儒家价值观的持续接纳和延续。第二，儒家文化核心的观念在书院中得到集中体现。书院作为传统教育的象征，其数量和保存情况往往反映出该地对传统教育传承的关注。通过增强对当地居民的传统文化教育，儒家所提倡的社会道德规范更有可能被延续下来（Ma and Ouyang，2020）。第三，书院的存续需要地方支持，不论是经济资助还是文化政策。在儒家文化影响深远的地区，书院数量的多寡往往表明当地社会和文化团体对儒家文化遗产的认同程度，以及他们在文化投资和保护方面的倾向性，这种支持态度反映了当地社会对儒家价值观的继承。

基于这些原因，笔者选择地级市明代进士数量、清代进士数量、明清进士数量之和，以及地级市现存书院数量作为衡量儒家文化影响程度的代理变量。除此之外，对于这些数据的使用可以有效避免潜在的内生性问题。使用中国家庭追踪调查问卷中和儒家观念相关的问题，例如，对于“传宗接代”“香火”观念的看法等变量，在一定程度上可以作为衡量儒家文化影响的代理变量，但仅用传统性别观念指代儒家文化的影响显然是有失偏颇的，也混淆了儒家文化和传统观念的区别。此外，由于这些变量容易受到其他经济社会因素的影响，用其度量一个地区儒家文化影响程度会引起内生性偏差。

使用明清进士和书院数据可以有效解决这个问题，其对内生性的解决主要基于其历史独立性和时间序列的前移性。具体说，明清进士数量是一个历史变量，且确定发生在18—19世纪，这一时期的文化和制度对当今的社会经济环境没有直接的反作用力。因此，现代社会中各种经济、教育或文化政策无法反向影响历史上的进士数量，使其成为一个相对独立且固定的外生变量。由于现当代的文化、经济和政策等因素无法对于既往的历史数据形成干扰，不论是进士数量，还是书院数量都是外生不变的历史数据，能避免现代因素的直接影响，保持度量上的独立性和客观性。

（四）气象控制变量

如上文所述，由于VIIRS卫星夜光数据是弱光数据，因而笔者获得的夜光数据本身受气象条件影响较大，这个问题在美国国家航空航天局对于原始数据进行修正之后依然显著。因此笔者在模型中加入气象控制变量，分别是地级市日度地表平均温度、日度平均气压、日度累计降水、日度平均相对湿度、日度平均气温和日度平均风速。这些气象控制变量的加入，可以尽可能剥离气象条件对于估计结果造成的扰动。

三、描述统计分析

笔者在表5-1对于本书基准回归所使用的主要变量进行了描述统计分析。其中包括被解释变量城市日度夜光数据，解释变量城市是否受“利奇马”影响的虚拟变量 *Affect*，“利奇马”冲击开始的虚拟变量 *Lekima*，以及儒家文化的代理变量地级市明代进士数量、地级市清代进士数量、地级市明清进士总量，以及地级市现存书院数量，控制变量城市日度累计降水、城市日均气温、城市日度平均地温、城市日度平均相对湿度、城市日均风速、城市均日气压。在表 5-1 中，笔者将变量名和其定义以及所代表的含义进行了解释，并逐一汇报了每个变量的样本均值、标准差以及样本量。

表 5-1 描述统计分析

变量	定义和解释	均值	标准差	样本量
被解释变量				
夜间灯光（*NTL*）	城市日度夜光数据（Watt/（cm^2×sr））	3.855	5.43	8 9787
解释变量				
受影响（*Affect*）	城市是否受“利奇马”影响的哑量	0.231	0.421	89 787
利奇马（*Lekima*）	“利奇马”冲击开始的哑量	0.41	0.492	89 787
明进士（*M Jinshi*）	地级市明代进士数量（千人）	0.089	0.13	74 013
清进士（*Q Jinshi*）	地级市清代进士数量（千人）	0.096	0.141	82 184
明清进士（*MQ Jinshi*）	地级市明清进士总量（千人）	0.169	0.247	83 274
书院（*Shuyuan*）	地级市现存书院数量（百个）	0.216	0.224	86 525
控制变量				
降水（*PRE*）	城市日度累计降水（1mm/100）	0.026	0.103	8 9787
气温（*TLML*）	城市日均气温（1 ℃/100）	0.191	0.993	89 787
地温（*GST*）	城市日度平均地温（1 ℃/100）	0.465	2.613	89 787
湿度（*RHU*）	城市日度平均相对湿度（1/1000）	0.12	1.004	89 787
风速（*WIN*）	城市日均风速（1 m/s/100）	0.079	1.067	89 787
气压（*PRS*）	城市日度平均气压（1 hPa/100）	9.603	1.055	89 787

注：①表 5-1 使用的城市日度夜光数据原始数据来源于美国国家航空航天局（NASA）发布的 VIIRS 数据，台风原始数据来源于中国气象局热带气旋资料中心的台风历史数据，儒家文化的代理变量来源为中国研究数据服务平台（CNRDS）公布的儒家文化数据，气象控制变量来源于国家气象科学数据中心（CMA）公布的站点日度气象数据。

②“定义和解释”一列括号内为该数据的计量单位。

第二节　识别策略

本研究的识别策略分为两个方面。首先，识别台风“利奇马”是否对经济造成短期的负面影响，并对其平行趋势进行检验。随后，加入儒家文化相关的代理变量，识别儒家文化是否会对灾害治理的效果，即儒家文化能否降低台风对于经济造成的负面影响进行识别。

一、台风对于经济状况的影响

笔者利用台风“利奇马”作为外生冲击，构建了一个双重差分模型（Difference-in-Differences，DID）对台风造成的短期经济损失进行衡量。双重差分模型是一种经济学常用的用于评估政策或事件因果影响的计量方法，通常用于观察在一个特定时间点上实施的某项政策或事件对某个实验组的影响，通过对比实验组与控制组在事件发生前后的变化，估计政策的净效应。其核心思想是，通过对比处理组和控制组在事件发生前后的差异，可以抵消不随时间变化的偏差因素，从而更加准确地估计政策或外生冲击事件造成的影响（Card and Krueger，1994）。本书使用的台风“利奇马”，是一个用于度量灾害影响的完美变量。由于台风的登陆完全是自然发生的，其发生时间、登陆地点、影响范围、覆盖程度都完全不受人为因素以及经济、社会条件影响，因而是一个完全外生的变量。这与人为规定哪些城市为试点、哪些城市先执行的政策作为外生冲击相比，明显更加“干净”。

具体看，由于不同城市开始受到台风“利奇马”冲击的时间不一致，即“利奇马”进入每个城市的时间不一致，因而“利奇马”的登陆可以看作是一种渐进实施的政策，或是渐进影响的外生事件。因此严格说，笔者所使用的是一个渐进双重差分模型（Staggered Difference-in Differences，Staggered DID），是传统 DID 模型的扩展。渐进双重差分模型与传统双重差分模型的区别主要在于，它能够处理政策或外生冲击在不同时期对不同个体或群体生效的情形。在传统 DID 模型中，政策或外生冲击通常在同一时间对所有实验组个体生效。而在现实中，政策往往是逐步推广的，外生事件的影响也是逐步发生的，即不同的个体或者群体在不同时期受到影响（Allegretto et al.，2011）。渐进双重差分模型通过分期的方式适应这种复杂情境，从而使其识别更具有灵活性和准确性（McWilliams et al.，2016）。基于“利奇马”登陆的外生冲击，笔者构建了如下模型：

$$NTL_{it}=\beta_0+\beta_1 Lekima_{it}+W'_{it}\varphi++\lambda_i+\delta_t+\mu_{it} \tag{5.1}$$

其中，NTL_{it} 表示地级市 i 在日期 t 的卫星夜光数据值；$Lekima_{it}$ 表示地级市 i 在日期 t 是否受到台风“利奇马”影响的虚拟变量；W'_{it} 表示一系列地级市 i 在日期 t 的气象控制变量，包含了城市日度累计降水、城市日均气温、城市日度平均地温、城市日度平均相对湿度、城市日均风速、城市均日气压①；λ_i 表示城市固定效应，用于控制在城市层面上不随时间变化的因素②；δ_t 表示时间固定效应，具体说，在本书的基准回归中，笔者固定了月份的固定效应，用于控制在不同时间段内普遍存在的、影响所有观测单位的因素，这些因素随着时间变化，但在所有观测对象间是共同的。时间固定效应能够去除时间上普遍性的冲击或趋势，从而更准确地估计个别变量的效果。这些因素可能影响结果变量，但并不直接因政策或干预措施而变化。通过引入城市和时间层面的固定效应，可以更准确地识别台风“利奇马”影响的净效应。μ_{it} 表示随机误差项。笔者关注的主要系数是对 β_1 的估计值 $\widehat{\beta_1}$，它表示台风“利奇马”对城市夜间灯光数据的影响程度。此外，为了更好地区分真实受“利奇马”影响城市和其他城市之间的区别，笔者在回归中对于式（5.1）进行了拆分，分别对真实受“利奇马”影响的城市、未真实受“利奇马”影响的城市，以及所有城市三个不同的样本进行回归，笔者预计对于真实受到“利奇马”影响的样本，台风登陆会对

---

① 需要注意的是，本书的识别策略中并未添加与经济、社会相关的城市层面的控制变量，比如，财政收入、财政支出、科教文卫支出、产业结构等，这是由于如《中国城市统计年鉴》等提供最全地级市经济、社会信息的数据以年度为口径进行考核，无法获得月度甚至日度的数据。而年度层面的经济、社会变量影响将会被固定效应吸收，因此不加入实证模型中。但在异质性检验部分，会基于不同城市之间经济、社会条件的异质性进行差异化分析。

② 城市层面的固定效应度量了在不同时期保持不变的城市特有因素。这些因素包括但不限于城市的长期特征：如地理位置、气候、历史文化背景等，这些因素可能会影响居民的生活方式、消费模式，甚至经济发展方式。再如城市的经济基础：如产业结构、劳动力市场状况、收入水平等。不同城市的经济基础在短期内通常不发生显著变化，但它们对就业率、收入水平等有较大的影响。又如政策环境：虽然一些政策会随着时间变化（如税率、环保政策等），但某些政策框架（如特定城市的调控习惯、公共服务模式）通常在短期内相对稳定。社会和人口特征：包括城市的人口规模、教育水平、种族分布等，这些因素往往在城市层面上具有长期的稳定性。

经济有短期负向的影响，$\widehat{\beta_1}<0$；对于并未真实受到“利奇马”影响的样本，$\widehat{\beta_1}$ 不显著；对于全样本，合理预期 $\widehat{\beta_1}<0$，且其系数小于仅对真实受到“利奇马”影响样本的回归结果。

需要注意的是，由于双重差分模型的基本原理是通过对比处理组和控制组在事件前后变化的差异推断外生冲击的影响，因此在双重差分模型的使用中有一个隐含假设，即在没有干预的情况下，两组的结果变量应沿着相似的趋势变化。如果这一前提不成立，那么即使没有外生冲击的影响，两组之间的变化差异也会因其他因素而出现偏差，导致对事件效果的错误估计。因此，笔者需要进行平行趋势检验，以确保基准回归因果推断的成立。具体说，尽管台风“利奇马”是一个度量自然灾害影响的完美外生冲击，但由于台风频繁侵袭的地区往往是固定的，会导致频繁受到台风袭击的城市在长期的适应过程中，产生某种共性的、区别于不常受到台风影响城市的经济、社会特征，从而违反平行趋势假设。事实上，这种假设存在可能，笔者参考埃里奥特等（Elliott et al.，2019）基于 1998—2006 年在中国沿海及其周边地区形成的热带风暴所做的轨迹图，可以印证受台风影响的地市相对而言是较为稳定的。因此，有必要进行平行趋势检验，以确保基准结果的稳健。

基于这一考虑，笔者根据式（5.2）进行了平行趋势检验：

$$NTL_{it} = \beta_0 + \sum_{q \neq -1} \beta_q \times 1(t = q)_i + \lambda \times W'_{it} + \gamma_i + \mu_t + \varepsilon_{it} \tag{5.2}$$

其中，NTL_{it} 表示地级市 i 在日期 t 的卫星夜光数据值，$1(t=q)_i$ 表示地级市 i 在距离“利奇马”开始影响该城市的首日天数 q 的虚拟变量，受“利奇马”影响的首日 $q=0$，第二日 $q=1$，以此类推。若 q 为负值，则说明该日位于该城市受“利奇马”首日影响的 q 日之前。因此，$1(t=-2)_i$ 代表城市 i 在台风影响前两天的虚拟变量。因此其估计系数 $\widehat{\beta_q}$ 表示距离“利奇马”进入的第 q 天对于夜光卫星数据 NTL 的影响程度。笔者选择了台风影响前 1 天作为基期，预期在“利奇马”登陆之前（当 $q<0$），系数 $\widehat{\beta_q}$ 不显著，在“利奇马”登陆之后（当 $q>0$），系数 $\widehat{\beta_q}$ 负且显著。W'_{it} 表示一系列地级市 i 在日期 t 的气象控制变量，包含了城市日度累计降水、城市日均气温、城市日度平均地温、城市日度平均相对湿度、城市日均风速、城市日均气压。γ_i 表示城市固定效应，μ_t 表示时间固定效应，ε_{it} 表示随机误差项。

二、儒家文化对于灾害治理的影响

笔者继续基于式（5.3）对儒家文化对灾害治理的效果进行分析。

$$NTL_{it} = \beta_0 + \beta_1 Interest_{it} + \beta_2 Lekima_{it} + W'_{it}\varphi + \lambda_i + \delta_t + \mu_{it} \quad (5.3)$$

其中，NTL_{it} 表示地级市 i 在日期 t 的卫星夜光数据值，$Interest_{it}$ 表示兴趣变量是三个变量的交乘项，分别为 $Lekima_{it}$、$Affect_{it}$ 和 $Confucianism_i$，其中，$Affect_{it}$ 表示地级市 i 在日期 t 是否真实受到台风“利奇马”的影响；$Confucianism_i$ 表示地级市 i 受儒家文化的影响程度，分别用该地明代进士数量、清代进士数量、明清进士数量总数，以及现存书院数量度量。β_1 衡量了笔者关心的兴趣变量的系数，即在台风“利奇马”登陆后，儒家文化对于真实受台风影响城市夜间灯光的影响程度。笔者预期其估计系数 $\widehat{\beta_q}$ 为正且显著，即在一个真实受台风“利奇马”影响的城市，在“利奇马”登陆之后，更高的儒家文化影响程度有助于增加当地的夜光数据值，即起到了更好的灾害治理效果。W'_{it} 表示一系列地级市 i 在日期 t 的气象控制变量，包含了城市日度累计降水、城市日均气温、城市日度平均地温、城市日度平均相对湿度、城市日均风速、城市日均气压。λ_i 表示城市固定效应，δ_t 表示时间固定效应，μ_{it} 表示随机误差项。

第三节　实证结果

一、基准回归结果

笔者首先衡量了台风“利奇马”登陆对于短期经济发展状况的影响，分别选取真实受到“利奇马”影响的城市作为样本，未真实受到“利奇马”影响的城市作为样本，以及所有城市作为样本分别对式（5.1）进行回归。从样本分布看，真实受影响的城市样本数为 20 708 个，未真实受影响的城市样本数为 69 079 个，总样本数为 89 787。总体看，约 23%的城市由于台风“利奇马”的登陆真实影响了经济社会活动，这一比重基本符合常识判断。详细的回归结果见表 5-2。

表 5-2 台风“利奇马”对于经济的影响

被解释变量：夜间灯光	受影响城市 （1）	未受影响城市 （2）	所有城市 （3）
利奇马	-0. 153*** （0. 047）	0. 021 （0. 023）	-0. 088*** （0. 028）
地温	0. 034* （0. 019）	0. 002 （0. 005）	0. 001 （0. 005）
降水	-0. 070 （0. 071）	-0. 208** （0. 085）	-0. 316*** （0. 082）
气压	0. 259** （0. 117）	0. 027** （0. 013）	0. 007 （0. 011）
相对湿度	-0. 083* （0. 046）	-0. 010 （0. 007）	-0. 003 （0. 005）
气温	-0. 168** （0. 074）	-0. 006 （0. 010）	0. 006 （0. 010）
风速	0. 015 （0. 014）	-0. 013 （0. 014）	-0. 016 （0. 016）
常数项	4. 310*** （1. 161）	3. 593*** （0. 121）	2. 940*** （0. 106）
城市固定效应	是	是	是
月份固定效应	是	是	是
样本量	20 708	69 079	89 787
R^2	0. 980	0. 970	0. 976

注：①被解释变量为地级市日度夜光值，解释变量为台风“利奇马”登陆的虚拟变量，控制变量为城市日度累计降水、城市日均气温、城市日度平均地温、城市日度平均相对湿度、城市日均风速、城市日均气压。该回归控制了城市的固定效应、年份固定效应以及月度固定效应。

②括号里汇报的结果为稳健标准误。

③*表示在 10%显著性水平上显著，**表示在 5%显著性水平上显著，***表示在 1%显著性水平上显著。

表 5-2 第（1）列汇报了真实受到“利奇马”影响的城市作为样本的估计结果，笔者最关心变量 *Lekima* 的估计系数。其估计结果显示，在台风

"利奇马"登陆之后，真实受到"利奇马"影响的城市的夜光值下降了 0.153 Watt/（$cm^2 \times sr$），且这一估计值在 1%水平下显著，说明台风"利奇马"的登陆显著降低了真实受到其影响城市的经济发展状况。第（2）列汇报了未真实受到"利奇马"影响的城市作为样本的估计结果，系数显示"利奇马"对于这些城市的夜光数值影响为正，但并不显著，说明"利奇马"未对这些城市的经济状况产生真实影响。第（3）列汇报了台风"利奇马"登陆对所有城市的影响，估计结果证实，"利奇马"的登陆使得所有城市的夜光数据值下降了 0.088 Watt/（$cm^2 \times sr$），这一估计结果在 1%水平下显著，说明整体看，台风"利奇马"对于经济造成了负向影响，但同真实受到"利奇马"影响的城市估计结果相比，这一估计系数较小，这一结论与预期相符合。

笔者继续对于平行趋势进行检验，该平行趋势检验主要针对真实受到台风影响城市的估计结果进行。选择台风"利奇马"进入前一天作为基准组，基于式（5.2）进行回归。在时间的选择上，选择台风进入前 10 天和台风退出后 20 天为周期。为了使平行趋势结果更加清晰，笔者对回归结果进行了可视化处理，将估计系数和相应的置信区间在图 5-5 进行标注。

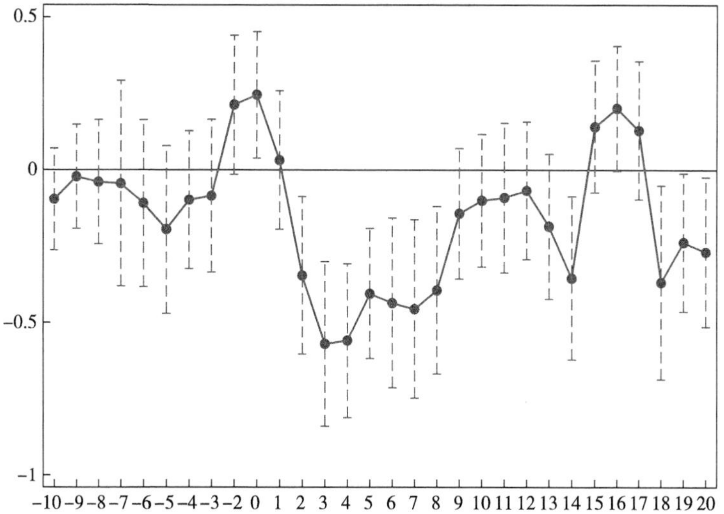

图 5-5　平行趋势检验

注：图 5-5 横轴是距离台风影响首日的天数，覆盖了台风影响前 10 天至台风发生后 20 天。纵轴反映估计系数以及其对应的置信区间。台风影响前一期为基期，置信区间为 90%。

从图 5-5 可以看出，模型的设定符合平行趋势假设要求，在台风“利奇马”登陆之前，估计系数的均值在 0 左右，且在统计意义上不显著，说明在台风进入之前，夜间灯光是一个持续稳定的状态。在台风“利奇马”进入的当天，估计系数出现了显著为正的变化，说明在灾害发生之后，当天的夜光数值反而有了显著提升。这可能与灾害发生后为了应对灾害影响所开展的连夜紧急救援有关，由于我国电力供应的稳定和政府强有力的资源配置能力，由台风导致的电力中断往往可以得到很快恢复（王彦伦，2022；林水静等，2023），因此在台风发生的当天可能由于连夜抢修基础设施以及开展紧急救援，使得夜光值不降反升。而在灾害发生后的第 2~20 天，估计系数或为负且显著，或不显著，证实在“利奇马”登陆后的 20 天内，真实受影响的城市普遍出现了夜间灯光值的下降，说明“利奇马”确实对短期经济状况造成了不良影响。

基于上述结论，笔者证实了台风“利奇马”对于短期经济造成了负且显著的影响，基于式（5.3）进行估计，衡量儒家文化对灾害治理产生的影响，即验证儒家文化能否减少台风“利奇马”对于经济造成的损失。笔者选取所有城市的样本，并分别利用地级市明代进士数量、清代进士数量、明清进士数量总数以及现存书院数量作为一个城市受儒家文化影响程度的代理变量，估计结果见表 5-3。

表 5-3　基准回归：儒家文化对于灾害治理的影响

被解释变量：夜间灯光	明进士 (1)	清进士 (2)	明清进士 (3)	书院 (4)
兴趣变量	0.159*** (0.033)	0.170*** (0.035)	0.098*** (0.017)	0.131*** (0.027)
利奇马	−0.010** (0.005)	−0.011** (0.005)	−0.011** (0.005)	−0.012** (0.005)
地温	−0.000 (0.001)	0.000 (0.002)	−0.000 (0.002)	−0.001 (0.002)
降水	−0.067*** (0.024)	−0.070*** (0.023)	−0.071*** (0.023)	−0.071*** (0.023)
气压	0.001 (0.003)	0.004 (0.004)	0.003 (0.004)	0.004 (0.004)

续表

被解释变量：夜间灯光	明进士 (1)	清进士 (2)	明清进士 (3)	书院 (4)
相对湿度	-0.001 (0.002)	-0.002 (0.002)	-0.002 (0.002)	-0.001 (0.002)
气温	0.004** (0.002)	0.001 (0.003)	0.001 (0.003)	-0.000 (0.003)
风速	-0.005*** (0.002)	-0.004** (0.002)	-0.004** (0.002)	-0.004** (0.002)
常数项	0.724*** (0.024)	0.673*** (0.040)	0.652*** (0.040)	0.650*** (0.040)
城市固定效应	是	是	是	是
月份固定效应	是	是	是	是
样本量	74 013	82 184	83 274	86 525
R^2	0.982	0.975	0.975	0.973

注：被解释变量为地级市日度夜光值，兴趣变量为三个变量的交乘项，分别是台风“利奇马”登陆的虚拟变量、一个城市是否受“利奇马”影响的虚拟变量，以及儒家文化影响程度。其他注释同表 5-1。

表 5-3 的兴趣变量夜 *Interest* 是个交乘项，分别用地级市受儒家文化的影响程度（用明进士、清进士、明清进士和书院衡量），城市是否真实受“利奇马”影响的虚拟变量 *Affect*，以及台风“利奇马”登陆的虚拟变量 *Lekima* 三个变量交乘而得。其估计系数都凉了儒家文化对于受“利奇马”影响城市灾后夜间灯光强度的影响。表 5-3 第（1）列汇报了用明代进士数量度量儒家文化的结果，其估计系数说明，地级市明代进士每增加 1 000 人，可以使真实受到“利奇马”影响的城市在“利奇马”登陆后的夜光数值上升 15.9%，这一估计值在 1%水平下显著。说明儒家文化可以抵御台风灾害的不良影响，减少台风造成的损失，从而对台风的治理和经济的恢复起到正向的作用。第（2）至（4）列分别汇报了用地级市清代进士数量、地级市明清进士数量以及地级市现存书院数量度量的儒家文化影响程度，其系数与第（1）列相一致，且均在 1%的显著性水平下显著，说明儒家文化对于灾害治理有正向影响的结论是基本稳健的。这一结论同

龚（启圣）和马（驰骋）（Kung and Ma，2014）的研究发现具有类似性，他们通过构建清代 260 年（1651—1910）和 107 个县的面板数据，用学校、儒家庙宇和列女数量衡量儒家文化的强弱，发现农业歉收对农民起义有显著的激发作用，但这种作用在儒家文化深厚的地区明显减弱，说明儒家文化确实具有平滑社会突发事件所导致的不良影响的作用。

此外，表 5-3 反映在加入兴趣变量（*Interest*）之后，台风“利奇马”登陆的虚拟变量（*Lekima*）的系数依然是负且显著，说明台风“利奇马”的登陆对于灾后夜光造成了平均 1%左右的减少。从气象控制变量的影响看，累计日均降水和地级市日均风速是影响城市夜间灯光值的主要气象因素，地级市日均相对湿度、地级市日均气压、地级市日均气温以及地级市日均地温的影响均不显著。

二、稳健性检验

为了使基准回归结果更加可信，笔者进行了一系列稳健性检验，分别是更换被解释变量的度量、增加固定效应、排除其他台风的影响以及安慰剂检验。在本部分，笔者对这些稳健性检验的内容和结果进行详细介绍。

（一）更换被解释变量的度量

在基准回归中，笔者采用 VIIRS 卫星夜光数据的对数值衡量城市日度的经济状况，因此基于式（5.3）进行的回归所得的估计系数测度了儒家文化对于灾后夜光值损失减少的程度，并未对夜光值损失减少的净效用进行度量。因而首先更换了被解释变量夜光强度（*Ntl*）的度量，对于城市日度夜光值的净值替换式（5.3）中的被解释变量进行回归，结果见表 5-4。

表 5-4　稳健性检验：更换被解释变量的测度

被解释变量：夜间灯光	明进士 (1)	清进士 (2)	明清进士 (3)	书院 (4)
兴趣变量	0.542*** (0.203)	0.480* (0.276)	0.351*** (0.096)	0.415*** (0.135)
利奇马	0.003 (0.025)	0.022 (0.029)	0.015 (0.029)	0.015 (0.028)

续表

被解释变量：夜间灯光	明进士 (1)	清进士 (2)	明清进士 (3)	书院 (4)
地温	0.003 (0.003)	0.004 (0.004)	0.005 (0.004)	0.003 (0.004)
降水	-0.211*** (0.080)	-0.212*** (0.077)	-0.216*** (0.078)	-0.214*** (0.076)
气压	0.030*** (0.010)	0.031*** (0.012)	0.030*** (0.012)	0.033*** (0.012)
相对湿度	-0.021*** (0.006)	-0.020*** (0.007)	-0.020*** (0.007)	-0.018*** (0.007)
气温	0.004 (0.009)	-0.003 (0.008)	-0.002 (0.008)	-0.005 (0.008)
风速	-0.017 (0.017)	-0.013 (0.015)	-0.013 (0.015)	-0.013 (0.015)
常数项	3.674*** (0.100)	3.784*** (0.112)	3.686*** (0.111)	3.664*** (0.114)
城市固定效应	是	是	是	是
月份固定效应	是	是	是	是
样本量	74，013	82，184	83，274	86，525
R^2	0.975	0.977	0.977	0.976

注：被解释变量地级市日度夜光的对数值，其他注释同表 5-2。

从表 5-4 可以看出，在更换了被解释变量夜光强度的度量标准后，兴趣变量（*Interest*）的估计系数依然正且显著。第（1）列是用明代进士数量度量儒家文化的结果，其估计系数说明，地级市明代进士每增加 1 000 人，可以使真实受到“利奇马”影响的城市，在“利奇马”登陆后的夜光强度增加 0.542 Watt/（$cm^2 \times sr$），这一估计值在 1%水平下显著。说明儒家文化可以抵御台风灾害的不良影响，减少台风造成的损失，从而对台风的治理和经济的恢复起到正向的作用。第（2）至（4）列分别汇报了用地级市清代进士数量、地级市明清进士数量以及地级市现存书院数量度量的儒家文化影响程度，其系数与第（1）列相一致，除以清代进士数量作为儒家文化影响程度进行回归的估计结果在 10%显著性水平下显著外，其他两列结果均在 1%显著性水平下显著为正，从而验证了基准回归结果的稳健性。

（二）增加固定效应

笔者继续通过增加固定效应对于基准回归结果进行稳健性检验，具体做法为，在保持原有控制变量基础上，加入城市×月份固定效应。城市×月份固定效应的引入被用于控制城市在不同月份内的季节性变化或短期冲击。城市可能有季节性特征（如天气、旅游业高峰等）或某些月份的特殊事件，会影响夜间灯光的强度。通过引入交乘项，模型可以更准确地捕捉这些季节性或短期效应，避免它们成为估计中的噪声或误差。在加入固定效应之后，重新对式（5.3）进行估计，结果如表5-5所示。从表5-5可知，在添加了城市×月份固定效应之后，兴趣变量的估计值均有所下降，表明儒家文化对于灾害治理的正向影响比基准回归要小，但减小幅度微弱，且系数仍均在1%水平下显著，说明基准回归结论依然十分稳健。

表5-5 稳健性检验：增加固定效应

被解释变量：夜间灯光	明进士 (1)	清进士 (2)	明清进士 (3)	书院 (4)
兴趣变量	0.150*** (0.032)	0.160*** (0.034)	0.092*** (0.016)	0.122*** (0.027)
利奇马	-0.013*** (0.005)	-0.015*** (0.005)	-0.015*** (0.005)	-0.016*** (0.005)
地温	-0.001 (0.001)	-0.000 (0.002)	-0.000 (0.002)	-0.001 (0.002)
降水	-0.068*** (0.024)	-0.070*** (0.023)	-0.070*** (0.023)	-0.070*** (0.023)
气压	0.001 (0.003)	0.004 (0.004)	0.004 (0.004)	0.005 (0.004)
相对湿度	-0.002 (0.002)	-0.002 (0.002)	-0.002 (0.002)	-0.002 (0.002)
气温	0.004** (0.002)	0.001 (0.003)	0.001 (0.003)	-0.000 (0.003)

续表

被解释变量：夜间灯光	明进士 （1）	清进士 （2）	明清进士 （3）	书院 （4）
风速	−0.005** （0.002）	−0.003** （0.002）	−0.003** （0.002）	−0.003* （0.002）
常数项	0.711*** （0.024）	0.649*** （0.040）	0.628*** （0.040）	0.627*** （0.040）
城市固定效应	是	是	是	是
月份固定效应	是	是	是	是
城市×月份固定效应	是	是	是	是
样本量	74，013	82，184	83，274	86，525
R^2	0.982	0.975	0.975	0.973

注：该回归控制了城市固定效应、月度固定效应以及城市×月度的固定效应，其他注释同表5-2。

（三）排除其他台风影响

一个可能对于基准回归结果造成扰动的原因是，同笔者关注的台风冲击时间相近的热带气旋很可能对夜间灯光值产生影响。为了尽可能避免这一情形，笔者选择了受台风侵袭较少的2019年作为研究对象。2019年除笔者关心的台风“利奇马”外，其他的热带气旋普遍等级较低，并距离“利奇马”的进入和退出都有较长的时间间隔。然而，在识别上仍然无法完全排除这些台风冲击对于基准回归结果造成的扰动，考虑到热带气旋对于夜间灯光造成的影响在较长一段时间仍然难以衰退的可能性不能被排除①。为了消除这一可能的扰动，笔者在基准回归中加入了城市 i 在日期 t 是否受到其他热带气旋影响的程度变量 *Othertlevel*②，其影响程度用热带气旋登陆过程中极大风速表示，重新对于式（5.3）进行回归。估计结果见表5-6。结果显示，第（2）到（4）列的系数都不显著，说明其他热带气旋对于夜间灯

① 正如图5-5的平行趋势显示，在台风“利奇马”登陆后的20天里，夜间灯光值都有下降。因此可以推断一些热带气旋对于夜间灯光产生较为持久的影响是一种可能的状况。

② 除“利奇马”之外，2019年在我国登陆的台风分别有1907号热带气旋“韦帕”，登陆级别为热带风暴；1911号热带气旋“白鹿”，登陆级别为强热带风暴；1914号热带气旋“剑鱼”，登陆级别为热带风暴；1918号热带气旋“米娜”，登陆级别为台风。除“韦帕”外，其他三次热带气旋都发生在“利奇马”之后。

光数值没有影响。尽管第（1）列其他热带气旋的系数在统计学意义上正且显著，但其数值近乎为零，说明在经济学意义上其他热带气旋的登陆对于夜间灯光的影响几乎不存在。在排除了其他台风干扰之后，笔者关注的兴趣变量（*Interest*）的估计系数普遍出现了小幅下降，但显著性没有变化，说明儒家文化对于“利奇马”的治理效果明显的结论仍然稳健。

表 5-6　稳健性检验：排除其他台风影响

被解释变量：夜间灯光	明进士 （1）	清进士 （2）	明清进士 （3）	书院 （4）
兴趣变量	0.114*** -0.032	0.152*** -0.035	0.089*** -0.017	0.117*** -0.029
利奇马	-0.009* -0.005	-0.011** -0.005	-0.010** -0.005	-0.012** -0.005
其他台风影响程度	0.000*** 0	0 0	0 0	0 0
地温	0 -0.001	0 -0.002	0 -0.002	-0.001 -0.002
降水	-0.068*** -0.024	-0.070*** -0.024	-0.071*** -0.024	-0.071*** -0.023
气压	0.001 -0.003	0.004 -0.004	0.003 -0.004	0.004 -0.004
相对湿度	-0.001 -0.002	-0.002 -0.002	-0.002 -0.002	-0.001 -0.002
气温	0.004** -0.002	0.001 -0.003	0.001 -0.003	0 -0.003
风速	-0.005*** -0.002	-0.004** -0.002	-0.004** -0.002	-0.004** -0.002
常数项	0.720*** -0.024	0.672*** -0.04	0.650*** -0.04	0.649*** -0.04
城市固定效应	是	是	是	是

续表

被解释变量：夜间灯光	明进士 (1)	清进士 (2)	明清进士 (3)	书院 (4)
月份固定效应	是	是	是	是
样本量	74 013	82 184	83 274	86 525
R^2	0. 982	0. 975	0. 975	0. 973

注：该回归增加了衡量其他台风的影响程度的变量，其他注释同表 5-2。

为了进一步验证这一结论，笔者将其他热带气旋影响程度的变量 *Otherlevel* 更换为是否受其他热带气旋影响的虚拟变量 *Othertyphoon*，即城市 i 在日期 t 是否受到其他热带气旋的影响，估计结果如表 5-7 所示。结果同表 5-6 相一致，进一步论证了儒家文化对于灾害治理产生的正向影响。

表 5-7 稳健性检验：排除其他台风影响

被解释变量：夜间灯光	明进士 (1)	清进士 (2)	明清进士 (3)	书院 (4)
兴趣变量	0. 143*** (0. 033)	0. 168*** (0. 035)	0. 097*** (0. 017)	0. 130*** (0. 028)
利奇马	-0. 009* (0. 005)	-0. 011** (0. 005)	-0. 011** (0. 005)	-0. 012** (0. 005)
其他台风	0. 013*** (0. 004)	0. 002 (0. 005)	0. 001 (0. 005)	0. 001 (0. 004)
地温	-0. 000 (0. 001)	0. 000 (0. 002)	-0. 000 (0. 002)	-0. 001 (0. 002)
降水	-0. 067*** (0. 024)	-0. 070*** (0. 023)	-0. 071*** (0. 023)	-0. 071*** (0. 023)
气压	0. 001 (0. 003)	0. 004 (0. 004)	0. 003 (0. 004)	0. 004 (0. 004)
相对湿度	-0. 001 (0. 002)	-0. 002 (0. 002)	-0. 002 (0. 002)	-0. 001 (0. 002)
气温	0. 004** (0. 002)	0. 001 (0. 003)	0. 001 (0. 003)	-0. 000 (0. 003)

续表

被解释变量：夜间灯光	明进士 (1)	清进士 (2)	明清进士 (3)	书院 (4)
风速	-0.005*** (0.002)	-0.004** (0.002)	-0.004** (0.002)	-0.004** (0.002)
常数项	0.720*** (0.024)	0.672*** (0.040)	0.651*** (0.040)	0.650*** (0.040)
城市固定效应	是	是	是	是
月份固定效应	是	是	是	是
样本量	74，013	82，184	83，274	86，525
R^2	0.982	0.975	0.975	0.973

注：该回归增加了衡量是否受其他台风影响的哑量，其他注释同表 5-2。

（四）更换真实受影响城市的“阈值”

一个可能影响本书基准回归结果的因素是，在度量真实受台风影响的变量时，笔者选择了台风过境时极大风速大于 50 千米/小时为一个城市真实受到台风影响的阈值，一个可能的挑战是 50 千米/小时的阈值可能过低，不足以产生强烈的影响，会影响基准结果的稳健性。因此，笔者更换了构造真实受影响城市的变量阈值，分别用极大风速大于 60 千米/小时、70 千米/小时和 80 千米/小时重新对 $Affect_{it}$ 变量进行构建，再基于式（5.3）进行回归。结果分别汇报在表 5-8 至表 5-10。从结果看，在更换了真实受影响城市的阈值后，兴趣变量的系数依然为正且在 1%水平下显著。此外，随着阈限值的提高，系数变得越来越大，说明越是在受灾严重的地区，儒家文化在灾后的恢复中发挥的作用越大，不仅印证了基准结论的准确性，并进一步强化了儒家文化在灾害治理中的影响，也印证了上一章的结论。

表 5-8　稳健性检验：更换真实受影响城市“阈值”

被解释变量：夜间灯光	明进士 (1)	清进士 (2)	明清进士 (3)	书院 (4)
兴趣变量	0.183*** -0.041	0.203*** -0.04	0.105*** -0.02	1.425*** (0.320)

续表

被解释变量：夜间灯光	明进士 (1)	清进士 (2)	明清进士 (3)	书院 (4)
利奇马	−0.028*** −0.007	−0.017** −0.008	−0.017** −0.008	−0.019*** (0.007)
地温	−0.001 −0.001	0 −0.002	0 −0.002	−0.000 (0.002)
降水	−0.066*** −0.025	−0.068*** −0.024	−0.068*** −0.024	−0.069*** (0.024)
气压	0.002 −0.002	0.004 −0.004	0.003 −0.004	0.005 (0.004)
相对湿度	−0.002 −0.002	−0.003 −0.002	−0.003 −0.002	−0.002 (0.002)
气温	0.004* −0.002	0.001 −0.003	0.001 −0.003	0.000 (0.003)
风速	−0.005*** −0.002	−0.004** −0.002	−0.004** −0.002	−0.004** (0.002)
常数项	0.726*** −0.024	0.675*** −0.04	0.654*** −0.04	0.653*** (0.040)
城市固定效应	是	是	是	是
月份固定效应	是	是	是	是
样本量	71 646	79 537	80 596	83 739
R^2	0.982	0.975	0.975	0.973

注：表 5-8 汇报的结果同基准回归的区别在于对于真实受影响城市风速门槛的改变，从 50 km 变为 60 km，其他注释同表 5-3。

表 5-9 稳健性检验：更换真实受影响城市“阈值”

被解释变量：夜间灯光	明进士 (1)	清进士 (2)	明清进士 (3)	书院 (4)
兴趣变量	0.202*** −0.046	0.274*** −0.06	0.133*** −0.026	1.344*** (0.349)

续表

被解释变量：夜间灯光	明进士 (1)	清进士 (2)	明清进士 (3)	书院 (4)
利奇马	−0.018*** −0.006	−0.016*** −0.006	−0.016*** −0.006	−0.017*** (0.006)
地温	0 −0.001	0 −0.002	0 −0.002	−0.001 (0.002)
降水	−0.067*** −0.024	−0.070*** −0.023	−0.071*** −0.023	−0.070*** (0.023)
气压	0.001 −0.003	0.003 −0.004	0.003 −0.004	0.004 (0.004)
相对湿度	−0.001 −0.002	−0.002 −0.002	−0.002 −0.002	−0.001 (0.002)
气温	0.004** −0.002	0.001 −0.003	0.001 −0.003	−0.000 (0.003)
风速	−0.005*** −0.002	−0.004** −0.002	−0.004** −0.002	−0.004** (0.002)
常数项	0.728*** −0.024	0.675*** −0.04	0.655*** −0.04	0.653*** (0.040)
城市固定效应	是	是	是	是
月份固定效应	是	是	是	是
样本量	74 013	82 184	83 274	86 525
R^2	0.982	0.975	0.975	0.973

注：表 5-9 汇报的结果同基准回归的区别在于对于真实受影响城市风速门槛的改变，从 50 km 变为 70 km，其他注释同表 5-3。

表 5-10 稳健性检验：更换真实受影响城市“阈值”

被解释变量：夜间灯光	明进士 (1)	清进士 (2)	明清进士 (3)	书院 (4)
兴趣变量	0.224*** −0.053	0.253*** −0.08	0.138*** −0.032	1.361*** (0.364)
利奇马	−0.017*** −0.006	−0.014** −0.006	−0.015** −0.006	−0.016*** (0.006)

续表

被解释变量：夜间灯光	明进士 （1）	清进士 （2）	明清进士 （3）	书院 （4）
地温	0 -0.001	0 -0.002	0 -0.002	-0.001 (0.002)
降水	-0.067*** -0.023	-0.069*** -0.023	-0.070*** -0.023	-0.070*** (0.023)
气压	0.001 -0.003	0.003 -0.004	0.003 -0.004	0.004 (0.004)
相对湿度	-0.001 -0.002	-0.002 -0.002	-0.002 -0.002	-0.001 (0.002)
气温	0.004** -0.002	0.001 -0.003	0.001 -0.003	-0.000 (0.003)
风速	-0.005*** -0.002	-0.004** -0.002	-0.004** -0.002	-0.004** (0.002)
常数项	0.728*** -0.024	0.675*** -0.04	0.655*** -0.04	0.653*** (0.040)
城市固定效应	是	是	是	是
月份固定效应	是	是	是	是
样本量	74 013	82 184	83 274	86 525
R^2	0.982	0.975	0.975	0.973

注：表5-10汇报的结果同基准回归的区别在于对于真实受影响城市风速门槛的改变，从50 km变为80 km，其他注释同表5-3。

（五）安慰剂检验

进一步的，笔者进行了安慰剂检验，以验证儒家文化的影响程度确实有利于“利奇马”所导致的灾害治理，而非其他可能的扰动。安慰剂检验是双重差分模型中经常使用的稳健性检验，它的目的主要在于，首先，安慰剂检验帮助研究者验证所使用的DID模型是否能够正确识别外生冲击的影响。如果在没有实际外生冲击影响的情况下也能得到显著结果，那么模型可能存在问题。其次，DID方法的一个关键假设是处理组和对照组在干预之前的趋势应该是平行的。安慰剂检验可以通过在干预前的不同时间点进行假设干预，以检查这一假设是否成立。最后，安慰剂检验可以帮助识别是否存在其他因素（例如，时间趋势、外部冲击等）影响结果变量，从而导致误判外生冲击的真实效果。

本书使用安慰剂检验的具体原因在于，基准结果可靠性的一个潜在威胁是，城市层面存在不随时间变化的不可观测特征。尽管在基准回归中，笔者通过控制城市层面的固定效应消除城市时间不变因素对夜间灯光的影响，但仍然无法控制随时间变化的因素。由于本书使用的数据为 2019 年地级市日度层面的数据，也无法通过控制城市层面的经济和社会特征解决这一问题①。因此，遵循法拉拉等（Farrara et al.，2012）的研究，笔者使用安慰剂检验排除基线结果中的可能偏差。从公式（5.3）中可知，$\widehat{\beta}$ 可以从公式（5.4）获得：

$$\widehat{\beta} = \beta + \gamma \cdot \frac{\operatorname{cov}(treat_{ct},\ \varepsilon_{ct} \mid W)}{\operatorname{var}(treat_{ct},\ \mid W)} \tag{5.4}$$

在公式（5.4）中，笔者加入了一组包含所有控制变量和固定效应的变量。γ 表示未观测因素对夜间灯光的影响。如果 $\gamma = 0$，那么 $\widehat{\beta}$ 被证明是无偏的。为了检查无偏性，笔者使用安慰剂检验，通过用一个有影响力且随机选择的“虚假” $treat_{it}$ 替换感兴趣的变量。假设 $\widehat{\beta}$ 为 0。如果 $\widehat{\beta} \neq 0$，则“虚假” $treat_{it}$ 对夜光数值有影响。这表明基准回归遗漏了这个影响因素，因此基准结果存在偏差。具体而言，分别针对明代进士数量、清代进士数量、明清进士数量总数以及书院数量四种儒家文化影响的度量方式，逐一随机生成一个“虚假”的兴趣变量，并生成了“虚假”的估计 $\widehat{\beta}^{random}$，将这个过程重复 1 000 次，从而产生了 1 000 个相应的 $\widehat{\beta}^{random}$（见图 5-6）。

图 5-6 表示不同的儒家文化影响程度度量方式的估计值 $\widehat{\beta}^{random}$ 的分布，从中可以看出，所有 $\widehat{\beta}^{random}$ 系数呈正态分布，这一结果与安慰剂检验的预期一致，证实了基准回归结果的可靠性。

三、异质性分析

在本部分，笔者继续进行异质性分析，通过探讨不同子群体或样本特

① 这是由于统计了地级市经济、社会信息的《中国城市统计年鉴》仅发布年度数据，在样本仅有一年的情况下，其系数不可估计。

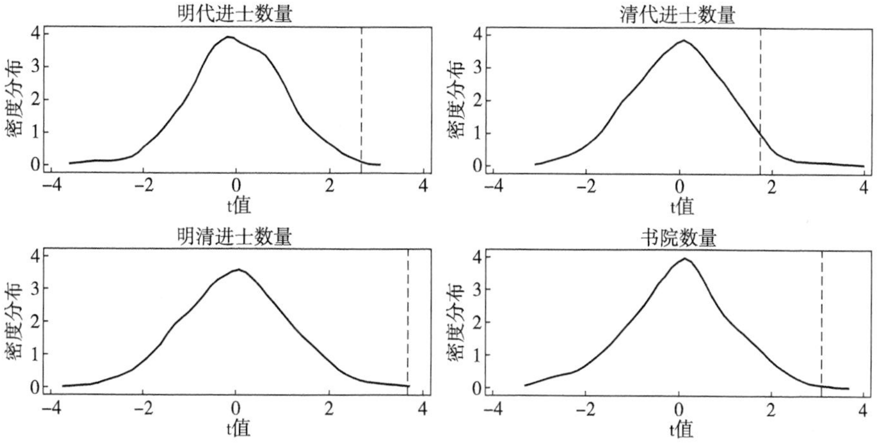

图 5-6　安慰剂检验

注：1 000 次“虚假回归”估计系数的概率分布状况。虚线为真实估计值的 t 值。

征对于研究结果的差异，分析儒家文化在灾害治理上的差异化效果。通过多种方式的异质性检验，可以确保研究结果不仅具有普遍适用性，同时能够反映不同地区、不同情境的真实影响。具体说，本书进行了如下异质性分析：区分了不同经济发展水平城市的影响、不同地区的影响、沿海城市和非沿海城市的影响，以及更为细致的针对每个地级市的独立影响。

（一）不同经济发展水平的差异分析

笔者首先基于不同的经济发展水平差异对样本城市进行分组，进行异质性检验。儒家文化在不同经济发展程度的城市灾害治理中的影响存在区别，主要有两种可能。

一种是在经济发展程度更高的城市，儒家文化在灾害治理中的作用更加显著，在一定程度上反映了“仓廪实而知礼节，衣食足而知荣辱”。一方面，在灾害的社会治理中非常依赖人与人之间休戚与共的互帮互助，即在思想上依赖对“利他”精神的广泛认同。现有研究普遍证实，收入水平同利他行为之间存在显著的正向关系，高收入者在社会支持和慈善捐赠方面表现得更为积极（Côté et al.，2015）。豪夫曼（Hoffman，2011）采用不同的数据和研究方法，亦得出了相似的结论。从另一方面看，高收入水平赋予个体为其他人提供帮助的经济能力，是其能够实现其“利他”理念的物质基础（Shao，2024）。

另一个可能是，儒家文化对于高收入水平城市灾害治理的影响显著低于低收入水平的城市。从社会层面看，高收入水平城市拥有更加健全的社会保障体系，更加充足的地方财政储备，仅依赖政府的救援就能实现灾害治理。从个人层面看，普遍较高的经济水平使得拥有商业保险的个人和家庭数量更多，且具有更多基于预防性需求储备的存款和现金，使得其居民抵抗风险的能力更强。这些条件使得需要依靠通过儒家文化影响形成利他精神，从而实现互帮互助的需求缺乏用武之地。相反，在基础设施不健全、个人风险抵御能力差的经济落后地区，可能更需要民间开展自发的互助自救活动，而儒家文化的影响是支撑其进行互帮互助活动的重要精神动因。为了讨论这一问题，笔者基于地级市的经济发展状况进行了异质性分析。具体说，根据全国 2019 年各地级市人均 GDP 的中位数，将样本分为两组，大于等于中位数组为高收入组，低于中位数组为低收入组。基于式（5.3）重新对两组样本进行回归，结果如表 5-11 所示。表 5-11 的奇数列为高收入组的回归结果，偶数列为低收入组的回归结果。

从表 5-11 的结果看，在进行分组回归后，儒家文化仍然会对灾害治理产生正且显著的影响，但总体说，对于高收入城市的影响低于低收入城市的影响。以第（1）列和第（2）列的解释说明为例。第（1）列反映以地级市明代进士数量度量儒家文化的影响，用高收入组城市样本进行分析的结论，其系数表明在“利奇马”登陆后，对于真实受到“利奇马”影响的城市来说，该市有记载的明代进士每增加 0.001 人，灾后的夜间灯光亮度上升 13%，这一结果在 1%水平下统计显著。第（2）列反映以地级市明代进士数量度量儒家文化的影响，用低收入组城市样本进行分析的结论，其系数表明在“利奇马”登陆后，对于真实受到“利奇马”影响的城市来说，该市有记载的明代进士每增加 0.001 人，灾后的夜间灯光亮度上升 29.1%，这一结果同样在 1%水平下统计显著。与高收入组相比，儒家文化在低收入城市组的灾害治理中效果明显更好。利用其他三种变量度量地级市儒家文化影响程度的结果分别在第（3）至（8）列，得到的结论一致且稳健，证明结果和第二种假设更为吻合。事实上，这一结论也更贴近于明清时期的灾害治理模式：在经济不发达且靠天吃饭的农耕社会，对民间自救依赖程度高的灾害治理以儒家文化影响为思想内核和内在动力。

表 5-11 异质性分析：不同经济发展水平

被解释变量：夜间灯光	明进士		清进士		明清进士		书院	
	(1)	(2)	(3)	(4)	(5)	(6)	(7)	(8)
兴趣变量	0.130***	0.291***	0.137***	0.282***	0.080***	0.151***	0.101***	0.165*
	(0.030)	(0.102)	(0.031)	(0.065)	(0.015)	(0.041)	(0.025)	(0.096)
利奇马	-0.010*	-0.005	-0.013**	-0.004	-0.013**	-0.003	-0.014**	-0.005
	(0.006)	(0.008)	(0.006)	(0.009)	(0.006)	(0.009)	(0.006)	(0.008)
常数项	1.256***	0.109**	1.242***	0.034	1.220***	0.031	1.226***	0.048
	(0.024)	(0.051)	(0.026)	(0.087)	(0.026)	(0.087)	(0.026)	(0.087)
气象控制变量	是	是	是	是	是	是	是	是
城市固定效应	是	是	是	是	是	是	是	是
月份固定效应	是	是	是	是	是	是	是	是
样本量	39 936	34 077	43 528	38 656	43 528	39 746	44 252	42 273
R^2	0.984	0.959	0.979	0.940	0.979	0.939	0.978	0.934

注：注释同表 5-3。

（二）不同地区的异质性分析

笔者进一步做基于不同地区的异质性分析，主要基于儒家文化在不同地区影响程度的差异。从历史和文化背景看，中国幅员辽阔，各地区的历史发展进程不同。例如，北方地区在历史上经历了多次政治和军事冲突，使得儒家思想更多地与国家治理和权力巩固联系在一起。而南方地区则更注重商业和民间文化，儒家思想在这些地方更多地与实用主义和日常伦理相结合。从既往的地方政治环境看，各地区在历史上政治环境不同，会影响儒家思想在当地的传播和接受程度。例如，江浙地区在历史上由于经济发达，官绅和知识分子在推动地方治理中发挥了重要作用，使得儒家思想在这里培育了较强的家族和宗族伦理观念。而在边远地区，如西部和边疆地区，儒家文化往往与当地少数民族文化交织在一起，产生了更为多元的文化形式。从经济发展水平看，经济水平会影响文化的传播和接受。在经济较发达的地区，人们更容易通过教育、书籍和知识传播接触到儒家经典和思想，并将其融入地方文化中。相较之下，经济较落后的地区缺乏这样的文化基础，因此，儒家文化的影响相对较弱或更为简单化。从地理因素看，地理位置和环境条件也对文化影响的传播和接受有一定的制约。例如，沿海地区自古以来是贸易和交流的中心，这些地区的文化往往受到外来思想的影响，儒家文化在这些地方会吸收更多的外来元素，形成融合性质的文化特色。而内陆地区由于相对封闭，儒家思想以更传统和保守的形式存在。

由于这些因素，导致儒家文化的发展程度和方式在不同地区呈现明显的差异化特征，对于其灾害治理的效果产生差异化影响，因此笔者进行了地区间的异质性分析。具体方法是，将样本分为东、中和东北三个地区，删除了西部 12 个省市的样本[①]，回归结果见表 5-12。第（1）（4）（7）（10）列汇报了东部城市的回归结果，第（2）（5）（8）（11）列汇报了中部城市的回归结果，第（3）（6）（9）（12）列汇报了东北部城市的回归结果。从表 5-12 的结果可以看出，儒家文化对于灾害治理的效果在东北地区最为明显，中部地区次之，东部地区最为微弱，且在东北地区的影响远高于东部地区[②]。

类似的，笔者将所有城市分为沿海城市和非沿海城市[③]，分别对式（5.3）进行回归，结果见表 5-13。表 5-13 的奇数列汇报了沿海城市样本的回归结果，偶数列汇报了非沿海城市的回归结果。总体说，不论用何种方式度量，儒家文化对于非沿海城市的灾害治理影响程度都显著高于沿海城市的灾害治理影响程度。

---

① 东部地区包括上海、山东、江苏、浙江、福建、广东、北京、天津、河北，中部地区包括山西、河南、安徽、湖北、江西、湖南，东北地区包括黑龙江、吉林、辽宁。在对“利奇马”登陆后的台风中，西部地区实际受台风影响的城市为 0，因此删除这一地区的样本。

② 东北地区样本所进行的估计系数明显高于其他两个地区，可能是由于样本的不平衡性导致的。

③ 沿海与非沿海城市的分类标准为：天津、上海、大连、丹东、营口、盘锦、锦州、葫芦、唐山、秦皇岛、沧州、青岛、东营、烟台、潍坊、威海、日照、滨州、连云港、南通、盐城、杭州、绍兴、宁波、温州、嘉兴、舟山、台州、福州、厦门、莆田、泉州、漳州、宁德、钦州、北海、防城、广州、深圳、珠海、中山、汕头、江门、湛江、惠州、汕尾、阳江、茂名、揭阳、潮州、海口、三亚、儋州、三沙为沿海城市，其他城市为非沿海城市。

表 5-12　异质性分析：不同地区

被解释变量：夜间灯光	明进士			清进士		
	(1)	(2)	(3)	(4)	(5)	(6)
兴趣变量	0.128***	0.432*	30.885***	0.127***	0.397**	11.321***
	(0.027)	(0.228)	(10.543)	(0.028)	(0.163)	(3.879)
利奇马	-0.010*	-0.023**	-0.055***	-0.010*	-0.027**	-0.041*
	(0.006)	(0.010)	(0.013)	(0.005)	(0.011)	(0.022)
常数项	1.310***	0.688***	1.256***	1.383***	0.716***	1.085***
	(0.044)	(0.036)	(0.244)	(0.047)	(0.036)	(0.327)
城市固定效应	是	是	是	是	是	是
城市固定效应	是	是	是	是	是	是
月份固定效应	是	是	是	是	是	是
样本量	22 520	25 046	4 347	23 610	24 320	7 813
R^2	0.988	0.975	0.973	0.989	0.975	0.931

被解释变量：夜间灯光	明清进士			书院		
	(7)	(8)	(7)	(8)	(7)	(8)
兴趣变量	0.074***	0.208**	9.547***	0.089***	0.225**	14.301***
	(0.013)	(0.097)	(3.209)	(0.023)	(0.088)	(4.679)
利奇马	-0.011*	-0.023**	-0.042*	-0.011*	-0.023**	-0.046***
	(0.006)	(0.010)	(0.021)	(0.005)	(0.010)	(0.018)
常数项	1.366***	0.688***	1.059***	1.392***	0.688***	1.162***
	(0.046)	(0.036)	(0.325)	(0.048)	(0.036)	(0.319)
城市固定效应	是	是	是	是	是	是
城市固定效应	是	是	是	是	是	是
月份固定效应	是	是	是	是	是	是
样本量	22 520	25 046	4 347	23 610	24 320	7 813
R^2	0.988	0.975	0.973	0.989	0.975	0.931

注：注释同表 5-3。

表 5-13　异质性分析：不同经济发展水平

被解释变量：夜间灯光	明进士 (1)	明进士 (2)	清进士 (3)	清进士 (4)	明清进士 (5)	明清进士 (6)	书院 (7)	书院 (8)
兴趣变量	0.112***	0.236***	0.121***	0.219***	0.064***	0.139***	0.085***	0.186***
	(0.031)	(0.058)	(0.022)	(0.078)	(0.013)	(0.032)	(0.022)	(0.052)
利奇马	-0.006	-0.010*	-0.004	-0.011	-0.004	-0.010	-0.008	-0.011*
	(0.006)	(0.006)	(0.006)	(0.006)	(0.006)	(0.006)	(0.006)	(0.006)
常数项	1.447***	0.482***	1.449***	0.425***	1.449***	0.402***	1.420***	0.415***
	(0.188)	(0.028)	(0.171)	(0.043)	(0.171)	(0.043)	(0.175)	(0.043)
气象控制变量	是	是	是	是	是	是	是	是
城市固定效应	是	是	是	是	是	是	是	是
月份固定效应	是	是	是	是	是	是	是	是
样本量	15 260	58 753	16 713	65 471	16 713	66 561	17 076	69 449
R^2	0.977	0.977	0.982	0.967	0.982	0.966	0.982	0.964

注：注释同表 5-3。

（三）城市独立影响估计

为了更进一步考察儒家文化对于灾害治理效果影响的异质性，笔者对每个地级市的独立影响（City Specific Estimates）进行估计。参照格林斯通等（Greenstone et al.，2022）和 Zou（2021）的方法，基于式（5.3）对于每个城市重新进行估计，以捕捉儒家文化对于每个城市灾害治理的特异性影响。这些估计系数和其相应的95%置信区间在图 5-7 中汇报。

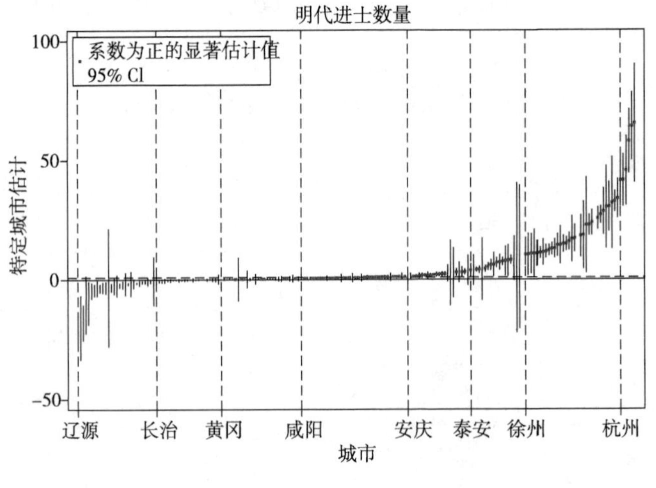

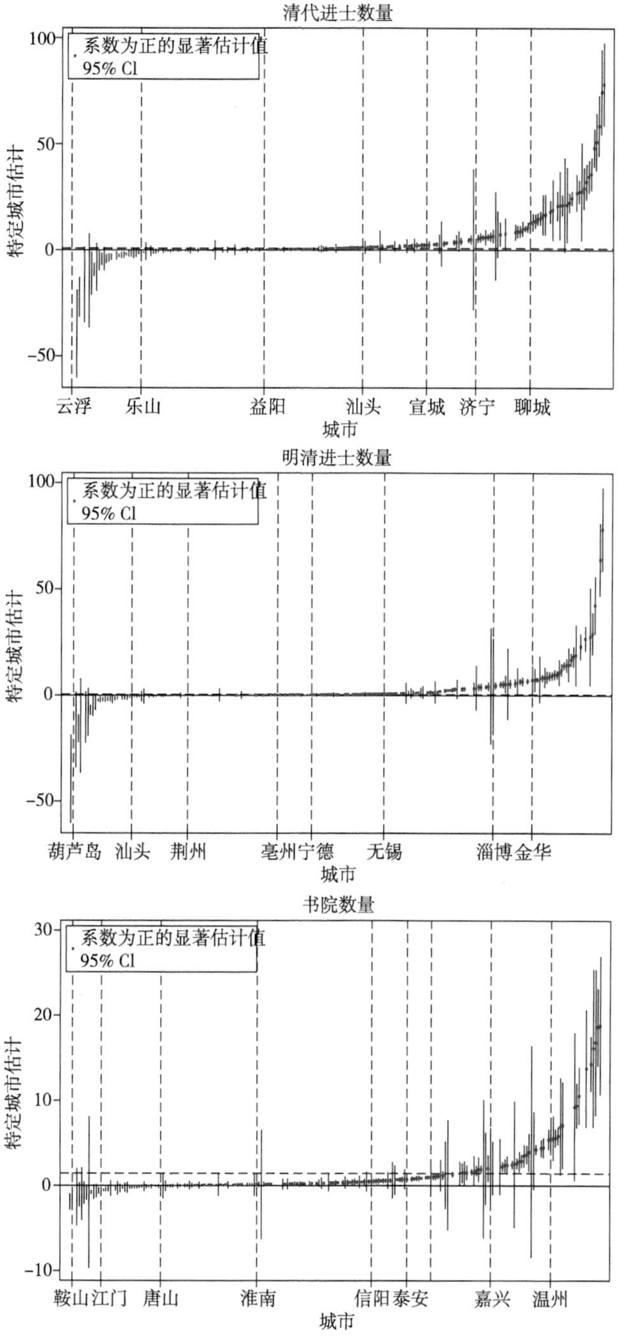

图 5-7 城市独立影响估计

注：用不同变量衡量儒家文化对于灾害治理效果的城市独立影响的估计值，以及其对应的 95%置信区间。

图 5-7 分别汇报了明代进士数量、清代进士数量、明清进士数量以及书院数量作为儒家文化影响代理变量的城市独立影响估计，点代表系数为正的估计系数，表示儒家文化对于这些城市的灾害治理起到了正向的作用，竖线代表相应的95%置信区间。以明代进士数量作为儒家文化影响的代理变量为例，城市独立影响估计显示 76. 9%的估计系数为正，说明儒家文化对这些城市的灾害治理起到了正向作用。用其他变量度量儒家文化影响进行的城市独立影响估计结果也大体如此，说明对于大多数地级市来说，儒家文化确实在“利奇马”侵袭后对于经济的恢复起到了正向的影响。而从影响的大小看，总体说，受儒家文化影响较大的山东、江苏、浙江等地的估计系数较大，这一结论同直觉相一致。

第四节　机制分析

本节进行机制检验，分析儒家文化是如何对灾害治理产生正向影响的。结论发现，儒家文化通过改变人们的互助观念、增加对社会和他人的资助，以及增加从他人和社会获得资助的概率实现更好的灾害治理。由于在宏观层面难以对儒家文化如何影响灾害治理的效果进行机制检验，本书采用 2018 年中国家庭追踪调查（CFPS）相关数据进行机制检验。由于中国家庭追踪调查问卷是个体层面的年度问卷，与日度的台风数据无法进行匹配，在机制检验中笔者只能选择儒家文化作为兴趣变量，对于机制变量进行回归检验。由于检验中涉及的机制变量过多，使用所有儒家文化影响程度的变量逐一回归过于占篇幅，因此在该部分仅以地级市现存书院一个变量进行机制分析。用其他变量回归的结果大体同书院结果一致。

一、儒家文化改变互助观念

笔者假设的第一个机制，是儒家文化可以改变人们的互助观念，引导人们更愿意在他人遇到困难时施以援手。儒家文化强调人与人之间的和谐、责任、义务和互助精神，认为社会的稳定与个人的道德修养密切相关，因此有助于引导人们形成互助观念。首先，儒家文化倡导仁爱思想。儒家文化的核心概念之一是“仁”，指的是对他人的关爱与同情。孔子提倡“己所不欲，勿施于人”，强调通过理解他人、体谅他人维系人与人之间的和谐关系。仁的实现不仅是对亲近之人的关爱，更扩展到社会中的每个人。传播儒家思想有助于培养人们对他人的关注与帮助意识。其次，儒家强调个人在家庭、社会中的责任和义务，特别是“孝悌”之道，认为家庭成员之间应当互相关爱与帮助。同样，在社会层面上，儒家文化推崇“忠”与“信”，提倡人们为他人着想，承担社会责任。因此，儒家文化的传播能够增强人们对社会责任的认同，进而促进人与人之间的相互帮助。此外，儒家文化通过“礼”规范人与人之间的交往。礼不仅是外在的行为规范，更是内心的道德约束，要求人们在处理人际关系时，始终保持谦恭、尊重与关怀。传播儒家文化能够使人们更愿意在日常生活中互帮互助，特别是在集体或社会层面，表现为通过礼让与照顾他人促进社会和谐。这与笔者在前面章节分析的儒家文化可以通过“内推”和“外推”实现“孝”和“忠”的转化，从而形成灾害治理模式的精神动力的结论相一致。

笔者基于2018年中国家庭调查追踪数据相关的问题，对这一机制进行了检验。具体说，选择了“你认为自己的人缘关系怎么样?”“你觉得大部分人是乐于助人的还是自私的?”以及“你对陌生人的信任程度如何?”三个问题构建相应的变量，衡量人们的互助观念①。笔者加入个体层面的控制变量城乡、性别、民族和年龄，并固定了被访问年份以及月份的固定效应，回归结果见表5-14。

表5-14　机制检验：儒家文化对互助观念的影响

被解释变量	人缘 (1)	助人 (2)	信任 (3)
儒家文化	0.007 (0.038)	0.067* (0.035)	0.189*** (0.041)

① “你认为自己的人缘关系怎么样?”和“你对陌生人的信任程度如何?”两个问题要求受访者进行打分，0为非常不信任，10为非常信任，打分区间为0~10分。“大部分人是乐于助人还是自私?”的问题为虚拟变量，1为倾向于大多数人乐于助人，0为倾向于大多数人是自私的。

续表

被解释变量	人缘 (1)	助人 (2)	信任 (3)
户籍	-0.009 (0.016)	-0.031** (0.015)	0.112*** (0.018)
性别	-0.048** (0.024)	0.094*** (0.022)	0.448*** (0.027)
民族	0.002 (0.006)	-0.016*** (0.005)	-0.022*** (0.006)
年龄	0.006*** (0.001)	0.007*** (0.001)	-0.006*** (0.001)
常数	4.310*** -1.161	3.593*** -0.121	2.940*** -0.106
月份固定效应	是	是	是
样本数	26 346	26 231	26 269
R^2	0.004	0.008	0.022

注：①被解释变量人缘指的是你认为自己的人缘关系怎么样？助人指的是你觉得大部分人是乐于助人的还是自私的？信任指的是你对陌生人的信任程度如何？解释变量儒家文化为地级市受儒家文化的影响程度，主要用地级市现存书院数量构建。控制变量为户籍，性别和民族，该回归控制了受访月份的固定效应。

②括号里的结果为稳健标准误。

③*表示在10%显著性水平上显著，**表示在5%显著性水平上显著，***表示在1%显著性水平上显著。

表5-14第（1）列汇报了儒家文化对于人缘的结果，其估计系数为正，但统计不显著，说明儒家文化对于人缘关系没有影响。第（2）列汇报了儒家文化对于助人观念的影响，其系数为正且显著，说明儒家文化会增加人们认同大多数人是会互相帮助而非自私的观念。第（3）列汇报了对陌生人信任程度的影响，其系数为正且显著，说明儒家文化会增加对陌生人的信任程度。这说明儒家文化的熏陶有助于增加对于非亲缘关系个体的情感认同，并且能够帮助人们形成“利他”观念。这些观念的塑造有助于在灾害发生后，促使人们形成自发的互相帮助，进而对

于灾害治理和经济恢复产生正向的影响。

二、儒家文化增加对他人的现金帮助

儒家文化对于灾害治理产生正向影响的第二个机制是增加对他人的现金资助。在前面章节已经提到，中国传统乡土社会的组织遵循一种“差序结构”，即以个人为中心，在儒家“亲亲”文化的支配下，爱如投入湖心的石子，如水波纹一般一圈圈蔓延出去，逐渐将这种有差别的爱散布给亲人、朋友、邻居乃至陌生人。这就是由“孝”到“忠”推己及人的精神动力。而对于灾害治理来说，想要实现灾害治理的良好效果，就必须尽可能募集更多的赈灾资金，对他人进行无偿的援助，这是灾害治理社会治理层面得以良好运作的物质条件。由于笔者缺乏灾害发生后各地区捐款总数的信息，退而求其次，选择了中国家庭追踪调查问卷中有关对于他人提供现金支持和帮助的相关问题，对儒家文化是否会增加对他人的现金资助进行考察。

具体说，笔者选择了“过去 12 个月，您家向不同住的亲戚，包括不同住子女、父母、公婆和其他亲戚，提供的现金或实物的经济帮助共值多少钱？（简称‘给亲戚经济的帮助’）”，“过去 12 个月，不包括社会捐款，您家向其他人（如朋友、同事）提供的现金或实物的经济帮助共值多少钱？（简称‘给其他人的经济帮助’）”，以及“过去 12 个月，您个人是否向任何组织或个人捐过款？（简称‘捐款’）”①。这三个问题，在层次上符合推己及人的同心圆式关爱，从亲戚到熟人，再到陌生人，笔者分别对其进行回归，检验儒家文化的影响程度是否会对这些现金资助行为产生影响，结果如表 5-15 所示。

表 5-15　机制分析：儒家文化对于给予他人现金资助的影响

被解释变量	亲戚 (1)	其他人 (2)	捐赠 (3)
儒家文化	0.496*** -0.065	0.316*** -0.044	0.058*** -0.008

① 前两个问题涉及的金钱单位为元/年，笔者对其进行了对数化处理，以便在回归中衡量儒家文化对其影响的程度。根据第三个问题，笔者构建了一个捐款的虚拟变量，其中 1 为是，0 为否。

续表

被解释变量	亲戚 (1)	其他人 (2)	捐赠 (3)
户籍	0.114 *** -0.017	0.117 *** -0.012	0.032 *** -0.004
性别	-0.022 -0.04	-0.019 -0.028	0.024 *** -0.005
民族	0.006 -0.009	-0.007 -0.006	-0.007 *** -0.001
年龄	-0.007 *** -0.001	-0.009 *** -0.001	-0.005 *** 0
常数	2.060 *** -0.059	1.550 *** -0.041	0.428 *** -0.009
月份固定效应	是	是	是
样本数	28 380	28 363	24 165
R^2	0.009	0.012	0.06

注：被解释变量亲戚指的是给亲戚的经济资助，其他人指的给其他人的经济帮助，捐赠指的是给社会的捐赠。其他注释同表 5-14。

表 5-15 的第（1）列汇报了儒家文化对于给亲戚经济帮助的影响，可以看出当地的书院数量每增加 0.01 个，会导致被访者对于亲戚提供的现金帮助上升 49.6%，这一结果在统计学意义上显著。从第（2）列可以看出，当地的书院数量每增加 0.01 个，会导致被访者对朋友和同事等其他人提供的现金或实物帮助上升 31.6%。这一数值低于对亲戚的帮助，符合本书所论述的有差别的爱原理。第（3）列显示，当地的书院数量每增加 0.01 个，选择向社会进行捐赠的概率上升了 5.8%。上述分析均证实了儒家文化的影响，有助于增加受访者对于他人提供更多的现金和实物帮助，在一定程度上可以支持儒家文化对于灾害治理的正向影响通过提供现金实物帮助传导：合理推断在遇到灾害时，人们可能基于儒家文化的熏陶，向亲友、熟人甚至陌生人提供现金帮助，从而实现同舟共济、共渡难关。

三、儒家文化增加接受来自他人的现金帮助

笔者认为，儒家文化增加灾害社会治理效率的第三个可能的机制是更容易使人获得来自他人的现金资助。在上述两个机制中，笔者已经验证了儒家文化影响了人们的互助观念，使人们具备了在灾害治理中互相帮助的动机，并确实催生了人们向他人提供现金帮助，为更好地进行灾害治理提供了物质条件。那么在最后一个机制检验中，笔者想要证实人们确实可以获得各种形式的民间和社会现金帮助，从而使得互助形成一个具有主观动机、帮助行为和接受帮助的闭环。

为了验证这一假设，笔者在中国家庭追踪调查中选择了三个相关问题，分别与儒家文化增加对他人的现金帮助的机制使用的变量相对应，即“过去 12 个月，您家从不同住的其他亲戚，包括不同住的父母、公婆和其他亲戚那里获得了多少现金或实物方面的经济帮助?”“不包括社会捐助，过去 12 个月，您家从其他人（如朋友、同事）那里获得了多少现金或实物方面的经济帮助?”以及“过去 12 个月，您家是否收到过现金或实物形式（如食品、衣服等）的社会捐助?”笔者基于这三个问题构建了机制变量，具体为对前两个问题进行了对数化处理，对第三个问题构建了虚拟变量，并度量了儒家文化对上述机制变量的影响，其估计结果在表 5-16 的第（1）列到第（3）列中汇报。

表 5-16 机制分析：儒家文化接受他人现金实物帮助的影响

被解释变量	亲戚 (1)	其他人 (2)	捐赠 (3)
儒家文化	0.037*** (0.007)	0.196*** (0.040)	0.033*** (0.009)
户籍	0.009*** (0.002)	0.045*** (0.011)	0.004* (0.002)
性别	0.000 (0.005)	0.020 (0.025)	-0.007 (0.005)
民族	0.004*** (0.001)	-0.005 (0.006)	-0.000 (0.001)

续表

被解释变量	亲戚 (1)	其他人 (2)	捐赠 (3)
年龄	0.001*** (0.000)	-0.004*** (0.001)	-0.000** (0.000)
常数	1.561*** (0.007)	0.790*** (0.036)	4.957*** (0.008)
月份固定效应	Yes	Yes	Yes
样本数	28 421	28 411	27 872
R^2	0.008	0.004	0.001

注：被解释变量亲戚指的是受访者从亲戚处获得的经济资助，其他人指的是从其他人处得到的经济帮助，捐助指的是受访者得到的社会捐助。其他注释同表 5-14。

结果发现，儒家文化导致被访者从亲戚处得到的现金、实物帮助增加了 3.7%，使得被访者从其他朋友、同事处得到的现金、实物帮助增加了 19.6%，接受的社会捐助增加了 3.3%。这证实了儒家文化能够增加接受他人现金实物帮助的概率和数量。基于此结论可以合理推断，在灾害治理过程中，儒家文化浓厚的地区，人们不仅具有互相帮助、共渡难关的意愿，并且能够愿意为他人提供实际的帮助，并且能够从他人获得实际的帮助。

第五节　小　结

本章以 2019 年台风“利奇马”作为自然灾害的外生冲击，结合夜光数据和儒家文化代理变量，实证分析了儒家文化对灾害治理效果的影响。通过构建双重差分模型（DID），本章检验了不同地区的儒家文化深厚程度如何影响台风灾害后经济恢复。首先验证了自然灾害对经济的影响，结果发现，台风“利奇马”的侵袭显著降低了地级市的夜光水平，说明灾害对于经济发展会造成显著的负向影响，平行趋势检验证实了在“利奇马”登陆 20 天之后，经济仍然有负且显著的影响。进一步的，笔者检验儒家文化是否会影响灾害的治理效果。选择明代进士数量、清代进士数量、明清进士数量和现存书院数量，作为衡量地级市儒家文化影响程度的代理变量，利用儒家文化的代理变量与灾害冲击变量，以及真实受“利奇马”影响地区的虚拟变量的交互项作为兴趣变量，对于夜间灯光进行回归，其系数为正且统计学显著，表明儒家文化深厚的地区在台风“利奇马”登陆后，夜光亮度恢复速度更快。这表明，当以明代、清代及两者总和的进士数量作为儒家文化影响的代理变量时，其在主回归模型中均显示显著的正向影响。即明清时期进士数量多的地区，在台风灾害后，夜光亮度恢复速度较快。这一结果在以现存书院数量作为儒家文化影响程度的代理变量时得到了验证。基于这些结果，可以认为儒家文化深厚的地区更具备灾后恢复的韧性。

为了支持这一结论，本章进行了一系列稳健性检验。具体说，为了验证结论的稳健性，用夜光数据的净值替换夜光数据的对数值进行回归，结果显示，儒家文化代理变量的交互项仍然显著为正，支持了主回归的结论。这说明无论夜光数据是以对数形式还是以净值形式呈现，儒家文化均对灾后经济恢复产生积极影响。进一步的，增加了固定效应，引入“城市×月份”交叉固定效应，以控制不同城市的月度季节性波动及短期冲击，排除可能影响估计结果的时变异质性因素。在增加交叉固定效应后，儒家文化的代理变量依然表现出显著的正向效果，表明即使在控制了更细致的时空特征后，儒家文化对灾害治理的正向影响仍然稳健。除此之外，笔者排除其他台风影响，为避免其他热带气旋对夜光数据的潜在干扰，进一步控制了其他热带气旋的极大风速，以确保分析结果专门反映“利奇马”台风的影响。即便在排除其他热带气旋的干扰后，儒家文化对灾害治理效果的正向作用依然显著，表明其他台风事件并未对本书结果产生重大干扰。此外，为检验双重差分模型的平行趋势假设，对夜光数据在台风发生前的变化趋势进行了检验，发现受儒家文化影响较深的地区与其他地区的夜光趋势在灾害发生前保持平稳，灾害发生后则显示显著分化。平行趋势检验结果支持了双重差分模型的因果推断前提，为主回归的有效性提供了进一步支持。

本章还进行了异质性检验，以进一步探讨儒家文化影响在不同地区特征下的差异。具体而言，通过分样本检验了儒家文化在经济发展水平、城市化程度不同的地区是否存在差异化影响。结果发现，儒家文化对灾害治理的积极影响在经济发展水平较低地区更为显著，是由于经济落后地区的社会保障制度不健全，更需要发挥互助互利的灾害社会治理。此外，儒家文化对灾害治理的影响在东北地区影响最强、中部次之、东部最弱，且对沿海地区的影响弱于其他地区。进一步的，笔者进行了城市独立影响估计，结果显示，在儒家文化传统浓厚、影响大的地区灾害治理效果更强。

为探究儒家文化对灾害治理效果的具体机制，本章采用中国家庭追踪调查（CFPS）数据进行机制检验。根据中国家庭追踪调查数据中包含的有关社会互助、社区合作等行为的问卷调查数据，发现儒家文化影响被访者的互助意愿，增加被访者为他人提供现金和实物帮助的概率和力度，增加接受来自他人的现金帮助的概率和力度，从而形成了一种灾害治理的社会机制。具体看，本章的机制分析证实了个体会向亲友、熟人、陌生人提供差异化的帮助，验证了“差序格局”中“孝”和“忠”的转化，从侧面验证了之前章节关于儒家文化是构成明清时期灾害治理机制文化基础的结论，为其提供了量化支撑。

综上所述，本章通过对台风“利奇马”的实证分析，揭示了儒家文化对灾害治理的积极作用。儒家文化影响较深的地区在灾害发生后，能够更快速地动员资源，重建社会经济秩序，从而缓解灾害带来的经济冲击。这一发现支持了儒家文化的互助精神和社会凝聚力对灾害治理和经济恢复的积极作用。主回归、稳健性检验、异质性检验和机制检验均表明，儒家文化深厚的地区在灾害冲击后表现出更强的经济恢复能力和社会凝聚力。这一发现具有重要的政策含义，表明在制定灾害治理政策时，应当考虑文化因素对灾后恢复的潜在贡献，尤其是加强灾害应对中的社区互助和社会资源动员机制，以更好地利用文化传统的积极作用。未来研究可以进一步探讨不同文化因素在灾害治理中的作用机制，为现代灾害治理提供更为全面的政策建议。

附录　夜光数据 NTL 的处理

VNP46A2 数据集是使用双向反射分布函数（BRDF）的每日月光和大气校正的夜间灯光（NTL）产品，该数据自 2012 年 1 月 19 日开始每日提供。数据全程在 Google Earth Engine（GEE）平台处理完成。

具体方法如下：①将中国行政区划 shapefile 上传到 GEE 平台中。②加载一年的 NOAA/VIIRS/001/VNP46A2 影像，并将一年的影像（每个影像有 1 个波段）合并成一个多波段影像。例如，如果这一年具有 365 幅影像，则合并后得到一幅具有 365 个波段的影像。③调用 GEE 平台中的 ReduceRegions（）函数，该函数的作用是统计一个 shape 文件中所有 feature 覆盖范围内的影像值，统计指标包括 mean、median、max、min、sum 等。如果一个影像有多个波段，该函数会分波段进行统计。在此次数据处理中，笔者使用 mean 统计指标，得出每个县域一年中每一天的夜光数据的均值。④需要注意的是，在该函数统计过程中，如果遇到一个 feature 范围内部分数据缺失，就统计未缺失部分的均值，除非这个 feature 范围内该影像的该波段数据完全缺失。

第六章　明清时期灾害治理机制的变迁

从上述各章的分析中不难看出，士绅阶级不论是在官方赈济还是民间赈济中，都发挥了举足轻重的作用，是明清时期灾害治理机制研究中不可或缺的部分。因此，笔者在本章聚焦士绅在赈济中的方式选择问题，并以此分析得到明清时期灾害治理机制变迁的历史脉络。笔者基于经济学理论模型设立的原则，最大程度地简化了模型的前提条件，将明清士绅看作是同质的个体，基于其效用函数对于单个士绅构建了序贯博弈模型，对于灾害治理方式的选择进行分析，进而能够得到这个群体在不同时期、不同条件下对于赈济方式选择的差异，刻画出明清时期灾害治理机制的变迁过程。通过以道光朝为案例进行的计量经济学实证分析，为士绅助赈方式选择的决定性因素提供了量化证据。此外，在本章中笔者通过福利分析，对于官赈和民赈的关系进行阐述。

第一节　明清时期民间助赈活动的参与方式选择

一、明清时期的劝分政策及民间助赈活动的参与方式

由于明清灾害发生频繁，应赈人口规模庞大，政府面临空前的赈灾压力，因此非常注重民间力量在赈灾中的作用。为了最大程度地调动民间力量的积极性，明清政府制定了一系列救荒政策，鼓励具有经济实力的民间力量参与到各种形式的民间助赈活动中来。

首先，明清政府对于民间备荒仓储的设立进行了制度化建设，以便更好地吸纳民间资本，支持赈灾活动。明清的备荒仓储设置基本延续了历朝旧例，除设定官方仓储“常平仓”之外，明政府积极鼓励设立民间仓储，

“民间亦有私仓，或名曰义仓、福仓等，皆出于民间之善心，以备荒年”。康熙年间，清政府谕令直隶等各省设立社仓，社仓是由民间出资设立、官督民办的备荒仓储，随后的雍正、乾隆二朝“多言社仓之益”①，使得社仓得到了极大发展。此外，自道光年间开始，清朝政府屡屡颁布政令鼓励义仓的设立。

其次，明清政府通过劝喻和褒奖等方式鼓励具有经济实力的士绅捐款捐粮，用以充实备荒储备。明清政府采用旌奖制度，即针对不同的捐献规模论功行赏，给予不同等级的名誉旌奖。在平常年份，政府一方面鼓励士绅向常平仓捐输纳粮，根据倪玉平（2007）的考证，富民捐输同贡监捐纳、按亩摊征、截漕增补、拨帑银采买等，构成了清代常平仓的谷本来源。民间所捐献的仓谷，作为官赈的一部分被用于灾荒中的平粜和赈济。另一方面，明清政府鼓励士绅向社仓、义仓捐输，用以充实民间仓储的备荒力量，成为官方仓储的补充。除平常年份的“常捐”之外，每遇荒年，清政府允许地方官员在奏报中央政府的条件下向士绅进行劝谕捐输，募得钱谷往往由地方政府统一调度，用以赈济本乡本土灾民。此外，政府对于以个人或团体所进行的施谷、粥赈、免债、贷籽种等自发救济活动进行嘉奖。

在上述政策的影响下，明清时期士绅积极加入灾害赈济活动中来。他们的助赈行为可以被分为官民合作和直接进行民间赈济两种。官民合作具体指捐输助赈，其本质是以民间资本充实官赈资金，委托政府进行赈灾。根据这个定义，笔者将民间力量对于常平仓和社仓、义仓的捐输，以及在地方官员的劝谕下应对本地灾情的捐助纳入捐输助赈的范畴，其共同的特点是政府在这些方式的赈济活动中都有一定参与度。需要特别解释的是针对社义两仓的捐输。两者尽管作为民间仓储，其组织、运营、管理均有一定的官办色彩，不仅必须按照政府的原则经营，并需每年报告经营状况。所以笔者将社义两仓的捐输也纳入官民合作赈济模式范畴。

二、明清时期民间助赈活动的参与主体

地方精英成为组织、管理、参与民间助赈活动的主要力量，地方精英

① （清）《世宗宪皇帝实录》卷39，《清实录》（第7册），中华书局1986年版，第6150–6161页。

主要由具有科举功名的士绅以及掌握社会财富的商人构成[①]。一方面，明清时期家族和乡里合一的治理结构赋予士绅阶级“上传下达”的独特身份：他们既作为地方领袖为宗族和地方代言，又作为政府的代理人承担基层社会的管理职责（冯尔康，2018）。为实现“保族敬宗”、获得地方威信和控制权或单纯的急公好义精神，他们乐于以各种形式参与捐款助赈活动。例如，在清代全国各地都有“结会”或“打会”的传统，推举有威望的人做会首，“不论贫富，愿与者月朔望各出资，以谨愿者一人掌之”[②]。如遇天灾，则需组织进行对贫困成员的赈济。

另一方面，商品经济的发展和儒家“藏富于民”“富民为国家所赖”思想（余英时，1998），催生了一批掌握社会财富的庶民阶级，虽然“贱不必不贵”“士多出于商”已经成为常见的社会现象，但商人仍然希望实现阶级的向上流动，提高自身的社会地位。与以“卖官鬻爵”为本质捐纳制度相比，向政府捐输财物进行助赈更符合重利轻义、急公好义的道德规范（吴滔，1998），积极参与其他形式的民间赈济也有利于提高其在当地的威望，因此，清代富商乐于参与助赈活动，成为除士绅外的另一大参与主体。

第二节　明清士绅助赈偏好的选择：基于序贯博弈模型的分析

一、两种民间助赈方式的比较

作为民间赈灾最主要的参与者，士绅主要通过两种方式进行助赈，一种是向政府捐输财物，委托政府进行赈济的官民合作模式；另一种是由个人直接向百姓提供赈济。从政府的角度出发，接受士绅的捐输，由政府统一组织救灾无疑是最理想的方式。士绅捐赠的财物一方面能够减轻政府赈灾的财政负担；另一方面，由政府出面对灾民进行赈济确保了“使恩出于

① 本书通称这些地方精英为士绅。

② （清）萧元吉：《许州志》卷1，清道光十八年刻本。

上”，防止地方精英以个人为名义的赈灾获得民心，形成地方势力，威胁自身的统治。为调动士绅捐输助赈的热情，明清政府沿用了历代“劝分”政策，并将这一政策的运用发展到了顶峰（赵克生，2005）。对于踊跃捐输助赈的个人，除减免相应的杂泛差役之外，明代政府以“义民旌表”取代汉代以来的“入粟补官”之法，是对“劝分”政策的根本性改革，清朝也沿用了相同的政策。而从士绅的角度出发，尽管“冠带荣身”的奖励通过提升其社会地位为其谋得潜在的收益，具有一定的吸引力，然而这种以政府权威为背书的名誉奖励仍以政局稳定为保障[①]。归根结底，地方精英热衷于助赈事业的根本目的仍在于维持稳定的社会环境，以此拱卫自身的财富和安全，并在可能的情况下利用助赈所带来的威信提升谋得长远利益。因此，士绅选择何种方式赈灾的决定性因素是赈灾的效率，如何使捐助的财物最大程度地减缓灾情是士绅进行助赈决策考虑的首要问题。

从两种助赈方式的选择看，捐输助赈的实质是吸纳民间资本充实政府财政，由政府统一配置资源进行救灾，其效率高低事实上是对官赈效率的衡量。由于赈灾涉及的地区和人员广泛，需要调动的资源数量庞大，因此需要强大的资源配置能力，由政府组织进行官赈无疑是最有效率的模式，其优越性主要体现在三个方面：一是国家具有足够实力解决处理灾害过后市场失灵带来的次生问题。二是只有以强制力为后盾的中央政府具备跨区域调拨资源的能力，在赈灾中发挥“集中力量办大事”的优越性。三是由政府提供赈灾服务具有规模效应：“当有组织的专门从事这些服务时，所得到的社会总收入要高于社会上每个人保护其各自财产时所得到的社会总收入。”（诺思，1992）

由于上述优越性，在明清两代中前期士绅有充足的意愿向政府捐输，委托政府赈灾，是由于朝代前期吏治清明、各级政府运行有效，因此官赈效率有充足的保障。然而，政府的赈灾效果是否有效受到诸多条件的制约，例如，官僚机构的运行效率、官员队伍是否廉洁、政府的财政收支状况等，都会影响捐输资金的实际使用效率。这些条件概括来说即为国家治理能力的高低：在国家治理能力较强的历史时期，官赈的优越性可以得到

① 这种名誉奖励可以发挥作用的前提在于，政府受到民众的支持和拱卫。一旦政府因赈灾不利丧失民心，则“冠带荣身”所代表的威信会大幅缩水。

充分发挥；反之官赈的效果则会大打折扣。明清两代中后期，随着政府国家治理能力的日益衰退，以捐输的方式委托政府赈灾存在较大效率损失，对士绅而言通过民赈直接向灾民提供赈济就成为一个有吸引力的替代方案，以此方式可以规避捐输助赈中可能发生的委托—代理问题。与此同时，不可避免地由民间组织赈灾将丧失上述论证的成本优势和规模效应。此时，士绅对于助赈方式的选择，可以转化为如下问题：是参与单位资金利用效率较低，但所有资金都能得到利用的直接赈济，还是选择单位资金利用效率较高，但实际使用的资金数量受到不确定性制约的官民合作赈济？是什么因素决定了士绅在二者之间的选择？

二、序贯博弈模型的构建

在本部分，笔者对上述问题进行回答。通过构建序贯博弈模型，本章将国家、贫民以及士绅纳入同一研究框架，对于士绅在两种助赈方式进行选择的影响因素进行分析，为明清时期民间助赈方式选择过程的内在机制提供数理支撑。本章采用经济学理论模型进行分析，主要基于下述考虑：一方面，对于明清时期民间赈灾活动的史类研究，尤其是特定时间段和特定地区的研究已经非常充分，然而此类研究大多未能考虑民间赈灾和政府的关系问题，更缺乏对于这个问题系统性尤其是理论性的讨论。鉴于上述研究现状，本章力图从较为宏观的视角，构建民间助赈活动中官民之间的影响关系。另一方面，序贯模型为构建上述关系提供了一个理想的模型框架：其中，一些参与者会率先采取行动，而另一些参与者根据先采取行动的参与者的策略制定自己的策略。这符合明清士绅根据政府的荒政政策以及救荒举措，选择自己助赈方式的事实。通过经济学理论模型的建立，可以将政府和士绅纳入统一的框架进行系统性的分析。

（一）基础假设

本章的模型中，包括一个国君[①]、M 个富人和 N 个贫民。为了更加清

① 此处的国君代表封建国家的政权，可以理解为中央政府。

晰地论证所要研究的问题，进行了简化处理：假设在未受灾的正常年份，社会上的 M 个富人为同质，具有相同的个人财富 ω 和共同的偏好；N 个贫民的个人财富在 $[s, w_{n0}]$ 间满足均匀分布，其中，w_{n0} 为最富有的贫民在正常年份的个人收入，s 为维持生存的最低温饱线，即贫民 i 的个人原始财富 w_0 可表示为 $w_0 = w_{n0} - \frac{w_{n0} - s}{N} n$，其中，$n$ 为贫民 i 在全体贫民财富水平的排位，整个社会贫民原始财富的分布为图 6-1 的实线。根据现有假设，在正常年份社会上所有穷人的个人收入水平都可以达到温饱线，此时社会处于最为稳定的状态，无人参与动乱和危害社会安定的活动①。而参照生存伦理理论（Scott，1985），梁若冰（2014）认为，当底层人民由于各种意外导致生存危机时，具有很低的冲突决策成本，容易依靠起义解决困境（Chassang et al.，2009；Blattman et al.，2010），在此基础上笔者进一步假设，当贫民的原始个人财产跌入最低温饱线之下，就会选择暴动，成为社会的不安定因素，影响社会的稳定，威胁士绅的人身财产安全。

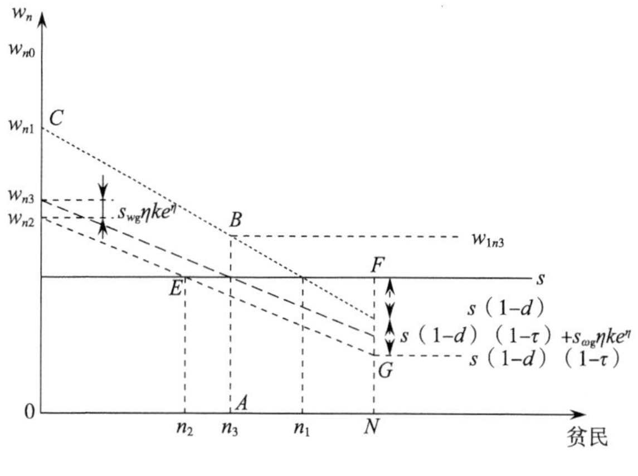

图 6-1　税收：温饱与贫民起义的关系

现在开始考虑自然灾害对财产造成的损失，用 d 表示灾害的强度，$d \in (0, 1)$；灾害越强，则受灾财产损失越大。假设遭遇灾害后贫民的财产

① 历史学界普遍认为，中国农民是吃苦而忍让的，非到走投无路至无法活命的地步鲜有反抗。正如《皇权与绅权》中所述："老百姓能够活得下去，哪怕是最艰苦的日子，也会忍受地伏在土地上苟延残命，哪敢揭竿而起与皇权为敌？"引自吴晗，费孝通：《皇权与绅权》华东师范大学出版社 2015 年版，第 63 页。

为 ω_1，$\omega_1=(1-d)\omega_0$，表示在遭遇同等级别的灾害时，灾害损失根据财富拥有量等比例变化。ω_1 在图 6-1 中表示为虚线，若遭遇灾害，则（$N-n_1$）数量的贫民将跌于温饱线之下，此部分贫民将影响社会安全。进一步考虑政府的税收问题，明清时期的税收与土地捆绑，假设封建统治者对贫民财富以税率 τ 进行征税①，$\tau\in[0,1]$，此时贫民纳税后的财产为 $\omega_2=(1-\tau)(1-d)\omega_0$，税收后的财产分布 ω_2 如图 6-1 短划线表示，此时 ω_2 同温饱线 s 的交点为 n_2，将有（$N-n_2$）个贫民跌于温饱线之下，此部分贫民考虑纳税后的境况拒绝纳税并选择暴动，此时政府丧失该部分贫民的税收。

当自然灾害发生之后，统治者会调动部分财政收入用于赈灾，此处不区分受灾贫民的财富状况进行无差别的赈济，将全部赈灾物资平均发放给所有贫民②，政府将为赈济灾民拨发 NS_{wg} 的赈灾款。由于政府具有集中力量办大事的规模效应，每单位赈灾款用于官赈的作用可放大至 ke^{η} 倍，此处 k 为常数，η 为规模效应的放大倍数，定义 $\eta\in[0,1]$。这里的 η 可以理解为由于国家治理能力低下所导致的效率损失，王朝越到后期，官僚机构的运行效率越低，贪污腐败行为越多，赈灾款的实际使用效率也越低，因此 η 为政府治理能力。政府治理能力除影响单位资金的使用效率外，还影响实际用于赈灾的赈灾款比例，受各级官僚的盘剥，政府筹得的赈灾款无法全部用于赈灾，假设有 S_{wg} 的赈灾款实际用于官赈，则将 ηke^{η} 定义为每单位捐输助赈的资金实际使用效率，政府官赈的实际效用为 $NS_{wg}\eta ke^{\eta}$，每个灾民实际从政府获得的赈济为 $S_{wg}\eta ke^{\eta}$，此时，ω_2 向上平移 $S_{wg}\eta ke^{\eta}$ 至 ω_3，$\omega_3=\omega_2+S_{wg}\eta ke^{\eta}=(1-\tau)(1-d)\omega_0+S_{wg}\eta ke^{\eta}$，在图 6-1 中，$\omega_3$ 的分布状况如长划线显示，ω_3 同温饱线 s 的交点为 n_3，将有（$N-n_3$）个贫民仍在温饱线之下。当贫民 i 遭遇天灾，若他预期在政府征税并获得赈济之后财富水平处于温饱线 s 之上，则会选择向政府纳税；若预计仍在温饱线 s 之下，则会选择暴动。此时可以得到政府进行赈济之后最终获得的纳税人

① 本章中笔者仅将贫民作为税收的来源。虽然明清时期并不免除士绅的赋税，然而明代“士绅不纳税”情况非常普遍，清代具有身份的富人阶级也想方设法避税。此外，由于本章假设富人同质，因此不将富人纳入税基不会对结果构成影响。

② 实际情况是政府会对受灾状况和贫困程度进行核查，按照对于赈济的需求程度给予不同标准的赈济。然而关于贫困等级的划分并无明确标准，因此本章中进行了简化处理，假设所有贫民获得相同的赈济。

数为 n_3，（ $N-n_3$）个贫民将选择抗税暴动。

（二）最优问题的刻画和求解

此时可以刻画君主的最优问题：封建统治者以获得最大化税收为目标，若选择更高的税率 τ，则有更多贫民跌入温饱线下选择暴动；此外，君主可以选择调节赈济规模减小（ $N-n_3$）的人数，并为赈济规模付出相应的成本。君主的最优化问题可以写为：

$$\text{Max}: U_1 = T - NS_{wg} = \int_0^{n_3} w_1 \tau dn - NS_{wg} \tag{6.1}$$

其中，T 为税收总收入，$T=\int_0^{n_3} w_1 \tau dn$，即图 6-1$OABC$ 部分面积，$OA=n_3$，$n_3=\frac{[(1-d)(1-\tau)w_{no}]-(s-s_{wg\eta ke^{\eta}})N}{(1-d)(1-\tau)(w_{n0}-s)}$，$w_{1n3}$ 为排位 n_3 的贫民应纳税的部分，即为 AB 间的距离，$w_{1n3}=\frac{s-s_{wg\eta ke^{\eta}}}{1-\tau}$ 则君主的最优化问题可以进一步改写为：

$$\text{Max}: U_1 = \frac{\tau}{2} n_3 (w_{1n3} + w_{n1}) - NS_{wg} = \frac{N\tau}{2} \frac{[(1-d)(1-\tau)w_{n0}]^2 - (s - S_{wg}\eta ke^{\eta})}{(1-d)(1-\tau)^2 (w_{n0}-s)} - NS_{wg} \tag{6.2}$$

令：

$$a = (1-d)^2 w_{no}{}^2, \quad b = (1-d)(w_{no}-s),$$

则：

$$U_1 = \frac{N\tau}{2b}\left[a - \frac{(s-S_{wg}\eta ke^{\eta})^2}{(1-\tau)^2}\right] - NS_{wg} \tag{6.3}$$

分别对 U_1 求关于 τ 的一阶和二阶导：

$$\frac{\partial U_1}{\partial \tau} = \frac{N}{2b} - \frac{(s-S_{wg}\eta ke^{\eta})^2 (1+\tau)}{(1-\tau)^3} \tag{6.4}$$

$$\frac{\partial^2 U_1}{\partial \tau^2} = -\frac{N(s-S_{wg}\eta ke^{\eta})^2}{b} \frac{(2+\tau)}{(1-\tau)^4} < 0 \tag{6.5}$$

易知一阶导先大于零后小于零，二阶导恒小于零，则存在最优税率 τ^*。

继续求政府最优的赈灾财政支出 NS_{wg}^*，对 U_1 求关于 S_{wg} 的一阶和二阶导：

$$\frac{\partial U_1}{\partial S_{wg}} = \frac{N\tau(s - s_{wg}\eta k e^{\eta})\eta k e^{\eta}}{b(1-\tau)^2} - N \tag{6.6}$$

$$\frac{\partial^2 U_1}{\partial S_{wg}^2} = -\frac{N\tau(\eta k e^{\eta})^2}{b(1-\tau)^2} \leqslant 0 \tag{6.7}$$

由式（6.6）、式（6.7）可知，存在最优官赈财政支出 NS_{wg}^*。令式（6.4）和式（6.6）分别为零并将其联立，既可解得政府选择对贫民征税的最优解 τ^*，以及用于赈灾的最优财政支出 NS_{wg}^*。

在灾害后选择暴乱的贫民为了谋求生存，可能选择对富人进行劫掠，或由于对社会稳定和政府威信造成影响进而减少富人的潜在政治经济利益，造成富人的效用损失。富人效用的损失程度同参与暴乱程度相关，暴乱程度越高，则社会越不稳定，富人的财产就面临更大的损失。为了减少暴乱引发的效率损失，富人 j 具有激励拿出一部分财产 θ 进行助赈。根据前文所述的两种助赈方式，富人 j 选择将比例为 r 的助赈资金通过捐输委托政府赈灾，即向政府提供 $Mr\theta$ 的捐输，此时封建君主除利用财政拨款 NS_{wg}^* 之外，还可额外获得富人捐输的 $Mr\theta$ 用于官赈，政府可支配的赈灾款总数为 $(NS_{wg} + Mr\theta)$。除向政府捐输 $Mr\theta$ 的助赈资金外，富人按 $(1-r)$ 比例的助赈资金进行民赈。社会上全部富人直接赈济灾民所筹赈灾款为 $[M(1-r)\theta]$，也可写作 NS_{wm}，即每个贫民从政府获得的赈济中由富人捐输的部分同贫民数量的乘积。从两种助赈方式的资金使用效率看，上文已知政府进行官赈实际的效用为 $(NS_{wg}^* + Mr\theta)\eta k e^{\eta}$。再看富人直接对灾民赈济的效用，与委托政府进行官赈相比，富人进行民赈的助赈款项则既无单位放大效应也无金额损失，则此时全社会范围内可提供的赈灾款为官赈和富人直接赈济的总和 $NS_w = (NS_{wg}^* + Mr\theta)\eta k e^{\eta} + M(1-r)\theta$。

由上文易知，若不对贫民实施赈济，则将有 $(N - n_3)$ 人参与暴动，假设参与暴动的贫民暴动程度和财富低于温饱线的程度相关，即距离温饱线越远，则社会越不安定，因此定义 D 为社会安定缺口，$D = \int_{n_2}^{N}(s - w_2)\,dn$。在税率和灾害程度一定的情况下，$D = \int_{n_2}^{N}(s - w_2)\,dn$ 为定值，即 EFG 部分的面积，则在政府确定最优税收的状态下：

$$D = \frac{NS^2}{2}\frac{[d + (1-d)\tau^*]^2 s^2}{(1-d)(1-\tau^*)(w_{n0})} \tag{6.8}$$

易知$\frac{\partial D}{\partial \tau^*} > 0$，$\frac{\partial D}{\partial d} > 0$。即当政府设定的税率越高，则社会安定缺口越大；当灾害等级越强，则社会安定缺口越大。

笔者在这里定义了一个富人的社会稳定程度系数ε，ε取决于赈灾对于暴乱的消弭程度，换句话说，就是全社会范围内赈灾提供的物资能够在多大程度上弥补社会安定缺口（将全部贫困人口拉至贫困线以上）。社会稳定程度系数ε越高，则富人的效用越有保障，假设ε为如下形式：

$$\varepsilon = \alpha \frac{[(NS_{wg} + Mr\theta)\eta k e^{\eta} + M(1-r)\theta]}{D} \tag{6.9}$$

可以明显看出，社会稳定程度同政府所做的最优税率τ^*以及最优的财政支出$NS_{wg}{}^*$相关，富人在政府确定最优税率和最优的财政支出后决定自己的助赈行为，进一步提高赈济规模，促进社会的稳定，此时可写出富人j的个人目标函数：

$$\mathrm{Max}U_2 = \varepsilon(\omega - \theta) = \alpha \frac{[(NS_{wg}^* + Mr\theta)\eta k e^{\eta} + M(1-r)\theta]}{D}(\omega - \theta) \tag{6.10}$$

其中，ω是富人的原始财富，当$\varepsilon \geqslant 1$时，意味着政府和个人实际可提供的赈灾物资超过了使所有贫民回到温饱线以上的数量，虽然实际上并不会出现超出贫民需求给予赈济的情况，但这代表整个社会财富充盈、政府高效有备的状态（魏丕信，2003），此时富人的原始财富不仅不会损失，甚至由于助赈的善行获得百姓的拥戴，谋得长远财富的增值。这符合本书对于士绅捐输助赈动机的考察。而当$\varepsilon \in [0, 1)$时，说明社会整体状况不佳，富人只能通过助赈活动尽可能地降低财富的损失，反映了其希望通过赈济维护社会稳定、保障人身财产安全的诉求。

笔者对式（6.10）的最优化问题求解：

$$\frac{\partial U_2}{\partial r} = \alpha \frac{M\theta(\omega - \theta)}{D}(\eta k e^{\eta} - 1) \tag{6.11}$$

易知，若$\eta k e^{\eta} - 1 > 0$时，随着r增大，U_2增大；则若使U_2取最大值，应当令$r = 1$，此时富人助赈的资金θ全部向政府捐输。相反的，若$\eta k e^{\eta} - 1 < 0$时，随着r增大，U_2减小；则若使U_2取最大值，应当令$r = 0$，此时富人助赈的资金θ全部通过民间赈济救助贫民。这一结果符合预期结论：由于富人助赈的三种动机均需通过有效赈济实现，因此两种助赈方式是完全可替代的，富人将把助赈资金全部投入赈灾效率更高的方式。接下来，

笔者进一步对选择不同助赈方式的情况下，富人选择的助赈资金投入进行分析。

当 $\eta k e^{\eta}-1>0$ 时（即每单位捐输助赈资金的实际使用效率大于 1），此时选择向政府捐输助赈更具有效率，富人 j 将全部助赈资金捐给政府，则此时富人 j 的个人目标函数为：

$$U_2=\alpha\frac{(NS_{wg}^{*}+Mr\theta)\,\eta k e^{\eta}}{D}(\omega-\theta) \tag{6.12}$$

分别对 U_2 求一阶导、二阶导：

$$\frac{\partial U_2}{\partial \theta}=\alpha\frac{M\eta k e^{\eta}}{D}(\omega-\theta)-\alpha\frac{(NS_{wg}^{*}+Mr\theta)\,\eta k e^{\eta}}{D} \tag{6.13}$$

$$\frac{\partial^2 U_2}{\partial \theta^2}=-2\alpha\frac{M\eta k e^{\eta}}{D}\leqslant 0 \tag{6.14}$$

易知 U_2 为上凸函数，存在最优的助赈规模 θ_1^*，使得富人 j 的个人效用最大。令式（6.13）等于零，可求得 $\theta_1^*=\dfrac{M\omega-NS_{wg}^{*}}{2M}$。

当 $\eta k e^{\eta}-1<0$ 时（即每单位捐输助赈资金的实际使用效率小于 1），富人 j 选择民赈向贫民提供赈济更有效率，此时官赈的全部资金来源为政府财政支出，则富人 j 的个人目标函数为：

$$U_2=\alpha\frac{(NS_{wg}^{*})\,\eta k e^{\eta}+M\theta}{D}(\omega-\theta) \tag{6.15}$$

分别对 U_2 求一阶导、二阶导：

$$\frac{\partial U_2}{\partial \theta}=\alpha\frac{M}{D}(\omega-\theta)-\alpha\frac{NS_{wg}^{*}\eta k e^{\eta}+M\theta}{D} \tag{6.16}$$

$$\frac{\partial^2 U_2}{\partial \theta^2}=-2\alpha\frac{M}{D}\leqslant 0 \tag{6.17}$$

此时 U_2 仍为上凸函数，存在最优的助赈规模 θ_2^*，使得富人 j 的个人效用最大，可求得 $\theta_2^*=\dfrac{M\omega-NS_{wg}^{*}\eta k e^{\eta}}{2M}$。

由上述模型推导可以得出如下结论：士绅对助赈方式的选择，核心的考量因素是哪种方式提供赈济更有效率（即用士绅助赈的资金可以提供最多的赈济），本质是对官赈的实际资本使用效率 $\eta k e^{\eta}$ 同民赈的实际资本使用效率进行比较。当 $\eta k e^{\eta}>1$ 时，委托政府赈灾的实际使用资本尽管受到

η 的制约，但规模效应所提供的效率优势可以弥补未完全利用资本所带来的损失，此时官赈更有效率，士绅选择同政府合作捐输助赈；反之，当 $\eta k e^{\eta} < 1$ 时，士绅则选择民赈。由此可以看出，政府治理能力 η 是决定士绅选择官赈还是民赈的决定性因素，政府力量越强盛，则捐输助赈的实际资本使用效率 $\eta k e^{\eta}$ 越高，则士绅越有动机向政府捐输。若政府治理能力低下，使得捐输助赈的单位实际资本使用率不涨反缩，则士绅丧失向政府捐输的动力，转而选择民赈进行赈济。

第三节　明清时期灾害治理机制的历史变迁

基于上述结论，可以进一步解释明清两代士绅助赈方式选择的决定性因素，进而可以推断不同时期明清灾害治理机制的历史变迁，主要与政府的治理能力相关。

一、明清时期士绅助赈方式选择偏好的变迁

从上述模型结论可以得知，政府治理能力越强，则官赈效率越高，士绅越愿意同政府合作，选择捐输助赈；政府治理能力越弱，则士绅越愿意选择其他方式直接对百姓进行赈济。

（一）明清时期士绅助赈方式变迁的总体趋势

总体说，不论是明代还是清代，政府治理能力都呈现先上升、后下降的倒“U 形”曲线，与金观涛（2019）所定义的“无组织力量”相一致。根据金观涛的定义，在中国历代的政治演变中存在着一种“无组织力量”[①]，这种“无组织力量”导致“中国的历史是一部不断改朝换代的历

---

① 金观涛在《兴盛与危机：论中国社会超稳定政治结构》中指出：“某种社会结构在维系自身稳定的调节过程中所释放出来的对原有结构瓦解作用，其本身又不代表新组织的那种力量，称为无组织力量。”“无组织力量”是导致王朝没落的土地兼并、吏治腐化、人口危机、财政困境等问题的总和，这种力量随着王朝覆灭被摧毁，再随着新王朝的建立和新精英阶层的形成逐渐累积，当“无组织力量”发展到一定程度，王朝就逐渐走向衰落。

史，因而不断产生令人感到乏味的重复：创业打江山、国力大振、继而长期的衰败，最后全面崩溃”（金观涛，2019）。明清政府治理能力无疑遵循了上述过程，而政府治理能力变动亦呈现这种趋势：王朝初期，由于“无组织力量”较为薄弱，吏治清明，政府能力较为强盛，而随着“无组织力量”的增强，国家的行政能力不断减弱，因此政府能力则随着王朝的兴衰，经历了逐渐上升到达顶峰、随后逐渐下降的过程（费正清，2002），这遵从中国大多数王朝兴衰的一般过程。自王朝初期到顶峰，历代皇帝励精图治，政府治理能力得到了稳步提升；而自中期以后，“无政府能力”逐渐增强，政府治理能力每况愈下。

在厘清了明清两代政府治理能力变迁的过程之后，就可以基于官赈效率同政府治理能力正相关的结论，对士绅的赈济方式选择偏好进行分析。由本书数理模型的结论可以推断，在明清两朝政权建立并逐渐兴盛的中前期，捐输助赈同自发组织赈济灾民相比具有显著的效率优势：根据杨德才等（2016）的研究假设，无论开明与否，新王朝建立时的行政效率均高于王朝灭亡时期[①]，因此在两代初期，当政局趋于稳定，逐渐出现了士绅向政府捐输助赈的活动，随着政府能力的恢复，使得 $\eta k e^{\eta} > 1$，由政府主导的赈灾活动开始具备了效率优势。根据陈业新（2008）、陈建宇和杨乙丹（2018）的研究，直至明代宣德和清代康熙年间才出现了向士绅“劝分”的记载。这主要源于王朝兴替和社会动乱对富裕阶层的摧毁。在随后经济、社会不断上升的阶段，政府的治理也不断增强，清明的吏治、高效的机构运行效率使得官赈的效率不断上升[②]。贯穿王朝中前期，封建政府的统治都非常稳固，综合国力持续上升，政府治理能力维持在较高的水平。由于官赈的高效，士绅倾向于选择以 θ_1^* 的数额向政府捐输，捐输数额 θ_1^* 只同政府用于官赈拨付的财政支出 S_{wg}^* 相关，政府拨付的财政支出越多，则士绅助赈的资金越少。这解释了两代前中期士绅倾向于采用捐输助赈方式的动机。

---

① 杨德才等主要考虑了新王朝结束了社会动乱、打破了土地高度集中、减少了人口等因素，因此制度效率应当高于无秩序的王朝末期。

② 根据魏丕信（2003）的研究，18 世纪清政府对于灾害的应对处于高度“有备”状态，对于灾害的响应也非常迅速，在 1733 年直隶的天灾中，已经可以做到“朝奏而夕报可”，并将保定到北京之间传递官文的时间由通常的三天缩短至一天。对于各地官员贪墨赈灾款的行为，康、雍、乾三朝都予以最严厉的处罚。

至中期往后，随着政府力量趋于薄弱，官赈事业开始滑坡。由于“无组织力量”对政治、经济、社会的全方位冲击，政府能力不断减弱，统治者越来越难以有效实现灾害的赈济。随着王朝逐渐走向没落，政府能力逐渐下降，直接导致单位赈灾资金的规模效应 e^{η} 减少，但仍始终大于民间赈济的单位效率。与此同时，不断加剧的腐败问题使得官赈款项受到层层盘剥，实际用于赈灾的份额 η 不断减少，最终使 $\eta k e^{\eta} < 1$。在这个过程中，士绅捐输助赈的意愿逐渐减弱，并在 $\eta k e^{\eta} < 1$ 时拒绝向政府捐输，转而选择通过各种民间赈灾活动直接向灾民实施救济①。这就解释了明清时期士绅助赈方式选择的影响因素。

（二）王朝中前期的士绅助赈方式选择

在民间力量以何种形式参与赈灾的问题上，通过对于中前期明清救荒政策的梳理，可以发现政府倾向于鼓励士绅向政府参与度较高的赈灾活动捐输。尽管民间以个人和团体自行组织的施谷、免债、粥赈、贷籽种等赈灾活动也受到政府褒奖，但这一类记载较少，对其善行的奖励程度也远低于捐输助赈②。鉴于中前期官赈力量的强盛以及政策的导向，尽管民间存在小规模的私人赈济③，但数量较少，难成规模。相反的，明清政府制定了大量“劝喻”政策，鼓励士绅在政府官赈能力不足的情况下向常平仓、社义二仓以及地方政府捐输财物。通过捐输的形式，政府可以最大程度地享有捐输财物的支配权，将民间救荒力量置于自己的管理之下，同时防止了民间对于“治荒权”的分割④。为了使因赈捐输取得更好的成效，明清两代中前期，历代统治者都制定了相应的劝输政策，如正统七年（1442

① 这一结论建立在简化的经济学理论模型基础上，尤其是建立在理性经济人和完全信息假设基础上。然而事实上，富绅并非完全的理性经济人并掌握完全信息，因此其行为决策具有多元性，该结论只能表明富绅倾向于根据政府治理能力状况进行选择。

② 《榆次县志》《余姚县志》《婺源县志》等均记载了清代前期一些数额较大的私人赈济活动，并未或只获得了政府的口头嘉奖。

③ 例如，乾隆十六年（1751），歙县大旱，当地富绅徐以晟输粟平粜；徐启疆捐资赈里中饥；吴基本往浙西买平粜以赈济穷乏；这些善行都被记录在《歙县志中》。再如，康熙六十年（1721），山西榆次发生雨雹，当地富绅赵光文出谷以赈；乾隆初年，阳曲岁欠，张光阻出千金煮粥赈饥荒。

④ 在清代通过保甲、里甲制度实行基层统治的背景下，清政府和地方精英事实上构成了委托—代理关系。清政府一方面以官方名义授予地方精英管理地方事务的特权，另一方面又忌惮其在当地实力的壮大，形成地方割据势力威胁其统治。而赈灾活动本身可以获得民众的尊敬和爱戴，因此清政府尽可能将赈济的职能掌握在自己手中，避免给当地富绅提供通过赈济“邀买人心”的可能。

年）敕浙江嘉兴府平湖县民陆宗秀：“国家施仁养民为首，尔能出谷二千四百六十石、麦四百六十石用助赈济，有司以闻，朕用嘉之，特降敕奖谕，劳以羊酒，旌为义民，仍免本户杂泛差役。”[①] 清代大体延续了明代所确立的旌奖制度，对于相应捐输的个人同样给予名誉奖励。例如，乾隆八年（1743），政府令民间捐输以充实常平仓，谕令“如有乐于行善者，州县官核其所粜若干，所减若干，量为嘉奖，或赉花红，或给扁额。行善者多，或统作一碑志，以为乡党劝，富民益加鼓舞”[②]。康熙年间的礼部尚书张伯行所用旌奖之法则同样如明代分为三等，分别为督抚旌奖的一等尚义之民，知府旌奖的二等尚义之民，以及州县旌奖的三等尚义之民[③]。若有破格多捐，数量极大者，则有可能获得中央的旌奖。随后针对捐输制定的奖励政策大抵不过如此，一则给予荣誉封号，二则给予不具实权的散官，对于奖励的标准则更加细化，形成了制度化的劝输方案。

从具体执行看，捐输赈济往往在地方官员的首倡下开展，地方官应当“以至诚开谕，劝富民赈济”，地方官本人一般皆应身体力行，若能率先“捐俸倡导，庶几不令而行”[④]。例如，万历年间“知县刘一爌，置给本银四百七十一两，买稻一千五百七十石，并各约输稻，令乡约贮各仓备荒”[⑤]。再如，浙江宣平县的义仓由于缺乏银钱建设仓设，知县亲自捐俸支持义仓建设[⑥]。此外成化年间，河南遭受严重旱灾，时任河南巡抚的刘吉，率先捐出俸金，并动员地方士绅捐献粮食，以救灾民[⑦]。清代官员率先捐输的例子也很常见：乾隆二十年（1755）江苏遭遇严重水灾，江苏巡抚庄有恭出资延请道士打醮禳灾，苏州知府赵酉也出资为延医为灾民诊治。再如，乾隆五十九年（1794），浙江余姚“东北二乡以飓风，木棉无收，积

---

① （明）黄承昊：《嘉兴县志》卷 20，见日本藏中国稀见地方志丛刊本，书目文献出版社 1992 年版。

② （清）《高宗纯皇帝实录》卷 230，《清实录》（第 11 册），中华书局 1986 年版，第 11151-11163 页。

③ （清）张伯行：《救荒事宜十条》，载贺长龄编：《皇朝经世文编》（卷 41），台湾大学出版社 1989 年版，第 9 页。

④ （明）魏禧：《救荒策》，载贺长龄编：《皇朝经世文编》（卷 41），台湾大学出版社 1989 年版，第 6 页。

⑤ （清）王让：《祁门县志》，清道光七年刊本影印。

⑥ 万明：《晚明社会变迁问题与研究》，商务印书馆 2005 年版，第 343 页。

⑦ （清）张廷玉等撰：《明史》，中华书局 1974 年版。

歉之后，次年人民至掘蕨根、采榆皮以食，滨于死亡者数矣”①。绍兴知府带头捐米一百石、余姚知县戴廷沐捐米三百石，鼓励当地士绅捐输助赈②。

这样的带头往往能够得到士绅的支持：一些士绅出于对贫困者的怜恤以及急公好义的精神，乐于对贫困百姓进行赈济③。例如，嘉靖年间，浙江士绅朱之蕃多次捐资赈灾，“以家财救济贫苦，时有水旱，辄尽力赈恤”④。再如，“武城县闫胜礼、张铎，正统初各出粟千石以赈济贫民⑤。康熙年间天台士绅齐珣数次在政府的劝输中赈济灾民，面对入室盗谷的灾民齐珣“见而释之，语诸子曰：‘不忍以数石粮使人终身蒙垢也！’”⑥“霍邱嘉猷捐钱米助服，活千万人。署县事、凤阳府别驾唐公时亲诣奖劝，题其堂曰：积善余庆 。”⑦ 甚至顺治时期有诸暨士绅姚日南，为响应号召捐输兴办社仓变卖田产，因赈致贫⑧。更多的士绅进行捐输则出于更为功利的目的，他们或出于对饥荒导致暴乱对自身财产和安全可能造成影响的考虑⑨，或基于“惟减富方可济贫，亦惟济贫始能安富”⑩ 的考虑。更直接的，通过出资对于灾民进行救助，可以帮助士绅获得当地百姓的尊重和爱戴，帮助其谋求长远的经济和政治利益。余新忠（1997）也认为：“（乡外的救济）是一种比暴力更具道德内聚力和持久性的社会控制手段。”例如，乾隆朝水甲子邑水灾中，诸暨陈炎除积极捐赈外，“仍襄理官赈，郡守周邑令陈旌之”⑪。此外，在明朝末期，富裕的中间阶层认识到地主和佃户之

① （清）张廷枚：《余姚捐赈事宜》，《中国荒政全书》（第一辑），北京古籍出版社 2004 年版。

② （清）张廷枚：《余姚捐赈事宜》，《中国荒政全书》（第一辑），北京古籍出版社 2004 年版。

③ 一方面，儒家思想作为传统主流的意识形态，对于富绅提出了富而好义的道德要求，而富绅也在儒家思想的影响下产生了“康济天下之愿无所施，则退而为善于一乡”的责任感；另一方面，明清以来，儒家思想进一步受到道家、佛教思想影响，佛教中“积善成德”“因果报应”等观念也激励了富绅为求“福报”而积极行善。

④ （清）张廷玉等：《明史》，中华书局 1974 年版。

⑤ （明）陈露：《武城县志》卷 7，天一阁藏明代方志选刊。

⑥ （民国）喻长霖：《台州府志》（二），《中国地方志集成》，江苏古籍出版社 1996 年版。

⑦ 《霍邱县志》卷 10，《中国地方志集成》，江苏古籍出版社 1996 年版。

⑧ （清）徐嵩等：《绍兴府志二》卷 61，清乾隆五十七年刊本。

⑨ 在灾民“万姓嗷嗷，宛转待毙”的状况下，极易出现铤而走险抢劫富户的情况，例如，乾隆初年，江南、江西、湖广等地都出现了大规模的抢粮事件，江西仅一邑志中就出现了数百起抢粮案件，因此一些富绅为了防止此类事件的发生愿意主动向灾民提供赈济。

⑩ （清）熊其英：《光绪青浦县志》卷 8，1945 年铅印本。

⑪ （清）徐嵩等：《绍兴府志二》卷 61，清乾隆五十七年刊本。

间痛痒相关的关系，一些地主也主动承担起对佃户的赈济职责。例如，崇祯年间嘉善县乡绅陈龙正，就对自己的佃户进行过多次大规模的赈济[①]。而且在主流道德规范的影响下，士绅产生了积德行善、扶助贫弱的思想，具体表现为：一方面，儒家思想作为传统主流意识形态，对于士绅提出了富而好义的道德要求，而士绅也在儒家思想的影响下产生了“康济天下之愿无所施，则退而为善于一乡”[②] 的责任感；另一方面，明清以来，儒家思想进一步受到道家、佛教思想影响，佛教中“积善成德”“因果报应”等观念，激励了士绅为求“福报”而积极行善。例如，《霍邱县志》记载：“嘉猷捐钱米助服，活千万人。署县事、凤阳府别驾唐公时亲诣奖劝，题其堂曰：积善余庆 。”[③] 沈鲤《劝输文》也提道：“济人利物，无过凶年饥岁，与人盂饭，可当斗粟；举我一念，可活一人。故欲积阴德行好事者，惟此时最得力，亦惟此时最省事。”[④] 这些因素构成了明清时期士绅积极助赈的精神动机。

总体说，两代中前期的捐赈政策均获得了很好的成效。由于官赈力量强大，民间力量只是对于官赈不足、不能至之处进行补充。因此事实上，在晚期之前明清两朝向民间劝喻捐输的频率并不高，然而得到了士绅的强烈支持。根据清代王元基的统计，仅在乾隆五十九年（1794）余姚两乡因飓风导致的灾荒后，就募得了大笔资金，“计捐钱两万贯有畸，买米八千二百石有畸。至舍药数万丸、给槽数百具，尚不在数内”[⑤]。由于士绅积极捐输，仓储建设和其积谷都卓有成效。弘治三年（1490），明朝政府为保证地方备荒仓储积谷数量，对于各州县预备仓的积粮标准进行了规定，即每十里以下需积粮一万五千石，每一千户军卫积粮一万五千石，如若不能完成指标，则对相关官员进行相应处罚[⑥]。在这样的激励下，地方官员积极向当地富户劝输，取得了良好的成效。正统十一年（1446），河南多地

① （明）陈龙正：《几亭外书》卷 4，人大图书馆馆藏古籍善本。

② （清）冯桂芬：《显志堂稿》卷 7，摘自沈云龙：《近代中国史料丛刊续编》（79 辑），文海出版社 1981 年影印本。

③ 《霍邱县志》卷 10，《中国地方志集成》，江苏古籍出版社 1996 年版。

④ （清）俞森：《荒政丛书》卷 10（上），文渊阁《四库全书》本。

⑤ （清）王元基：《中国荒政全书》，北京古籍出版社 2004 年版。

⑥ （明）申时行等：《明会典》卷 22，续修四库全书编纂委员会：《续修四库全书》（史 789），上海古籍出版社 1995 年版。

发生水灾，在于谦的努力下，劝输政策得到了良好的响应，河南、山西两省预备仓积谷数百万，南阳一地就达20余万石①。清代的社仓、义仓在康熙四十二年（1703）开始在直隶等地设立，雍乾时期是清代两仓最为兴盛的时期，雍正初年，湖北省各州县社仓“多者至一县有一百九十余处，积谷多者至一县有一万四千余石”②；河南省两仓积谷共计109 700余石；陕西省在全省各乡设仓545处，贮谷达550 000石（赵新安，1993）。至乾隆年间，社仓因妥善经营“子母相生，数愈十倍”③。

（三）王朝末期士绅的助赈方式选择

至明清两代末期，士绅逐渐开始厌倦捐输形式的助赈活动。自明代的土木堡之变及清代的道光年开始，两代的统治开始走向下坡，贪腐问题日益严重，各项政府工作也趋于无序状态，对于捐输助赈的方式造成了恶劣的影响。一方面，由于管理松懈、贪墨严重，各地的仓储逐渐废弛。正如道光帝在谕旨中所言：“社仓原系本地殷实之户好义捐输，以备借给贫民之用。近来官为经理，大半藉端挪移，日久并不归款。倘遇俭岁，颗粒全无，以致殷实之户，不乐捐输，老成之首士，不愿承办，是向来良法，徒为官吏侵肥。”④ 此外，民间捐输的款项常常被官员贪污，甚至被政府挪作他用，这些都严重影响了士绅的捐输意愿。

另一方面，由于明清政府面临日益严重的财政危机，由政府主导的官赈越来越难以为继。为了扭转这一状况，政府不得已一再加大劝输力度，企图通过增加民间捐输充实官赈资本弥补财政困境。根据陈业新（2008）的考证，明代景泰年间，民间的捐输意愿逐渐开始下降，成化年间，凤阳遭受大灾，政府推行的捐赈政策所获得的粮食仅三千余石。此后，为了鼓励捐输，出台的赏格要求越来越低，次数越来越频繁，但捐输所得数额日渐减少（陈业新，2014）。说明政府不断加大赈捐的要求，但民众已经难以承受。清政府同样采取了加大劝输力度的做法来弥补财政困境。根据赵

---

① （明）于谦：《忠肃集》，文渊阁《四库全书》本（集部1244册），台湾商务印书馆，1983年版，第354页。

② （清）彭祖贤、陈夔龙等：《湖北通志》，民国十年重刊本。

③ （清）昆冈：《钦定大清会典事例》卷193，文渊阁《四库全书》本。

④ （清）昆冈：《钦定大清会典事例》卷193，文渊阁《四库全书》本。

晓华（2009）的考证，光绪一朝举办的赈捐至少达到143次，为清前期赈捐总数的10倍还多。此外，清政府一再提高“冠带荣身”的筹码，并采用各种强制手段强迫士绅捐输，例如，道光二十九年（1849），虞邑发生水灾，“是时两邑常令黄公金韶、昭令毓公庆请绅士设局，始劝终逼甚至不愿捐者，或枷地保以催之，或提本户以罚之”①。此类强行摊派的记载在清代晚期数见不鲜，这种变劝借为强征的方式激发了士绅的严重不满，士绅越来越不愿意选择捐输的方式参与助赈活动。最终，“捐输”的助赈方式逐渐没落②。

在捐输助赈逐渐衰落的同时，各种形式的民间直接助赈活动开始兴盛起来。首先，宗族救济成为明清中后期民间赈济的重要形式，通过设立宗族义庄并向宗族义庄捐款，士绅可以实现对于宗族成员乃至周边贫民的赈济。如第三章所述，由于明代前期政府对于宗族义田的忌惮，明朝中期之前义田、义庄的设置极少。不论是徐溥所创建的徐氏义田，还是姜宝所建姜氏义田、松江林氏义田、归安茅氏义田都是在明朝中期，尤其是明朝后期所设立的。同样的，根据李学如和陈勇（2014）的统计，清代绝大多数宗族义庄是在道光朝之后兴建的。在官赈力量趋于衰落之后，士绅基于“保宗收族”的目的，遵循“原为周急，非以继富”的原则，目的是在宗族内部实现扶弱济贫③，士绅的捐助构成了宗族义田的主要资金来源。咸丰年间，苏州济阳丁氏族中士绅出资购买庄房兴修义庄，仅田土就花费25 000余两④；光绪年间，苏州士绅张茂镛历时25年，穷尽毕生所积蓄的资产置田510余亩，充入张氏宗族义庄⑤。除出资外，士绅也是宗族义庄的主要负责人和管理者，主持义庄的日常运营和重大事务，通过对义庄的捐助实现宗族赈济构成了明清两朝中后期士绅助赈的一个重要方式。

进一步的，由于明清的乡土社会地缘是血缘的投影（费孝通，1948），

---

① （清）佚名：《虞邑洪水计稿》，清抄本。

② 这同清代末年捐纳规模不断增大并不矛盾。如前文所述，捐纳与捐输的含义并不相同，捐纳为明码标价的买官行为，捐输则更多为响应政府号召、无明确功利目的的捐助活动。清朝后期，由于严重的财政危机，政府大开捐纳之门，导致卖官鬻爵的捐纳活动盛行。然而对于目的较为单纯的捐输活动，人们则表现出较低的积极性，尤其是基于“劝分”政策所进行的捐输活动。

③ （清）曾铸：《曾氏瑞芝义庄全案》，清光绪二十六年刻本。

④ 王国平、唐力行：《明清以来苏州社会史碑刻集》，苏州大学出版社1998年版，第261页。

⑤ （民国）曹允源、李根源等：《吴县志》卷31，1933年铅印本。

义仓、社仓等民间仓储成为民间自发备荒、对抗灾难的主要方式，成为社区赈济的基础。除兴办民间仓储外，在“贫富相资”思想下，明清时期在山东、直隶、浙江等地区均出现了士绅对乡里内部的贫困者实行的赈济，万明（2005）将其定义为“社区赈济”。例如，崇祯十四年（1641），浙江发生饥荒，在山阴祈彪佳的倡导下，“越城近来赈事，以各坊赈各坊，各村赈各村”[①]。在南直隶地区，顾澄对本里的灾民进行救济，“己巳以来连灾于水，公倾廪给里人，全活者众”[②]。而在万历时期，昆山地区出现了“以本图之米给本图之人”[③] 的“图粜法”，救济生活在本图的贫困灾民。此外，一些地主基于“田主与租户，痛痒相关”的共同利益和对佃户的同情，在灾年自觉承担起对佃户的救济。例如，明代嘉靖时期的江南地区，出现了大量地主赈济佃户的例子，例如，松江华亭的士绅陈继儒，不仅对于佃户进行救济，还提出了一套行之有效的方案（郑振满等，2009）。除此之外，明清两朝的中后期，均出现了各种以士绅为主导经营的各种慈善团体，对于民间灾害赈济起到了重要作用。

综上，笔者对明清时期民间助赈方式的偏好变化进行总结。随着两代中前期以政府为主导的赈灾模式，向中后期以民间力量为主导的转变，士绅的助赈方式偏好从以捐输助赈为主的官民合作转为直接的民间赈济。明清两朝中前期，官赈力量强盛，政府备荒储备充足，对于民间力量的需要意在弥补官赈的不足。因此这一时期政府对于民间的“劝捐”力度并不大，民间捐输只占灾害赈济的一小部分。正如乾隆谕令所言：“国家赈济蠲缓，重者数百万两，少亦数十万两，悉动库帑正项，从无顾惜，地方富民，所捐几何，贮库助赈，殊非体制。”然而由于官赈的高效，士绅非常愿意捐输银钱壮大官赈力量，对于政府的“劝输”政策进行积极响应。总体说，在两代中前期，政府和士绅之间在赈灾上实现了“官民相得”的状态。至明清中后期，官赈力量逐渐衰落，“官方逐渐退出对民间赈济的监控，以民间力量为主体的赈济行为越来越普遍”（吴滔，2001）。由于财政状况日益恶化，政府一再增加“劝输”的频率和力度，然而士绅却不愿选择捐输助赈的形式，转而通过各种直接的民间赈济活动参与助赈。在这一

① （明）祈彪佳：《祈彪佳集》卷 6，中华书局 1959 年版，第 102 页。

② （明）陆深：《俨山集》卷 63，明嘉靖三十年刻本。

③ （清）王峻：《昆山新阳合志》卷 28，清光绪六年刻本。

时期，民间赈济所募得的钱款数量和比例都远超过两代中前期。

二、明清时期灾害治理机制的变迁过程

进一步的，在此基础上可以继续对明清时期灾害治理机制的变迁过程进行刻画。在所有士绅满足理性经济人的假设下，均会做出上述决策。因而作为一个人数庞大的阶级，所有士绅共同做出这样的选择就会导致在不同的历史阶段，灾害治理机制会出现不同的特征。

明清两代中期以前，由于政府能力强盛，士绅倾向于通过捐输助赈的方式参与赈济，反映的是在政府能力强盛时期官赈的强盛。在明清两朝建立的初期，民间捐输的力量非常薄弱，赈灾活动不论从物资来源到具体执行都由国家主导进行。由政府提供赈济，可以保证“使恩出于上”，有利于建立百姓对政府的忠诚和信赖，维护统治的稳定。这对于依靠乡里制进行基层治理的明清政府来说尤其重要。正如萧公权（2017）所言：“在整套乡村统治体系中，灾荒控制所占地位非常重要，因而政府对它的重视并不亚于保甲或里甲制度。”然而以官赈为主导的灾害治理模式对于政府的要求很高，不仅需要政府能够调动充足的赈灾物资，还要保障赈灾过程的有序高效。

在王朝中前期政府有能力承担起赈灾的职能。在明代中期以前，政府大体上延续了明太祖朱元璋的态度，对于民间力量参与赈济持忌惮的态度，因此官赈是明代前期和中期的主要方式。以明代为例，洪武初年江南水灾，明政府免除了苏、吴地区 1 237 顷土地的田租，合计粮食 49 500 石。随后又因旱灾免广德、太平、宁国三府共计 9 600 余顷田租，折合粮食 76 730 石①。再如康熙九年（1670）十月，淮扬地区遭受天灾，康熙皇帝“特差部臣速行踏勘，准动正项钱粮、存积银米，将饥民赈济”②。在《清圣祖实录》中，还记载了大量谕令户部发放帑金实施赈济的例子，例如，“各属存仓米谷不敷，其仓粮不敷之处，著发户部库银三十万两解往，速

① 《明史》卷 2，见叶依能：《明代荒政述论》，《中国农史》，1996 年第 4 期，第 33 页。

② （清）《世宗宪皇帝实录》卷 34，《清实录》（第 4 册），中华书局 1986 年版，第 3060-3070 页。

为赈济。"[①] 而相对应的，对于民间救灾在王朝前期并未得到重视。尽管康熙皇帝曾下令"义仓、社仓积谷，留本村镇备赈"[②]，然而规模十分有限，以致康熙皇帝在诏令中明确写道："从前李光地以社仓具奏，朕谕'言易行难'。行之数年，果无成效。"[③] 可见在王朝初期，政府倾向于由官方提供赈济。

随着经济、社会的恢复，士绅在政府"劝分"政策的倡导下，越来越多地以捐输的方式参与助赈活动，捐输通过民间资本充实了官方赈济的物资，使得官方赈济也达到了最为兴盛的阶段。捐输助赈的官民合作模式于明代的正统、清代的乾隆时期达到顶峰。此时也是官赈力量最为雄厚、效率最高的时期。从皇帝到地方基层官吏对于赈灾活动都给予了高度重视，并采取了行之有效的赈灾措施，民间力量考虑到官赈的效率之高，也有足够的动机捐输助赈，进一步增强了官赈的实力，政府和富民之间形成了良性的助赈关系。根据陈业新（2008）的考证，正统时期是明代捐赈人数最为集中的时期，同时也是捐赈力度较大的时期。以凤阳府为例，在正统年间有记载的 18 个捐赈者中，捐赈 2 500 石以上的就有 5 人。而整个乾隆年间，关于富户捐纳钱粮的记载数量非常多，例如，乾隆年间陕西遭遇天灾，仅在咸、长二县，就由民间捐输筹得平粜之粮三万九千余石；乾隆三十五年（1770），广西士民则捐输积谷八万四千余石[④]。

由于得到民间力量的"输血"，官赈焕发了蓬勃的生机。从具体执行上看，各级政府遵循严格的赈灾流程实行赈济，效率非常高，景泰二年（1451），山东、河南等地大荒，当地政府动用预备仓粮储行赈济之事，"用米一百六十万，全活数百万。"[⑤] 而根据吕坤的估计，预备仓储粮的数量"大约荒年市价三分之一方可压下，米价不致腾贵"（陈关龙，1991）。清代至雍、乾时期每遇灾荒，政府往往立即给予及时的赈济，"各属存仓

---

① （清）《世宗宪皇帝实录》卷 142，《清实录》（第 5 册），中华书局 1986 年版，第 4421－4434 页。

② （清）《世宗宪皇帝实录》卷 88，《清实录》（第 4 册），中华书局 1986 年版，第 3712－3724 页。

③ （清）赵尔巽：《清史稿》卷 121，中华书局 1977 年版第 3559 页。

④ （清）《高宗纯皇帝实录》卷 896，《清实录》（第 17 册），中华书局 1986 年版，第 20106－20121 页。

⑤ （明）唐鹤徵：《皇明辅世编》卷 2，明崇祯十五年校刊本。

米谷不敷，其仓粮不敷之处，著发户部库银三十万两解往，速为赈济"①。经过康、雍、乾三朝的发展，至清代最为鼎盛的乾隆时期常平仓建设已经十分完备，据统计，乾隆年间常平仓在全国积谷的存额为 3 370 余万石（龚浩，2019），乾隆三十年（1765），仅云南省"常平仓实存谷、麦共八十四万四千三百五十五石有奇"②。魏丕信（2002）对这一时期政府在救荒上的努力和结果给予了高度评价，在其《十八世纪的官僚制度与荒政》一书中对这一阶段的官方赈济有非常详细的论述，因此不再赘述。

而在明代成化、清代嘉庆朝之后，政府力量趋于薄弱，进入王朝中晚期后，官赈事业开始滑坡，并呈现逐渐衰败的趋势。由于"无组织力量"对政治、经济、社会的全方位冲击，政府能力不断减弱，统治者越来越难以有效实现灾害的赈济，层出不穷的农民起义严重影响了社会稳定，威胁了士绅的人身、财产安全，因此士绅丧失了"捐输"助赈的主要动力。与此同时，政府面临越来越严重的财政危机，对于民间捐输的依存度逐渐加深，不仅向民间"劝分"的次数增加，捐输受"冠带"的强制性摊派行为出现的频率也越来越高。对捐输助赈者而言，"冠带荣身"带来的威信也是捐款助赈的次要动机，当政府无力组织有效赈灾而丧失了民众的支持，这种以政府公信力为背书的名誉奖励价值严重"缩水"，进一步打击了士绅捐输助赈的积极性。虽然不论在明代还是清代，王朝后期的统治者都一再降低"冠带荣身"等政府旌奖的门槛，并采用各种强制手段逼迫富民捐输，但仍然难以改变"捐输"助赈方式的逐渐没落③。

捐输助赈的不力本质上代表了明清两朝晚期官赈效率的低下。宣德年间，明代的预备仓制度已经近乎形同虚设，宣德三年（1428），给事中宋

① （清）《世宗宪皇帝实录》卷 142，《清实录》（第 5 册），中华书局 1986 年版，第 4421-4434 页。

② （民国）《新纂云南通志》卷 159，1949 年云南省通志馆据 1944 年刻本重印。

③ 例如，嘉靖八年（1529）明政府规定："出谷二十石、银二十两者，给与冠带；三十石、三十两者，授九品散官；四十石、四十两者，正八品；五十石、五十两者，正七品。俱免杂泛差役。出至五百石、五百两者，除给与冠带外，有司仍于本家竖立坊牌，以彰上义。"（《大明会典》卷 17）在如此低的标准下士绅对于捐输仍然兴致寥寥，这样的情形同样出现在清朝末期，为缓解沉重的财政负担，晚清政府不仅一再降低奖劝的标准，还强行迫使士绅募捐。例如，道光二十九年（1849），虞邑发生水灾："是时两邑常令黄公金韶、昭令毓公庆请绅士设局，始劝终逼甚至不愿捐者，或枷地保以催之，或提本户以罚之。"（《虞邑洪水计稿》）再如，明代正德四年（1509），湖广饥荒终巡抚王纶令武昌、汉阳富户捐输赈济，名为劝捐，实则"弱恃富党恶不从者，疏闻究治"。（《国朝典汇》卷 99）此类强行摊派的记载在明、清晚期数见不鲜。

徵上书皇帝，报告中郡县预备仓已经接近废弛；宣德七年（1432），湖广御史朱鉴上书对比洪武年间预备仓之充盈，发出“今各处有司以为不急之务，仓廒废弛”的感慨。而至正统初年，“南方官仓储谷已十处九空，甚者谷既全无，仓亦无存”（万明，2005）。根据袁祖亮和朱凤祥（2009）的统计，清乾隆年间，政府每年平均官赈的州县数为 112 个，至嘉庆年间减少为 57 个，同治朝存续的 13 年间则仅仅开展了 39 次赈济。至光绪年间，对于大规模的官赈记录则寥寥无几，政府拨给用于赈灾的钱款亦十分有限。例如，光绪十二（1886）奉天地区遭遇严重水患灾害，光绪帝只能挪用其万寿节所用的一万两银用于对奉天的赈济①。而光绪十五年（1889）对该地区的赈济中，仅“动用仓米六万四千五百余石，银六千三百余两”②。这代表着明清晚期，随着政府能力的衰弱，官赈逐渐衰落。

与此同时，各种形式的民间赈济在王朝中后期开始发挥越来越重要的作用。由于委托政府进行赈灾从而维持社会稳定和地方威信的效率越来越低，越到王朝没落的时期，士绅越倾向于直接向灾民提供赈济，“通过小规模的赈济，将功德归在了富民自己的名下”，以此“分割了政府的救荒权”（万明，2005），获得了对地区的控制能力。更加重要的是，在政府缺位的情况下，自然灾害容易造成严重的社会混乱和农民起义，威胁士绅的人身和财产安全，通过提供赈济减少流民可以创造更加稳定的社会环境，减少可能面临的人身和财产损失。因此，在晚明、晚清时期，赈灾中士绅的影响力在逐渐提升。由于具体的民间直接赈济活动上节已经详细介绍，在此不作赘述。

总体看，明清时期灾害治理机制的变迁同政府能力存在着紧密关系，在政府能力兴盛的王朝中前期，官方赈济具有明显的效率优势，加之士绅具有强烈的意愿，通过捐输的方式扩充政府救灾资金，官赈呈现欣欣向荣、不断发展的状态。而至王朝中后期，随着国家能力的衰落，官赈的效率逐渐降低。这对于士绅的捐输意愿产生了严重的不良影响，士绅捐输意愿的下降使得本就受财力掣肘的官方赈济缺乏民间的“输血”而更加雪上

① （清）《德宗景皇帝实录》卷 232，《清实录》（第 55 册），中华书局 1986 年版，第 57999-58013 页。

② （清）《德宗景皇帝实录》卷 269，《清实录》（第 55 册），北京：中华书局 1986 年版，第 58467-58482 页。

加霜，使得官赈逐渐衰落。与此同时，士绅阶级出于自身安全及利益的考虑，被迫承担起赈灾的义务，大量增加直接赈济的力度，各种形式的民间赈济在官赈式微的同时，在王朝中后期呈现越来越繁荣的趋势。

三、特殊的民间赈济形式——晚清义赈

值得一提的是，除参与传统的宗族赈济和社区赈济外，清代末期还出现了一种特殊的民间赈济——义赈。由于商品经济的发展，以晋商、徽商为代表，以亲缘和地缘关系为纽带的商帮形成。他们远离故乡，却有着浓厚的乡土观念，心系故乡的发展和安危，因此在故乡出现灾情时，旅居外地的士绅通过同乡组织网络的协调，往往对于捐款捐物的倡导一呼百应。通过同乡会和商帮进行的民间赈济活动通常由具有经济实力、在外地经商的同乡募集资金，交由当地有名望的士绅统一进行调度，组织负责具体的赈灾事务。例如，光绪三十四年（1908）夏，徽州发生严重水灾，旅居外地的徽商自发筹集赈款，委托徽州当地屯溪公济局士绅进行赈济，极大缓解了徽州的灾情。在整个过程中，不仅旅沪徽商制定了严格的募捐程序，当地的士绅在接到赈款后的发放也制定了一定的流程（朱浒，2008）。再如，光绪十五年（1909），江苏发生严重水灾，当地政府不但不肯赈济，还追加征粮。在这样的情形下，吴县士绅谢家福通过电报的方式呼吁各地富裕同乡参与义赈，“各同乡暨各省官绅相总筹捐。至是，始定苏、松、常、太赈恤之局”①。

士绅是清代末期义赈最受瞩目的民间助赈形式的主要发起者和参与人。梁其姿（2001）认为，尽管在江南地区，长期存在善会、善堂等民间救济组织，在赈灾过程中作为官赈的补充。然而这些组织规模较小，发展方向主要指向为小社区服务。而至清朝后期，尤其是鸦片战争之后，受到西方文化的影响，一些士绅意识到报刊等现代公共媒体的作用，通过报纸广发募捐公告，并对积极捐赈者的义行进行表彰报道，使得义赈在海内成为风气。这种形式吸引了众多有能力者参与对灾荒的赈济捐助中。例如，光绪二年（1876）江北的旱灾赈济中，以胡雪岩为首的六位在沪士绅各输

① 谢行惠：《谢家福书信集》，文物出版社 2015 年版，第 234 页。

巨款，“慨发婆心，集凑足钱五万串”。在他们的倡导下，义赈募得钱粮无数①。除积极捐输钱粮外，在义赈的筹办中，士绅非常注重对义赈组织进行制度化建设，清朝后期的一些民间助赈活动表现了高度的组织性。一些较大规模的慈善团体在成立之初就制定了明确的章程，例如，广州的“九善堂”②，再如，闻名的沪上协赈公所。较大规模且具有明确流程的组织一定程度上弥补了民间赈济在效率上的缺陷。由于制定了严格的办事程序和流程，这些机构有能力组织开展跨区域的赈济活动，将众多个人、善堂组织到同一目的的赈灾活动中，最大限度地争取民间力量进行赈济。受西方义演的影响，士绅还组织举办筹赈义演这种特殊的义赈形式，为晚清时期民间赈灾做出了一定贡献。

新型的民间助赈活动使得清代后期的民赈规模空前扩大，一方面表现在筹集的资金数量上；另一方面表现在地理范围的拓展上，在清朝中后期出现了越出本籍的自发民间助赈活动。传统的民间助赈活动，一般局限于当地士绅对于受灾当地贫民的赈济。这符合传统中国乡土社会的属性。然而在清朝后期，一些士绅对于远离乡土的其他受灾地区予以关注并进行捐助。总体说，晚清义赈的兴起代表着中国传统社会民间赈济的顶峰。

第四节　实证检验：道光朝的自然灾害与捐纳

如前文所述，捐输助赈的本质是以民间资本充实官赈资本，委托政府进行赈灾。民间资本对于官赈的“输血”，对于清朝末期财政入不敷出背景下官赈资金的匮乏而言至关重要。根据之前论述，士绅具有两种可以选择的助赈方式，一种是捐输助赈，一种是直接以各种形式开展民间赈济。通过建立经济学序贯博弈模型作者发现，士绅在两种助赈方式之间的选择主要和政府治理能力有关。政府治理能力越强，则官赈越能发挥“集中力量办大事”的规模优势，此时士绅愿意选择捐输；而政府能力越衰弱，士绅越愿意自发组织民间赈济。在本部分，笔者选择道光朝各省的捐纳和水

① 《申报》，清光绪三年五月初二日。

② 九善堂是省港地区七十二行的富绅捐资兴建的善堂组织，是参加广州赈务的主要民间机构之一。

旱灾害等数据对于上述推论进行实证检验，也为之前的政府能力是决定士绅捐输意愿决定性因素的结论提供经验证据。

一、数据、变量构建与描述统计分析

笔者对实证检验涉及的道光朝每年各省的捐纳数据、每年各省发生的水灾次数、旱灾次数，各省粮价数据，以及每个变量具体的构建方法进行介绍。

笔者使用的捐纳数据来自汤象龙（1930）对于道光朝历年各省捐纳数据的整理。具体的变量包括道光元年至道光三十年（1821—1850）各省捐监生人数以及各省捐监银数，用这两个变量衡量当年的捐输数量。需要注意的是，如前文所述，因赈捐输和捐纳并非完全同义的概念。受数据可得性限制，笔者只获得了道光朝历年各省的捐纳数据，但由于因赈捐输在整体捐纳中所占比重很高，这个数据在很大程度上可以反映因赈捐输数据。此外，在数据的合并处理上，由于江宁道、苏州道没有粮价数据、水旱灾害数据和人口数据，所以将江宁道和苏州道合并为江苏省处理。

水旱灾害数据来源于《中国气象灾害大典》。《中国气象灾害大典》共32卷，除综合卷外，每卷记录了一个独立省份自有文字记录以来古代的、近代的、现代的，在各种古迹、文物、碑刻、典籍、奏折等载体中记载的气象灾害，分章节记录了历年包括干旱、暴雨、热带气旋等自然灾害的发生。笔者选择了最为常见、破坏力最强的水灾和旱灾进行分省统计，统计得到各省历年的水旱灾发生次数，与道光元年至三十年的历年各省捐纳数据进行匹配。

各省历年粮价数据来源于台湾“中央研究院”近代史研究所公布的“清代粮价资料库”。清代粮价资料库由台湾“中央研究院”近代史研究所建立，该资料库收录了自乾隆元年（1736）起，各省按月向皇帝奏报的各府及直隶州厅的主要粮食价格信息。这些原始资料被称为“粮价清单”，分别收藏于台北的故宫博物院和北京的第一历史档案馆。清单采用统一的格式，报告价格时以府为单位，列出主要粮食的最高和最低价格区间，并使用统一的计量单位银分/仓石（即每仓石多少银分）表示。该资料库由王业键主导编纂，经过多年的搜集、整理和建档工作，最终于2008年底完成，包含约 219 万条数据。这是记录 1912 年以前中国历史上最丰富、时间序列最长且统计方式一致的价格资料库①。在具体粮价数据的处理上，由于原始数据统计缺失，各地有价格的粮食种类不同，例如，山东省汇报的粮食价格为大米价格，陕西省汇报的价格为小麦价格，粮食品种的不同导致粮价在不同省份无法直接比较。因此笔者用当年最高粮价和当年最低粮价的价差表示实际粮食价格。

除此之外，考虑到人口是影响各省捐纳规模的重要变量，笔者还使用了 1850 年各省的人口统计数据作为控制变量。显然，人口多的省份具有更多数量的士绅，因而更有可能有更大的捐纳规模，但绝对总数的优势并不意味着该省的士绅具有更强的捐纳意愿。考虑到这个问题，需要对各省的人口规模进行控制。因此笔者选择了 1850 年各省的人口统计数量，作为各省人口规模的代理变量。这一数据的原始来源为曹树基（1997）的估计。

对于上述变量的描述统计分析如表 6-1 所示。

表 6-1　1821—1850 年各省捐纳、水旱灾害以及人口描述性统计

变量	样本量	均值	标准差
捐监生人数（人）	350	615.243	504.329
捐监银数（两）	350	65 999.700	52 488.98
水患次数（次）	350	3.911	5.581
旱灾次数（次）	350	2.009	3.875
人口（万人）	350	1 970.235	920.626

注：数据来源：《中国气象灾害大典》《清代粮价资料库》《道光朝捐监之统计》《太平天国战前的中国人口》。

① 正如谢美娥在其论文《十九世纪后半期台湾米家的可靠性评估——以清代粮价资料库所辑米价数据为主》所述：王业健“以他个人数十寒暑埋首于北京、台北两地收集的清代‘粮价清单’、第一历史档案馆发行的《宫中粮价单》微卷，以及中国社会科学院经济研究所的‘抄档’，建构的数据资料库”。文献出处：谢美娥：《十九世纪后半期台湾米家的可靠性评估——以清代粮价资料库所辑米价数据为主》，“纪念梁方仲教授诞辰 100 周年中国社会经济史研究国际学术讨论会”论文，广州，2008 年。

二、模型设定

笔者利用道光朝各省数据，对于自然灾害是否会影响捐纳进行了实证分析，回归主要依据下列 OLS 模型和双向固定效应模型：

$$juanna_{ct} = \beta_1 disaster_{ct} + \beta_2 population_c + \varepsilon_{ct} \quad (6.18)$$

$$juanna_{ct} = \beta_1 flood_{ct} + \beta_2 drought_{ct} + \theta_c + \mu_t + \varepsilon_{ct} \quad (6.19)$$

式（6.18）为 OLS 估计方程，式（6.19）在式（6.18）基础上加入了省份和时间的固定效应，又称双向固定效应模型。$juanna_{ct}$ 是被解释变量，分别用道光朝历年各省的捐监银数据和捐监生人数衡量。$disaster_{ct}$ 表示灾害次数，分别用道光朝历年各省的水灾和旱灾发生次数衡量。$population_c$ 表示各省的人口规模，用 1850 年各省的人口统计数据度量。θ_c 表示省份固定效应，μ_t 表示年份固定效应，ε_{ct} 为随机误差项。该回归的标准差在省份层面聚类。

三、回归结果

笔者首先基于道光朝各省捐纳银的数量进行 OLS 和双向固定效应回归，并基于简化形式进行回归，研究水灾对道光朝捐纳的影响，结果见表 6-2。表 6-2 的第（1）至（3）列汇报了水患对捐监银数量的对数的影响，第（4）至（6）列汇报了旱灾对捐监银的对数的影响。其中第（1）（4）列为基于式（6.18）进行的 OLS 回归结果，第（2）（5）列为基于式（6.19）所进行的双向固定效应模型的回归结果。从表 6-2 的结果可以看出，水患对于道光朝各省捐监银对数的影响在统计学意义上不显著，说明这个时期的水患对捐监银的数量没有影响。而旱灾对各省捐监银的对数产生负且显著的影响，说明旱灾的发生显著降低了各省的捐监银数量。从结果看，旱灾多发生一次，平均使得各省捐监银的数量下降 0.9%～2.2%。从控制变量看，人口规模的上升显著增加了各省捐监银的数量，这一结论同预期相一致。

表 6-2　道光朝水旱灾害对各省捐监银的影响

被解释变量	(1) 捐监银（对数）	(2) 捐监银（对数）	(3) 捐监银（对数）	(4) 捐监银（对数）	(5) 捐监银（对数）	(6) 捐监银（对数）
自然灾害	-0.002 -0.003	-0.002 -0.007	0 -0.004	-0.009*** -0.003	-0.022** -0.009	-0.012*** -0.003
人口规模	—	0.001*** 0	—	—	0.001*** 0	—
粮价	—	—	0.001 -0.002	—	—	0.001 -0.002
常数项	10.743*** -0.013	9.611*** -0.081	10.764*** -0.099	10.755*** -0.006	9.640*** -0.082	10.802*** -0.112
省份固定效应	否	是	是	否	是	是
年份固定效应	否	是	是	否	是	是
样本数	510	510	350	510	349	350
R^2	0.323	0.315	0.477	0.323	0.901	0.477

注：①被解释变量捐纳数量分别用各省捐监银的对数。第（1）至（3）列用水灾衡量自然灾害，第（4）至（6）列用旱灾衡量自然灾害。粮价指各省粮食价格，人口规模指各省在1850年的人口规模。除第（1）~（4）列外，其他列汇报了控制省份固定效应和年份固定效应的结果，并且该数据在省份层面进行聚类。

②括号中的数值为标准误估计结果。

③***表示在1%统计水平上显著，**表示在5%统计水平上显著，*表示在10%统计水平上显著。

结论在一定程度上验证了笔者的猜想，即在王朝衰落时期，由于政府治理能力减弱，官赈效率明显降低，士绅倾向于选择自发组织救灾，而非通过捐输助赈的方式赈灾。由于士绅愿意且能用于实施赈济的财物是有限的，愿意自己组织赈灾就必然意味着向政府捐输的意愿降低，捐输的数量减少。这同笔者发现的旱灾次数增加会导致捐纳银数量减少的结论相一致。

笔者将被解释变量替换为各省历年的捐监生人数，重新进行上述估计，结果见表6-3。可以看出，用捐监生人数衡量捐纳数额得到的回归结果与捐监银对数结果基本一致，即水患的发生次数不对捐纳产生影响，而旱灾的发生导致捐纳数额的减少。

表 6-3　道光朝水旱灾害对于各省捐监生人数的影响

被解释变量	(1) 捐监生	(2) 捐监生	(3) 捐监生	(4) 捐监生	(5) 捐监生	(6) 捐监生
自然灾害	0.752 (4.484)	−1.652 (3.943)	4.013 (4.747)	−3.377 (2.961)	−11.535** (5.178)	−5.498** (2.338)
人口规模	—	0.250*** (0.024)	—	—	0.252*** (0.023)	—
粮价	—	—	−1.375 (1.268)	—	—	−1.367 (1.210)
常数项	616.169*** (18.404)	133.119*** (49.045)	693.860*** (69.739)	626.665*** (6.497)	148.686*** (49.330)	722.090*** (84.894)
省份固定效应	否	是	是	否	是	是
年份固定效应	否	是	是	否	是	是
样本数	510	510	349	510	510	349
R^2	0.771	0.192	0.806	0.771	0.199	0.805

注：被解释变量捐纳数量分别用各省捐监生的对数。其他注释同表 6-2。

为了验证基准回归结论的稳健性，笔者重新利用水患干旱发生次数的滞后一期变量，重新对式（6.18）和式（6.19）进行回归，被解释变量捐监银对数的结果见表 6-4，被解释变量捐监生人数的结果见表 6-5。结果显示，水灾的发生对于捐纳数量不产生影响，旱灾的发生次数减少了捐纳的数量。这一结论同基准回归相一致，印证了基准回归结果的稳健性。

表 6-4　工具变量法结果

面板 A：一阶段回归结果				
被解释变量	水患	旱灾	水患（滞后）	旱灾（滞后）
粮价	0.226 −0.495	−0.172 −0.769	−0.127 −0.483	−2.665 −6.3
F 检验	16.68	4.77	15.13	5.73

续表

面板 B：二阶段回归结果				
被解释变量	捐监银（对数）	捐监银（对数）	捐监银（对数）	捐监银（对数）
自然灾害	-1.641 -3.585	5.2 -23.152	2.76 -10.475	-0.009*** -0.003
人口规模	0.003 -0.006	-0.003 -0.014	-0.004 -0.019	0.002 -0.004
常数项	10.996*** -2.841	5.977 -17.241	7.765 -8.029	11.414*** -3.998
样本数	350	350	337	337

1. 本表格汇报工具变量法一阶段和二阶段回归结果。面板 A 汇报了一阶段回归结果，被解释变量分别为水患发生的次数、干旱发生的次数、水患发生次数的滞后一期以及干旱发生次数的滞后一期。面板 B 汇报了二阶段回归结果，被解释变量为捐纳次数，用各省每年缴纳的捐纳银的对数衡量。自然灾害从第（1）到（4）列分别为粮价对于水患发生的次数、干旱发生的次数、水患发生次数的滞后一期以及干旱发生次数的滞后一期的拟合值。人口规模指各省在 1850 年的人口规模。

2. 括号中的数值为标准误估计结果。

3. ＊＊＊表示在 1%统计水平上显著，＊＊表示在 5%统计水平上显著，＊表示在 10%统计水平上显著。

表 6-5　道光朝水旱灾害对于各省捐监生人数的影响

被解释变量	(1) 捐监生	(2) 捐监生	(3) 捐监生	(4) 捐监生	(5) 捐监生	(6) 捐监生
自然灾害	0.155 (2.795)	-2.805 (3.900)	0.934 (4.072)	-4.362 (3.713)	-14.373*** (5.107)	-7.734*** (2.276)
人口规模	—	0.246*** (0.024)	—	—	0.247*** (0.023)	—
粮价	—	—	-0.894 (1.521)	—	—	-0.916 (1.523)
常数项	608.971*** (11.556)	135.784*** (49.133)	663.199*** (88.556)	619.275*** (8.225)	154.487*** (49.249)	684.648*** (104.535)
省份固定效应	否	是	是	否	是	是
年份固定效应	否	是	是	否	是	是

续表

被解释变量	(1) 捐监生	(2) 捐监生	(3) 捐监生	(4) 捐监生	(5) 捐监生	(6) 捐监生
样本数	493	493	336	493	493	336
R^2	0.768	0.189	0.804	0.769	0.201	0.807

注：1. 被解释变量捐纳数量分别用各省捐监生的对数。第（1）至（3）列用水灾发生次数的滞后一期衡量自然灾害，第（4）至（6）列用旱灾发生次数的滞后一期衡量自然灾害。粮价指各省粮食价格，人口规模指各省在1850年的人口规模。除第（1）、（4）列外，其他列汇报了控制省份固定效应和年份固定效应的结果，并且该数据在省份层面进行聚类。

2. 括号中的数值为标准误估计结果。

3. ***表示在1%统计水平上显著，**表示在5%统计水平上显著，*表示在10%统计水平上显著。

笔者的结论间接论证了在政府能力衰弱的清朝后期，士绅倾向于自发组织各种形式的民间赈灾，而不愿意向政府捐输助赈。根据赵晓华（2009）的论断："嘉庆、道光以后，由于国库空虚，因赈捐输和捐纳次数日渐增多。频发赈捐使得民间不堪其扰，收效甚微。道光十三年（1833年），林则徐就江苏省赈捐情况说："因为频年劝捐输，即使绅富之家也力疲难继。"

第五节　官赈和民赈的关系：基于社会福利的分析

鉴于上述分析，很容易得到一个错误的结论：既然官赈和民赈呈现此消彼长的趋势，那么二者就是相互替代的关系。从表象看，民赈和官赈大体遵循了"国进则民退，国退则民进"的趋势，民间基于"保宗收族"的目的进行的宗族、社区赈济不仅分割了政府的"治荒权"，更扩大了士绅的地方势力，对明清政府在地方的统治权造成一定程度的威胁。然而这种表象上政府和民间力量在赈济中的此消彼长关系，能否意味着民间力量可以取代政府实现对于灾害的治理呢？笔者认为这一问题的答案是否定的，在这一部分笔者将基于社会福利分析尝试对于该问题进行解答。

由上文序贯博弈模型推导的结果，已知 $\theta_2^* = \dfrac{M\omega - NS_{wg}^*\eta k e^{\eta}}{2M}$。求 θ_2^*

对 η 的偏导，易得 $\frac{\partial \theta_2^*}{\partial \eta} < 0$，即越到王朝末期，政府治理能力越差，富人需要拿出更多的财富用于直接赈灾，这与晚清时期士绅成为赈灾主导力量的史实相一致。进一步的，可求得当富人选择 θ_2^* 直接赈济灾民时获得的个人效用 U_2^*：

$$U_2^* = \frac{\alpha}{4D}(M\omega + NS_{wg}^*\eta k e^{\eta})\left(\omega + \frac{NS_{wg}\eta k e^{\eta}}{2M}\right) \tag{6.20}$$

求 U_2^* 对 $\eta k e^{\eta}$ 的偏导，易知 $\frac{\partial U_2^*}{\partial \eta k e^{\eta}} > 0$；又知 $\frac{\partial \eta k e^{\eta}}{\partial \eta} > 0$，则根据链式求导法则，$\frac{\partial U_2^*}{\partial \eta} > 0$。

此时，全社会实际为灾民提供的赈济数量 $NS_w{}^* = \frac{M\theta + NS_{wg}^*\eta k e^{\eta}}{2}$，$\frac{\partial NS_w{}^*}{\partial \eta} > 0$，政府治理能力越强，则灾民获得的赈济水平越高。由上述分析可知，随着明清两朝中后期政府能力的减弱，η 值不断减少，富人的最优个人效用不断减少。说明在王朝趋于没落的情况下，由于政府缺位，富人被迫承担起赈灾的责任，越到王朝后期政府能力越弱，富人则选择支出更多助赈资金用于对灾民的直接赈济，然而由于政府“集中力量办大事”的优势难以发挥，民间赈灾的效率也较为低下，因此灾民实际得到的赈济数量逐渐减少，且富人的个人效用也不断下降，整个社会的福利状况趋于恶化。总体来说，由于赈灾所具有的特殊“公共品”属性，民间无法取代政府承担赈灾的职能。

这一结论同明清时期的民间赈济活动史实相一致：明清时期是中国封建历史上民间赈济活动最为兴盛的历史时期，尤其是在清代末期兴起的义赈等形式的民间赈灾活动，团结了社会一切可团结的赈灾力量，将具有经济实力和报国之心的士绅集合在一起，其筹集资金的数额之巨，赈济涉及的地理范围之广，应赈人数之众堪称中国封建史上的顶峰。然而即便是民赈力量如此强盛的清代末期，民赈也难以对大范围的灾害进行彻底的赈济。尽管数额庞大的民间资本投入灾害赈济中，仍然如泥牛入海，难以消弭灾害造成的恶劣影响。1902 年四川的旱灾中，民间士绅积极参与到赈济活动中，仍有数千万百姓成为灾民；而1905年云南水灾导致仅昆明附近就有数万户灾民仓促逃生；1906年洪水在数个省份肆虐，江苏灾民高达730万人，湖南也有灾民近40万人……这同清代末期政府官赈职能的沦丧有着直接关系。正如李文海（1994）所做的论断，政府在王朝后期进行的赈恤只是“杯水车薪”，而且“缓不济急”。面对入不敷出、库储如洗的财政状况，清政府无暇顾及挣扎在死亡线上的千百万普通老百姓。这是民间力量无法填补的鸿沟。更勿论民间力量未曾如此兴盛的明代末期。综上，民间力量尽管对于政府在赈灾力量上的缺疏有所弥补，却不可能独立履行赈灾职能。历史的经验一次次证明，只有以政府为主导，充分调动民间力量为补充，才能最有效地实现自然灾害的赈济。

第六节　小　结

本章笔者从士绅这个灾害治理中不可或缺的群体的个体选择出发，将其看作是同质的个体，分析其在不同的背景条件下对于直接赈济灾民还是同政府合作两类赈济方式的选择。由于士绅是一个人口数量大，且影响力巨大的团体，基于理性经济人假设和参与者的同质性特征，对于单个士绅的个体选择行为就可以扩充解释整个士绅的助赈方式选择问题，笔者利用序贯博弈模型，分析了士绅助赈选择的决定性因素，并利用道光朝数据进行实证检验，提供了量化证据。在此基础上，笔者进一步推断得出明清时期灾害治理机制在不同时期变迁的历史脉络。

士绅捐款助赈主要可以通过两种方式：一种是响应政府的“劝分”政策向政府捐输，其本质是委托政府以“官赈”的方式赈灾，即所谓的官民合作赈济模式，也是明清政府乐于接受的助赈形式，通过士绅捐输政府扩充了可用于赈灾的资金，以官赈的形式对灾民进行赈济可“使恩出于上”。相应的，委托政府进行赈灾可以达到士绅维护社会安定、保证人身安全的目的，并额外为其带来“冠带荣身”的道德嘉奖。士绅捐款助赈的另一种方式，是通过平粜、施粥等方式直接向灾民提供赈济，捐赈富商可由其富而好施的善行获得当地民众的拥戴，也能减少其在社会动乱时期遭受“暴民”劫掠的可能性。一方面，以国家强制力为后盾的政府主导进行官赈可以实现跨区域的资源调配，发挥赈灾的规模效应，并通过国家干预减少灾害衍生的经济危机，因此运作良好的官僚体系进行官赈效率显著高于民间赈灾。另一方面，政府官赈的效率同政府能力相关，官僚机构运行效率低下、腐败滋生等将严重制约官赈的效率。明清时期士绅助赈方式的选择，本质上由官赈和民间赈济的效率比较决定：当政府能力强盛时，高效率的官赈将取得更好的赈灾效果，此时社会安定，由政府赋予的地方控制权则十分稳固，士绅选择捐输助赈，同政府合作；而随着政府力量的日益衰弱，官赈效率逐渐下降最终低于民间赈济，士绅则选择直接向灾民提供赈济。本章通过将政府、士绅、灾民共同纳入统一序贯博弈模型框架，分析了这一问题，得到了上述结论。进一步的，本章以清代为例进行实证研究，利用道光朝各省粮价数据、捐纳数据以及水旱灾害数据，分析了自然灾害的发生对于捐纳的影响，验证了在王朝开始走向衰落之后，士绅的助赈方式发生了由向政府捐输转为自发赈济的方式，为上述结论提供了量化证据。明清时期灾害治理机制的历史变迁也从根本上取决于政府能力的变动：随着王朝的兴衰，官民合作的赈济呈现出先上升后下降的趋势；相应的随着王朝的兴衰，官赈经历了从兴盛到衰退的变迁，民间赈济则在官赈式微的王朝中后期发挥越来越重要的作用。

后　记

历经三个寒暑的跋涉与沉淀，本书终于得以问世，以此后记对于曾经陪伴、鼓励、支持我的人们表示感谢。

我想对于从事经济史研究的年轻学者都曾经历过西西弗斯般的至暗时刻：在文献中摸索，在碎片化的史料中徘徊，在经济学模型的逻辑迷宫中一次次走入死胡同，在史学和经济学的双重质疑中陷入自我怀疑…… 这个历程如同那位推石上山的古希腊英雄，每当以为触及顶点，巨石却滑落山麓。又仿佛是和风车战斗的堂吉诃德，夜以继日所做的努力似乎荒诞而无果，面对如巨人般庞大的难题，手中的长枪显得单薄无力。在这个过程中，我深感个体之微薄，若无众多良师益友的提携与扶助，此书难以成形。

首先，向国家社会科学基金委员会致谢。本书是国家社会科学青年基金项目“明清时期灾害治理机制的经济学研究”（21CJL020）的最终成果。在陷入是否要继续坚持的迷茫时，我的项目获批了，对于我而言，得到国家社科基金的资助不仅代表着坚实的物质保障，更代表着对于未来前进方向的认可，点燃了学术航程中指明方向的灯塔。那份笃定与支持，如涓涓细流，滋养着我的学术梦想。

其次，要向单位领导与同仁们致以由衷的谢意。本书得以出版，要感谢首都经济贸易大学经济学院提供的出版资金支持。感谢郎丽华、王军、杜雯翠、赵家章等学院几任领导的理解和支持，在以发表效率为指挥棒的大环境下，他们不仅对于经济史的“水磨功夫”予以了充分理解，还给予我继续坚持的信心，他们的宽容和鼓励，是我能坚信经济史这把“冷板凳”能够坐热的动力。感谢杨春学老师，在项目申请、论文撰写发表，以及专著撰写的每个环节，他都进行了不厌其烦地指导。这些建议于我而言如灯下苦读时的良伴，让思考愈加深邃。感谢同行的伙伴王格非老师和梁银鹤老师，他们的陪伴和分享，点亮了我学术征途的夜空。

云山苍苍，江水泱泱，先生之风，山高水长。我还要感谢导师周建波老师和张亚光老师，以及在研究过程中无私地给予我帮助的孙圣民老师。在已经毕业五年有余之后，何其有幸仍然能够聆听老师的教诲。师恩如春风，化雨润物，铭刻于心。

最深切的谢意，献给我的家人。父母的默默支持与牵挂，让我心无旁骛地投入学术；伴侣的理解与包容，成为我迎难而上的动力；孩子的欢笑，则让我明白学术的意义不仅在于探索，更在于传承。家之所在，心之安处，亦是我追求真知的起点与归宿。

然而，书成之日亦是自省之时。学术之道浩浩汤汤，本书仅为微薄的一隅，未竟之处不胜枚举。在未来的学术旅程中，我还是愿意做一个堂吉诃德，同前路未知的恐惧、怀疑和孤独抗争；也还是愿意做一个西西弗斯，推着巨石，继续追寻山顶的亮光，因为攀登本身就是意义所在，而那微弱的亮光，终将汇聚成璀璨的星河。唯愿以更加勤谨的态度，追寻智慧的微光，探究经济史学的深义。

谨以此书，献给所有曾经陪伴、支持与鼓励我的人。此生有幸，承蒙厚爱，感怀不尽。

参考文献

［1］安戈里斯特，皮斯克．基本无害的计量经济学：实证研究者指南［M］．上海：格致出版社，上海三联书店，上海人民出版社，2012.

［2］白丽萍．道光朝的义仓建设［J］．农业考古，2014（3）：194-199.

［3］白丽萍．清代长江中游地区义仓的设置、运营及其与社仓的关系［J］．中国地方志，2009（4）：54-59.

［4］白丽萍．试论清代社仓制度的演变［J］．中南民族大学学报（人文社会科学版），2007（1）：129-134.

［5］柏桦，赵宁芳．官民相得：清王朝灾荒赈济的启示［J］．山东社会科学，2018（4）：105-111.

［6］包庆德．清代内蒙古地区灾荒研究［M］．北京：人民出版社，2015.

［7］曹凤翔．论明代的族田［J］．社会科学战线，1997（2）：204-210.

［8］曹隆恭．商丘地区的水灾规律及其治水的历史经验［J］．中国农史，1990（3）：103-109，113.

［9］曹树基．太平天国战前的中国人口［J］．中国经济史研究，1997（3）：32-41.

［10］曹树基．中国人口史［M］．上海：复旦大学出版社，2000.

［11］常建华．清康雍时期试行社仓新考［J］．史学集刊，2018（1）：14-28.

［12］陈春声．论清末广东义仓的兴起：清代广东粮食仓储研究之三［J］．中国社会经济史研究，1994（1）：50-66.

［13］陈春声．清代广东社仓的组织与功能［J］．学术研究，1991（1）：76-80.

［14］陈东有．康熙朝米价中的商人行为［J］．中国社会经济史研究，1995（3）：46-58.

［15］陈刚，邱丹琪．儒家文化与企业家精神：一项流行病学研究［J］．财经研究，2021（3）：95-109.

［16］陈刚，王燕飞，何丽．儒家文化与家庭风险资产投资［J］．财贸经济，2022（1）：122-137.

［17］陈高佣．中国历代天灾人祸表［M］．上海：国立暨南大学出版社，1939.

［18］陈关龙．论明代的备荒仓储制度［J］．求索，1991（10）：3-6，23.

［19］陈桦．清代防灾减灾的政策与措施［J］．清史研究，2004（3）：41-52.

［20］陈建宇，杨乙丹．回归与因循：清初灾荒赈济的探索与实践［J］．农业考古，2018（3）：108-113.

［21］陈建宇．清代国家赈灾事业兴衰研究［D］．咸阳：西北农林科技大学，2018.

［22］陈金陵．清代的粮价奏报及其盛衰［J］．中国社会经济史研究，1985（10）：63-68.

［23］陈强．气候冲击、王朝周期与游牧民族的征服［J］．经济学（季刊），2014（10）：373-394.

［24］陈强．气候冲击、政府能力和中国北方农民起义（公元25—1911年）［J］．经济学（季刊），2015（7）：1348-1374.

［25］陈秋云．清代闽浙苏地区的义田制度及当代启示［J］．社会科学家，2014（5）：131-135.

［26］陈瑞．明清时期徽州宗族的内部救济［J］．中国农史，2007（2）：86-99.

［27］陈亚平．保息斯民：雍正十年江南特大潮灾的政府应对［J］．清史研究，2014（2）：82-92.

［28］陈业新．历史时期荒政成效评估的思考与探索：以明代凤阳府的官赈为例［J］．学术界（月刊），2018（7）：173-186.

［29］陈业新．明代国家的劝分政策与民间捐输：以凤阳府为例［J］．学术月刊，2008（8）：139-147.

［30］陈永伟．“哥伦布大交换”终结了“气候—治乱循环”吗?：对玉米在中国引种和农民起义发生率的一项历史考察［J］．经济学（季刊），2014（4）：1215-1238.

［31］陈志武，林展，彭凯翔．民间借贷中的暴力冲突：清代债务命案研

究［J］. 经济研究，2014（9）：162–175.

［32］陈佐立．明代粮仓研究［D］. 福州：福建师范大学，2002.

［33］崔杰．晚清荒政弊端研究［D］. 淮北：淮北师范大学，2019.

［34］崔鹏．中国山地灾害研究进展与未来应关注的科学问题［J］. 地理科学进展，2014（2）：145–152.

［35］邓浩，贺小刚，肖玮凡．亲缘关系于家族企业的高管变更：有限利他主义的解释［J］. 经济管理，2016（10）：66–86.

［36］邓云特．中国救荒史［M］. 上海：商务印书馆，1937.

［37］丁一汇．中国气象灾害大典［M］. 北京：气象出版社，2008.

［38］段自成．明中后期社仓探析［J］. 中国史研究，1998（2）：121–128.

［39］范子英，彭飞，刘冲．政治关联与经济增长：基于卫星灯光数据的研究［J］. 经济研究，2016（1）：114–126.

［40］方志远．"冠带荣身"与明代国家动员：以正统至天顺年间赈灾助饷为中心［J］. 中国社会科学，2013（12）：136–157，207.

［41］费孝通．乡土中国［M］. 北京：上海观察社，1948.

［42］费正清，赖肖尔．中国：传统与变革［M］. 南京：江苏人民出版社，1992.

［43］冯尔康．中国古代的宗族与祠堂［M］. 北京：商务印书馆，2018.

［44］傅衣凌．中国传统社会：多元的结构［J］. 中国社会经济史研究，1988（3）：1–7.

［45］高惠冰．清代前期的佛山义仓［J］. 华南师范大学学报（社会科学版），1985（3）：39–44.

［46］葛剑雄．略论我国封建社会各阶级人口增长的不平衡性［J］. 历史研究，1982（12）：10–19.

［47］龚浩，王文素．清代粮食储备体系及其问题的现实启示［J］. 中央财经大学学报，2019（5）：121–128.

［48］古志辉．全球化情境中的儒家伦理与代理成本［J］. 管理世界，2015（3）：113–123.

［49］谷文峰，郭文佳．清代荒政弊端初探［J］. 黄淮学刊（社会科学版），1992（4）：58–64.

［50］管宏杰．明代南直隶进士群体研究［D］. 福州：福建师范大学，2021.

[51] 郝煜．中华帝国晚期的一个政治经济学框架［J］．经济资料译丛，2016（3）：49-67.

[52] 何汉威．光绪初年（1876—1879）华北大旱灾［M］．香港中文大学出版社，1980.

[53] 洪璞．试述明清以来宗族的社会救助功能［J］．安徽史学，1998（4）：38-41.

[54] 胡恒．皇权不下县：清代县辖政区与基层社会治理［M］．北京：北京师范大学出版社，2015.

[55] 黄仁宇．万历十五年［M］．北京：中华书局，1982.

[56] 黄天华．试论清代社会保障制度［J］．财政史研究，2011（4）：179-216.

[57] 惠清楼．清代宗族经济关系探略［J］．南开学报（哲学社会科学版），2017（5）：151-160.

[58] 吉冈义丰．中国民间宗教概说［M］．大连：华宇出版社，1985.

[59] 金观涛．兴盛与危机：论中国社会超稳定结构［M］．北京：法律出版社，2019.

[60] 金志霖．英国行会史［M］．上海：上海社会科学院出版社，1996.

[61] 鞠明库．明代的自然灾害及其社会影响［J］．江西社会科学，2007（7）：21-23.

[62] 鞠明库．灾害与明代政治［M］．北京：中国社会科学出版社，2011.

[63] 康沛竹．清代仓储制度的衰败和饥荒［J］．社会科学战线，1996（3）：186-191.

[64] 科大卫，刘志伟．宗族与地方社会的国家认同：明清华南地区宗族发展的意识形态基础［J］．历史研究，2000（3）：3-14，189.

[65] 克鲁泡特金．互助论［M］．北京：商务印书馆，1963.

[66] 兰婷．明代民间救济研究［D］．南昌：江西师范大学，2013.

[67] 雷家宏．中国古代的乡里生活［M］．北京：商务印书馆，2018.

[68] 李伯重．十八世纪中国的官僚制度和荒政［J］．读书，2002（10）：64-71.

[69] 李红英，汪远忠．晚清民间救灾：法律文本、实践及其思考［J］．中国社会经济史研究，2012（4）：50-55.

[70] 李辉．北朝时期的自然灾害及民间救灾措施研究［D］．长春：吉林大学，2006.

[71] 李江，曹国庆．明清时期中国乡村社会中宗族义田的发展［J］．农业考古，2004（8）：198-211，220.

[72] 李军，胡鹏．中国传统救灾模式选择及原因探讨［J］．中国农史，2014（1）：67-75.

[73] 李军．“委托—代理”视角下的中国传统社会救荒［J］．中国经济史研究，2009（3）：154-162.

[74] 李乐．清至民国时期宁夏地区的旱灾与社会应对研究［D］．西安：陕西师范大学，2017.

[75] 李秋芳，鞠明库．嘉靖特大灾荒与明代地方备荒仓储体系的重构［J］．江西社会科学，2022（10）：125-135，208.

[76] 李文海，夏明方．天有凶年：清代灾荒与中国社会［M］．北京：生活·读书·新知三联书店，2007.

[77] 李文海．甲午战争与灾荒［J］．历史研究，1994（6）：7-16.

[78] 李文海．晚清义赈的兴起与发展［J］．清史研究，1993（10）：27-35.

[79] 李文治，江太新．中国宗法宗族制和族田义庄［M］．北京：社会科学文献出版社，2000.

[80] 李文治．明代宗族制的体现形式及其基层政权作用：论封建所有制时宗法宗族制发展变化的最终根源［J］．中国经济史研究，1988（1）：54-72.

[81] 李向军．清代荒政研究［M］．北京：中国农业出版社，1995.

[82] 李向军．清代救灾的制度建设与社会效果［J］．历史研究，1995（5）：71-87.

[83] 李向军．清前期的灾况、灾蠲与灾赈［J］．中国经济史研究，1993（3）：62-81.

[84] 李学如，曹化芝．清代江南宗族义庄的备荒制度：以族谱为考察中心［J］．齐齐哈尔大学学报（哲学社会科学版），2017（10）：122-126.

[85] 李学如，陈勇．清代宗族义庄的发展：以苏南地区的考察为中心［J］．中国社会经济史研究，2014（1）：60-69.

[86] 李学如，王近平．近代苏南义庄的宗族保障制度［J］．中国农史，2015（4）：73-84.

［87］李学如．安徽的宗族义庄：以清代、民国时期为考察中心［J］．安徽史学，2019（3）：134-144．

［88］李映发．清代州县储粮［J］．中国农史，1997（1）：35-48，34．

［89］梁其姿．施善与教化：明清的慈善组织［M］．石家庄：河北教育出版社，2001．

［90］梁若冰．气候冲击与晚清教案［J］．经济学（季刊），2014（7）：1557-1584．

［91］林水静，苏南，杨晓冉．电力抢修跑出加速度［N］．中国能源报，2023-08-07．

［92］林文勋．宋代富民与灾荒救济［J］．思想战线，2004（6）：96-102．

［93］刘城．英国中世纪教会研究［M］．北京：首都师范大学出版社，1996．

［94］刘道胜．明清徽州的民间捐输：兼论方志“义行”的书写［M］．上海：中西书局，2019．

［95］刘建生，刘鹏生，燕红忠．明清晋商制度变迁研究［M］．太原：山西人民出版社，2005．

［96］刘永华．礼仪下乡：明代以降闽西四保的礼仪变革与社会转型［M］．北京：生活·读书·新知三联书店，2019．

［97］刘宗志．从清代社仓与义仓之差异看民间社会救济之增长［J］．中国农史，2018（37）：98-105．

［98］刘宗志．清代苏南义庄发展原因探析［J］．黄河科技大学学报，2012（4）：75-78．

［99］鲁西奇．中国古代乡里制度研究［M］．北京：北京大学出版社，2021．

［100］罗威廉．救世：陈宏谋与18世纪中国的精英意识［M］．北京：中国人民大学出版社，2016．

［101］罗志田．地方的近世史：“郡县空虚”时代的礼下庶人与乡里社会［J］．近代史研究，2015（5）：6-27，160．

［102］吕思勉．中国制度史［M］．上海：上海教育出版社，1985．

［103］马立博．中国环境史：从史前到现代［M］．北京：中国人民大学出版社，2015．

［104］马幸子．太平天国战后的广东备荒仓储重建［J］．农业考古，2018

(4)：20-28.

［105］马雪芹．明清河南自然灾害研究［J］．中国历史地理论丛，1998(3)：23-36，251-252.

［106］闵宗殿．关于清代农业自然灾害的一些统计：以《清实录》记载为根据［J］古今农业，2001（1）：9-16，38.

［107］倪根金．明代广东社仓、义仓考［J］广东史志，2002（2）：3-6，23.

［108］倪玉平．试论清朝的常平仓［J］．石家庄学院学报，2007（7）：69-74.

［109］牛建强．明万历二十年代初河南的自然灾伤与政府救济［J］．史学月刊，2006（1）：84-97.

［110］牛敬忠．清代常平仓、社仓制度初探［J］．内蒙古师大学报（哲学社会科学版），1991（2）：104-110.

［111］诺思．经济史上的结构和变革［M］．北京：商务印书馆，1992.

［112］诺思．经济史上的结构和变革［M］．北京：商务印书馆，1992.

［113］潘越，汤旭东，宁博．俭以养德：儒家文化与高管在职消费［J］．厦门大学学报（哲学社会科学版），2020（1）：107-120.

［114］森．贫困与饥荒［M］．北京：商务印书馆，2019.

［115］石光，岳阳，张过．政府换届周期对城市空间扩张的影响［J］．世界经济，2021（4）：178-200.

［116］石涛．北宋地方减灾管理述略［J］．中国经济史研究，2006（4）：142-150.

［117］石先武，方伟华．1949—2010年西北太平洋热带气旋时空分布特征分析［J］．北京师范大学学报（自然科学版），2015（3）：287-292.

［118］孙程九，张勤勤．气候变迁、政府能力与王朝兴衰：基于中国两千年来历史经验的实证研究［J］．经济学（季刊），2018（10）：311-336.

［119］孙毓棠．中国近代工业史资料：第一辑［M］．北京：科学出版社，1957.

［120］汤象龙．道光朝捐监之统计［J］．社会科学杂志，1930：432-444.

［121］唐林生．清代湖南的社仓［J］．衡阳师范学院学报，2014（35）：93-96.

［122］陶希圣．中国社会之史的分析：外一种：婚姻与家族［M］．北

京：商务印书馆，2015.

［123］万明．晚明社会变迁问题与研究［M］．北京：商务印书馆，2005.

［124］汪火根．明代仓政与基层社会控制：以预备仓和社仓为例［J］．龙岩师专学报，2004（2）：44-46.

［125］王国梁．善在官民之间：清代贵州士绅与社会公益［J］．贵州社会科学，2019（6）：64-69.

［126］王建红，佐佐木爱．祭祀与修谱："礼"的民间化与明清基层家族组织的社会整合实践：以漳州南靖县简氏族谱为例［J］．中国社会经济史研究，2019（4）：9-14.

［127］王俊荆．历史时期气候变迁与中国战争关系研究［D］．杭州：浙江师范大学，2007.

［128］王科杰．庄有恭案与乾隆朝捐输赈济［J］．历史档案，2020（2）：108-116.

［129］王乃德，翟相卫．"丁戊奇荒"与晋商捐赈［J］．史志学刊，2017（5）：5-12.

［130］王日根．论明清时期福建家族内义田的发展及其社会背景［J］．中国社会经济史研究，1990（2）：40-46.

［131］王日根．论清代义田的发展与成熟［J］．清史研究，1992（2）：8-14.

［132］王日根．明清民间社会的秩序［M］．长海：岳麓书社，2003.

［133］王水乔．清代云南的仓储制度［J］．云南民族学院学报（哲学社会科学版），1997（3）：61-64.

［134］王小岗．明代河南备荒仓储研究［J］．安阳师范学院学报，2018（8）：60-63.

［135］王彦伦．台风灾害下城市配电网韧性评估及防御措施研究［D］．广州：华南理工大学，2022.

［136］王业键，陈仁义，温丽平，等．清代粮价资料之可靠性检定［C］．王业键．清代经济史论文集（二），台北：稻乡出版社，2003：289-316.

［137］王璋．乾隆朝山西义仓初探［J］．历史档案，2012（3）：86-91.

［138］魏丕信．十八世纪中国的官僚制度与荒政［M］．南京：江苏人民出版社，2003.

［139］温铁军．中国农村基本经济制度研究［M］．北京：中国经济出版

社，2000.

［140］吴晗，费孝通．皇权与绅权［M］．上海：华东师范大学出版社，2015.

［141］吴洪琳．论清代陕西社仓的区域性特征［J］．中国历史地理论丛，2001（3）：53-58，126.

［142］吴金城．国法与社会惯行：明清时代社会经济史研究［M］．杭州：浙江大学出版社，2019.

［143］吴琦．漕粮赈济：考察清代社会治理的一个视角［J］．运河学研究，2019（6）：26-44.

［144］吴四伍．清代仓储基层管理与绅士权责新探［J］．学术探索，2017（4）：104-110.

［145］吴四伍．义仓、社仓概念之辨析［J］．清史论丛，2018（12）：287-300.

［146］吴滔．建国以来明清农业自然灾害研究评述［J］．中国农史，1992（4）：42-49.

［147］吴滔．论清前期苏松地区的仓储制度［J］．中国农史，1997（2）：40-49，66.

［148］吴滔．明清时期苏松地区的乡村救济事业［J］．中国农史，1998（4）：30-38.

［149］吴滔．清代江南社区赈济与地方社会［J］．中国社会科学，2001（4）：181-191，207.

［150］吴滔．宗族与义仓：清代宜兴荆溪社区赈济实态［J］．清史研究，2001（2）：56-71.

［151］吴晓玲，张杨．论清代灾后赈济制度及其成效［J］．南昌大学学报（人文社会科学版），2010（5）：135-141.

［152］冼剑民．清代佛山义仓［J］．中国农史，1992（2）：63-69.

［153］萧公权．中国乡村：19世纪的帝国控制［M］．北京：中国人民大学出版社，2014.

［154］谢宏维，温小红．明代江西仓储述论［J］．江西社会科学，2015（7）：151-157.

［155］谢美娥．十九世纪后半期台湾米价的可靠性评估：以清代粮价资料库所辑米价数据为主［C］．纪念梁方仲教授诞辰100周年中国社会经济史

研究国际学术讨论会，广州，2008.

［156］徐建青．清前期的公共事业经费［J］．中国经济史研究，1993（4）：117-132.

［157］徐康宁，陈丰龙，刘修岩．中国经济增长的真实性：基于全球夜间灯光数据的检验［J］．经济研究，2015（9）：17-29，57.

［158］严奇岩．明清贵州水旱灾害的时空分布及区域特征［J］．中国农史，2009（12）：54-62.

［159］阎守诚．“自然进入历史”［J］．中国经济史研究，2006（1）：107-109.

［160］颜色，刘丛．18世纪中国南北方市场整合程度的比较：利用清代粮价数据的研究［J］．经济研究，2011（12）：124-137.

［161］杨昌栋．基督教在中古欧洲的贡献［M］．北京：社会科学文献出版社，2000.

［162］杨春学．利他主义经济学的追求［J］．经济研究，2001（4）：82-90.

［163］杨德才，靳振忠，蒋辛未．制度效率、制度僵化与王朝周期性兴衰［J］．上海财经大学学报，2016（10）：27-39.

［164］杨剑利．晚清社会灾荒救治功能的演变：以“丁戊奇荒”的两种赈济方式为例［J］．清史研究，2000（4）：59-64.

［165］杨乙丹，卢勇．明代灾荒赈贷制度探析［J］．史学月刊，2017（10）：16-28.

［166］杨乙丹，杨益．道义的下移：南宋社仓与封建国家赈贷职能演化［J］．农业考古，2015（4）：171-175.

［167］叶依能．明代荒政述论［J］．中国农史，1996（4）：29-37.

［168］叶依能．清代荒政述论［J］．中国农史，1998（4）：59-68.

［169］伊懋可．大象的退却：一部中国环境史［M］．南京：江苏人民出版社，2014.

［170］殷崇浩．乾隆时期漕运宽免的原因及其政策［J］．中国社会经济史研究，1987（3）：31-35.

［171］余新忠．清中后期乡绅的社会救济：苏州丰豫义庄研究［J］．南开学报，1997（3）：62-70.

［172］余英时．现代儒学论［M］．上海：上海人民出版社，1998.

[173] 余英时．中国近世宗教伦理与商人精神［M］．上海：上海人民出版社，2003.

[174] 俞炜华．气候变迁与战争、王朝兴衰更迭：基于中国数据的统计与计量文献述评［J］．东岳论丛，2015（9）：81-86.

[175] 袁祖亮，朱凤祥．中国灾害通史·清代卷［M］．郑州：郑州大学出版社，2009.

[176] 张东刚．商会与近代中国的制度安排与变迁［J］．南开经济研究，2000（1）：70-74.

[177] 张锦鹏．从黄振抚州赈灾个案看南宋官府与富民的博弈［J］．首都师范大学学报（社会科学版），2019（2）：7-18.

[178] 张丽芬．近十年来国内明清社会救济史研究综述［J］．历史教学问题，2006（5）：85-90.

[179] 张民服，何欣峰．明代人口、经济及区域灾荒应对［M］．北京：人民出版社，2021.

[180] 张鹏，张云霞，汪洋，等．1978—2020年中国台风灾害灾情时空分布格局及影响因素分析［J］．热带地理，2024（6）：1047-1063.

[181] 张维迎．信息、信任与法律［M］．北京：生活·读书·新知三联书店，2006.

[182] 张文．荒政与劝分·民间利益博弈中的政府角色［J］．中国社会经济史研究，2003（4）：27-32.

[183] 张翔凤．近代苏州碑刻中的乡绅自治与宗族保障［J］．史林，2003（4）：71-76，124.

[184] 张晓坡．论晚清徽商对徽州社会救济事业的扶持：以光绪三十四年的水灾捐款为例［J］．安徽大学学报（哲学社会科学版），2009（5）：126-132.

[185] 张岩．论清代常平仓与相关类仓之关系［J］．中国社会经济史研究，1998（4）：52-58.

[186] 张岩．试论清代的常平仓制度［J］．清史研究，1993（6）：28-39.

[187] 章典，詹志勇．气候变化与中国的战争、社会动乱和朝代变迁［J］．科学通报，2004（23）：2468-2474.

[188] 赵红军．气候变化是否影响了我国过去两千年间的农业社会稳定：一个基于气候变化重建数据及经济发展历史数据的实证研究［J］．经济学

（季刊），2012（11）：691-722.

［189］赵克生．义民旌表：明代荒政中的奖劝之法［J］．史学月刊，2005（3）：47-52.

［190］赵文婷．清代贵州灾荒赈济研究［D］．重庆：西南大学，2019.

［191］赵晓华．清代赈捐制度略论［J］．中国政法大学学报，2009（3）：26-33，158.

［192］赵晓华．晚清的赈捐制度［J］．史学月刊，2009（12）：64-68.

［193］赵新安．雍正朝的社仓建设［J］．史学集刊，1993（3）：16-20.

［194］赵昭．论明代的民间赈济活动［J］．中州学刊，2007（2）：160-162.

［195］郑振满，郑志章．森政正夫与傅衣凌、杨国桢先生论明清地主、农民土地权利与地方社会［J］．中国社会经济史研究，2009（1）：1-10.

［196］郑振满．明清福建家族组织和社会变迁［M］．长沙：湖南教育出版社，1992.

［197］郑振满．清代福建地方财政与政府职能的演变：《福建省例》研究［J］．清史研究，2002（5）：24-35.

［198］中国气象局．热带气旋年鉴：2019［M］．北京：气象出版社，2021.

［199］中国社会科学院历史研究所资料编纂组．中国历代自然灾害及历代盛世农业政策资料［M］．北京：农业出版社，1988.

［200］中央气象局气象科学研究院．中国近五百年旱涝分布图集［M］．北京：地图出版社，1981.

［201］仲兆宏．明清江苏和福建宗族生活方式和习俗比较研究［J］．江南大学学报（人文社会科学版），2013，12（6）：53-61.

［202］周建波，孙圣民，张博，等．佛教信仰、商业信用与制度变迁：中古时期寺院金融兴衰分析［J］．经济研究，2018（6）：186-198.

［203］周源和．清代人口研究［J］．中国社会科学，1982（2）：161-188.

［204］周致元．明代徽州官府与宗族的救荒功能［J］．安徽大学学报，2006（1）：107-112.

［205］朱德贵，朱莉，琼玉．新时代中国商业伦理精神［M］．北京：社会科学文献出版社，2019.

［206］朱浒．"丁戊奇荒"对江南的冲击及地方社会之反应：兼论光绪二

年江南士绅苏北赈灾行动的性质［J］. 社会科学研究，2008（1）：129-139.

［207］朱浒. 二十世纪清代灾荒史研究述评［J］. 清史研究，2003（5）：104-119.

［208］竺可桢. 中国近五千年来气候变迁的初步研究［J］. 考古学报，1972（51）：15-38.

［209］卓志，段胜. 中国巨灾保险制度：政府抑或市场主导?：基于动态博弈的路径演化分析［J］. 金融研究，2016（8）：85-94.

［210］AGARWAL R，HOROWITZ A W. Are international remittances altruism or insurance? Evidence from Guyana using multiple-migrant households［J］. World Development，2002，30（11）：2033-2044.

［211］ALLEGRETTO S A，DUBE A，REICH M. The effect of the minimum wage on employment：Evidence from a low-wage labor market［R］. Princeton：Princeton University，2011.

［212］ALTONJI J，HAYASHI F，KOTLIKOFF L. Is the extended family altruistically linked? Direct tests using micro data［J］. The American Economic Review，1992，82：1177-1198.

［213］AMBRUS A，MOBIUS M，SZEIDL A. Consumption risk-sharing in social networks［J］. American Economic Review，2014，104（1）：149-182.

［214］ATTANASIO O，BARR A，CARDENAS J C，et al. Risk pooling，risk preferences，and social networks［J］. American Economic Journal：Applied Economics，2012，4（2）：134-167.

［215］BAI Y，KUNG J K S. Climate shocks and Sino-nomadic conflict［J］. Review of Economics and Statistics，2011，93（3）：970-981.

［216］BAO X，SUN P，LI J. The impacts of tropical storms on food prices：Evidence from China. American Journal of Agricultural Economics，2023，105（2），576-596.

［217］BENNETT M M，SMITH L C. Using multitemporal night-time lights data to compare regional development in Russia and China，1992-2012［J］. International Journal of Remote Sensing，2017，38（21）：5951-5980.

［218］BENSASSI S，MOHAN P，STROBL E. A Storm in a Teacup? Hurricanes and sugar prices in the first half of the nineteenth century. Weather，Climate，and Society，2017，9（4）：753-768.

[219] BERGSTROM T C, Stark O. How altruism can prevail in an evolutionary environment. The American Economic Review, 1993, 83 (2): 149-155.

[220] BLATTMAN C, MIGUEL E. Civil war [J]. Journal of Economic Literature, 2010, 48 (1): 3-57.

[221] BLUMENSTOCK J E, EAGLE N, FAFCHAMPS M. Airtime transfers and mobile communications: Evidence in the aftermath of natural disasters [J]. Journal of Development Economics, 2016, 120: 157-181.

[222] BOURLÈS R, BRAMOULLÉ Y, PEREZ-RICHET E. Altruism in networks [J]. Econometrica, 2015, 85 (2): 675-689.

[223] CAMERON L, SHAH M. Risk-taking behavior in the wake of natural disasters [J]. Journal of Human Resources, 2015, 50 (2): 484-515.

[224] CARD D, KRUEGER A B. Minimum wages and employment: A case study of the fast-food industry in New Jersey and Pennsylvania [J]. American Economic Review, 1994, 84 (4): 772-793.

[225] CAVALLO E, GALIANI S, NOY I, et al. Catastrophic natural disasters and economic growth [J]. Review of Economics and Statistics, 2013, 95 (5): 1549-1561.

[226] CHASSANG S, PADRO-I-MIQUEL G. Economic shocks and civil war [J]. Quarterly Journal of Political Science, 2009, 4 (3): 211-228.

[227] CHEN T, KUNG J K S, Ma C. Long live Keju! The persistent effects of China's civil examination system [J]. The Economic Journal, 2020, 130 (631): 2030-2064.

[228] CHEN X, NORDHAUS W D. Using luminosity data as a proxy for economic statistics [J]. Proceedings of the National Academy of Sciences, 2011, 108 (21): 8589-8594.

[229] CHEN Y, ZHU L, CHEN Z. Family income affects children's altruistic behavior in the dictator game [J]. PloS One, 2013, 8 (11): e80419.

[230] CHEN S. Peasant rebellions as a "positive check" on population growth: Evidence from Qing China [D]. Hong Kong: Hong Kong University of Science and Technology, 2011.

[231] CHEN Z, MA C, SINCLAIR A J. Banking on the Confucian clan:

Why China developed financial markets so late [J]. The Economic Journal, 2022, 132 (644), 1378-1413.

[232] CLÒ S, DAVID F, SEGONI S. The impact of hydrogeological events on firms: Evidence from Italy [J]. Journal of Environmental Economics and Management, 2024, 124: 102942.

[233] CÔTÉ S, HOUSE J, WILLER R. High economic inequality leads higher-income individuals to be less generous [J]. Proceedings of the National Academy of Sciences, 2015, 112 (52): 15838-15843.

[234] CURRY O, DUNBAR R I M. Altruism in networks: The effect of connections [J]. Biology Letters, 2011, 7 (5): 651-653.

[235] CURRY O, ROBERTS S G, DUNBAR R I. Altruism in social networks: Evidence for a "kinship premium". British Journal of Psychology, 2013, 104 (2), 283-295.

[236] DE WEERDT J, DE RCON S. Risk-sharing networks and insurance against illness [J]. Journal of Development Economics, 2006, 81 (2): 337-356.

[237] DERCON S. Risk, crop choice, and savings: Evidence from Tanzania [J]. Economic Development and Cultural Change, 1996, 44 (3): 485-513.

[238] DONG B, ZHANG Y. Confucianism and science [J]. Explorations in Economic History, 2024, 91: 101517.

[239] ELLIOTT R J, LIU Y, STROBL E, et al. Estimating the direct and indirect impact of typhoons on plant performance: Evidence from Chinese manufacturers [J]. Journal of Environmental Economics and Management, 2019, 98: 102252.

[240] EMANUEL K A. Global warming effects on US hurricane damage [J]. Weather, Climate, and Society, 2011, 3 (4): 261-268.

[241] FAFCHAMPS M, LUND S. Risk-sharing networks in rural Philippines [J]. Journal of Development Economics, 2003, 71 (2), 261-287.

[242] FAFCHAMPS M, GUBERT F. The formation of risk-sharing networks [J]. Journal of Development Economics, 2007, 83 (2): 326-350.

[243] FAIR C C, KUHN P M, MALHOTRA N, et al. Natural disasters and political engagement: Evidence from the 2010-11 Pakistani floods [J]. Quarterly Journal of Political Science, 2017, 12 (1).

[244] FAN Y, XU Z. Audit firm's Confucianism and stock price crash risk: Evidence from China [J]. International Review of Financial Analysis, 2022, 79: 101995.

[245] FERRARA E, CHONG A, DURYEA S. Soap operas and fertility: Evidence from Brazil [J]. American Economic Journal: Applied Economics, 2012, 4 (4): 1-31.

[246] FOSTER A D, ROSENZWEIG M R. Imperfect commitment, altruism, and the family: Evidence from transfer behavior in low-income rural areas [J]. Review of Economics and Statistics, 2001, 83 (3): 389-407.

[247] FOSTER A D, ROSENZWEIG M R. Imperfect commitment, altruism, and the family: Evidence from transfer behavior in low-income rural areas [J]. Review of Economics and Statistics, 2001, 83 (3): 389-407.

[248] GREENSTONE M, HE G, JIA R, et al. Can technology solve the principal-agent problem? Evidence from China's war on air pollution [J]. American Economic Review: Insights, 2022 (4): 54-70.

[249] GRIMARD F. Household consumption smoothing through ethnic ties: Evidence from Cote d'Ivoire [J]. Journal of Development Economics, 1997, 53 (2): 391-422.

[250] GRÖGER A, ZYLBERBERG Y. Internal labor migration as a shock coping strategy: Evidence from a typhoon [J]. American Economic Journal: Applied Economics, 2016, 8 (2): 123-153.

[251] HAO Y, LIU K Z. Taxation, fiscal capacity, and credible commitment in eighteenth-century China: The effects of the formalization and centralization of informal surtaxes [J]. The Economic History Review, 2020, 73 (4): 914-939.

[252] HENDERSON J V, STOREYGARD A, WEIL D N. Measuring economic growth from outer space [J]. American Economic Review, 2012, 102 (2): 994-1028.

[253] HENRY M, SPENCER N, STROBL E. The impact of tropical storms on households: Evidence from panel data on consumption [J]. Oxford Bulletin of Economics and Statistics, 2020, 82 (1): 1-22.

[254] HOFFMAN M. Does higher income make you more altruistic? Evidence from the Holocaust [J]. Review of Economics and Statistics, 2011, 93 (3): 876-

887.

[255] HOU X, YANG R, LIU C. Confucian culture and informal household financing: Evidence from China's counties [J]. Borsa Istanbul Review, 2022, 22 (5): 1005-1019.

[256] HUANG M, LI X, XIA J, et al. Does Confucianism prompt firms to participate in poverty alleviation campaigns? [J]. Journal of Business Ethics, 2024, 189 (4): 743-762.

[257] ISLAM A, MAITRA P. Health shocks and consumption smoothing in rural households: Does microcredit have a role to play? [J]. Journal of Development Economics, 2012, 97 (2): 232-243.

[258] JIN Z, LI Y, LIANG S. Confucian culture and executive compensation: Evidence from China [J]. Corporate Governance: An International Review, 2023, 31 (1): 33-54.

[259] KAHN M E. The death toll from natural disasters: The role of income, geography, and institutions [J]. Review of Economics and Statistics, 2005, 87 (2): 271-284.

[260] KUNG J K S, MA C. Can cultural norms reduce conflicts? Confucianism and peasant rebellions in Qing China [J]. Journal of Development Economics, 2014, 111: 132-149.

[261] KWON K. Economic development in East Asia and a critique of the post-Confucian thesis [J]. Theory and Society, 2007 (36): 55-83.

[262] LI H, ZHOU L A. Political turnover and economic performance: The incentive role of personnel control in China [J]. Journal of Public Economics, 2005, 89 (9-10): 1743-1762.

[263] LIGON E, SCHECHTER L. Motives for sharing in social networks [J]. Journal of Development Economics, 2012, 99 (1): 13-26.

[264] MA T C, OUYANG L. Confucianism, growth and democracy [J]. Journal of Economics and Development, 2020, 22 (1): 149-166.

[265] MCWILLIAMS J M, MEARA E, ZASLAVSKY A M, et al. The effect of Medicaid expansion on emergency department utilization: Evidence from 2014 [J]. American Economic Journal: Economic Policy, 2016, 8 (1): 118-144.

[266] MOHAN P, STROBL E. The economic impact of hurricanes in history:

Evidence from sugar exports in the Caribbean from 1700 to 1960 [J]. Weather, Climate, and Society, 2013, 5 (1): 5-13.

[267] MORDUCH J. Consumption smoothing across space: Testing theories of risk-sharing in the ICRISAT study region of South India [M] //Dercon (Ed.), Insurance against poverty. Oxford and New York: Oxford University Press, 2005.

[268] MUNSHI K, ROSENZWEIG M. Why is mobility in India so low? Social insurance, inequality, and growth [R]. National Bureau of Economic Research, 2009, No. w14850.

[269] NEUMAYER E, PLÜMPER T. The gendered nature of natural disasters: The impact of catastrophic events on the gender gap in life expectancy, 1981—2002 [J]. Annals of the Association of American Geographers, 2007, 97 (3): 551-566.

[270] PONTI G. Altruism and social integration [J]. Games and Economic Behavior, 2010, 69 (2): 249-257.

[271] PRIEST G L. The government, the market, and the problem of catastrophic loss [J]. Journal of Risk and Uncertainty, 1996, 12 (2-3): 219-237.

[272] RUFFLE B J, Sosis R. Does it pay to pray? costly ritual and cooperation [J]. Journal of Economic Analysis and Policy, 2007, 7 (1): 259-277.

[273] SCOTT J C. Weapons of the weak: Everyday forms of peasant resistance [M]. New Haven: Yale University Press, 1985.

[274] SHAO Y. A study on altruistic consumption of Chinese residents from the perspective of intergenerational income mobility [J]. PloS One, 2024, 19 (1): e0297444.

[275] SKIDMORE M, TOYA H. Natural disaster impacts and fiscal decentralization [J]. Land Economics, 2013, 89 (1): 101-117.

[276] SOBEL R S, LEESON P T. Government's response to Hurricane Katrina: A public choice analysis [J]. Public Choice, 2006, 127 (1-2): 55-73.

[277] SPENGLER O, HELPS A, ATKINSON C F. The decline of the West [M]. Oxford: Oxford University Press, 1926.

［278］ SQUIRES M. Kinship taxation as an impediment to growth: Experimental evidence from Kenyan microenterprises ［J］. The Economic Journal, 2024, 134 (662): 2558-2579 ueae025.

［279］ STARK O, BIELAWSKI J, FALNIOWSKI F. Measuring income inequality in social networks ［J］. The Journal of Economic Inequality, 2024, 22 (2): 333-356.

［280］ STROBL E. The economic growth impact of natural disasters in developing countries: Evidence from hurricane strikes in the Central American and Caribbean regions ［J］. Journal of Development Economics, 2012, 97 (1): 130-141.

［281］ TAN J, VOGEL H. Religion and Trust: An Experimental Study ［J］. Journal of Economic Psychology, 2008, 29 (6): 832-848.

［282］ TREISMAN D. The causes of corruption: A cross-national study ［J］. Journal of Public Economics, 2000, 76 (3): 399-457.

［283］ TULLOCK G. The politics of bureaucracy ［M］. Washington: Public Affairs Press, 1965.

［284］ WRIGHT A. Comments on early Chinese views ［C］.//Meskill (Ed.). The Pattern of Chinese History, Lexington. MA: DC Heath, 1965.

［285］ WU X, ZHOU L, GUO J, et al. Impacts of typhoons on local labor markets based on GMM: An empirical study of Guangdong Province, China ［J］. Weather, Climate, and Society, 2017, 9 (2): 255-266.

［286］ XIONG N, DU L. Can Confucian culture promote enterprise total factor productivity? Evidence from China ［J］. International Journal of Emerging Markets, 2025, 20 (2): 745-766.

［287］ XU M, XU Y. Do non-damaging earthquakes shake mortgage lenders risk perception? ［J］. Journal of Environmental Economics and Management, 2023, 117: 102760.

［288］ XU X, XU Z, LIN C, et al. Confucian culture, gender stereotype and female entrepreneur: Evidence from China ［J］. Applied Economics Letters, 2023, 30 (18): 2565-2575.

［289］ YAN Y, XU X, LAI J. Does Confucian culture influence corporate R&D investment? Evidence from Chinese private firms ［J］. Finance Research

Letters, 2021, 40: 101719.

[290] YIN W. Climate shocks, political institutions, and nomadic invasions in early modern East Asia [J]. Journal of Conflict Resolution, 2020, 64 (6): 1043-1069.

[291] ZHANG Z, TIAN H, et al. Periodic climate cooling enhanced natural disasters and wars in China during AD 10-1900 [J]. Proceedings of the Royal Society B, 2007, 35: 403-414.

[292] ZHU J. Confucian culture, public education expenditure, and economic growth [J]. Journal of Asian Economics, 2024, 95: 101827.

[293] ZIMMERMAN F J, CARTER M R. Asset smoothing, consumption smoothing and the reproduction of inequality under risk and subsistence constraints [J]. Journal of Development Economics, 2003, 71 (2): 233-260.

[294] ZOU E. Unwatched pollution: The effect of intermittent monitoring on air quality [J]. American Economic Review, 2021, 111: 2101-2126.